且行且思

——对初中历史教学的实践与思考

王新华　著

首都师范大学出版社

CAPITAL NORMAL UNIVERSITY PRESS

图书在版编目（CIP）数据

且行且思：对初中历史教学的实践与思考 / 王新华著. — 北京：首都师范大学出版社，2022.9（2024.5重印）

ISBN 978-7-5656-7115-9

Ⅰ. ①且… Ⅱ. ①王… Ⅲ. ①中学历史课 – 教学研究 – 初中 Ⅳ. ①G633.512

中国版本图书馆 CIP 数据核字 (2022) 第 140074 号

QIEXING QIESI

且行且思
　　——对初中历史教学的实践与思考

王新华　著

责任编辑　李佳健
首都师范大学出版社出版发行
地　址　北京西三环北路 105 号
邮　编　100048
电　话　68418523（总编室）　68982468（发行部）
网　址　http://cnupn.cnu.edu.cn
印　刷　河北鑫彩博图印刷有限公司
经　销　全国新华书店
版　次　2022 年 9 月第 1 版
印　次　2024 年 5 月第 2 次印刷
开　本　710 mm × 1000 mm　1 / 16
印　张　17.25
字　数　277 千
定　价　59.80 元

汗水育芳华　实践出真知

去年，王新华老师对我说起学校鼓励她写一本书，她觉得自己水平不够，怕完不成任务。今年，在一次教研活动中，她说书稿组得差不多了，但感觉理论性较差，达不到一定的高度。我当时给了她很多鼓励，期待能见到这本书出版。她约我到时给书写个序。

现在拿到这本书，第一感觉是书名起对了，《且行且思——对初中历史教学的实践与思考》，很朴实的名字，定位很准，自己就是个历史教师，是一个历史教学的实践者。粗略看了一下书稿内容，确实是将自己多年教学实践与教学理论相结合，进行总结反思的结果。

这本书的内容涉及历史教学的方方面面，从大的方面来讲，有关于历史教学的整体思考、教学设计的流程、校本课程的开发等；从小的方面来看，有关于史料教学、评价设计、微课制作、试题分析、备考策略等。从这些内容中我们可以看出，王老师在教学中有仰望星空的视野，更多的是脚踏实地的探索。在具体内容的每一部分，王老师都附上了自己的教学案例，并结合教学实践进行了总结梳理，提出了真知灼见，这些见解虽然不是高大上的理论，但却是接地气的"妙招"。例如，在《运用历史教科书推进中考复习》一节中提出的"运用教科书插图回顾史实""运用教科书目录建构知识""运用教科书单元提要深化认识""运用教科书补充文本巩固练习"四条建议，具有很强的实用性。再如，书中所提供的"以提升历史学科核心素养为目标的课堂评价量规设计程序""微课制作基本流程图""小专题微格教学课的教学模式"等示意图，清晰地展示了各种教学活动的路径。可以说，实践性和实用性是本书的最大特色。这是王老师不懈探索的结晶，凝结着多年的心血和智慧，为同行开展历史教学提供了有益的借鉴。

文如其人，王老师多年来在历史教学工作中兢兢业业，踏实肯干，取得了令人称道的业绩，被评为市级骨干教师，在丰台区初中历史教学界具有很高的声望，承担了市、区多项任务。作为一位较偏僻的普通学校的历史教师，这是特别难能可贵的。

王老师书中的许多案例，我都参与过规划设计，提出过意见，她付出的辛劳我自然可知。现在再次见到这些内容，过去的场景历历在目，我仿佛看到了一位耕耘者在历史教学的土地上挥汗如雨地劳作。

读完这本书，我想真心地说一句：向辛勤的劳动者致敬！

吴　波

2021 年 9 月 19 日

儒雅教师　守望成长

自 1996 年走上三尺讲台，王新华老师一直从事初中历史教学工作，始终以饱满的热情与积极进取的心态在教育教学中耕耘探索，在看似平凡的岗位上不断追求教育理想，坚守教育初心，逐步在我校"儒雅教育"的校园氛围中成长为一名"儒雅教师"。

"坚持教育方针，坚持立德树人，实施儒雅教育，奠基幸福人生"是我校的办学宗旨。我校在中华优秀传统文化教育方面具有办学特色，又地处拥有厚重红色革命文化的长辛店地区，始终把儒雅特色的传统文化精华与革命精神融入到办学定位与教师培养目标之中，培养了一批市、区级骨干教师与青年新秀教师，王新华老师就是我校骨干教师团队的带头人。

1. 立足学校特色，培养儒雅教师

我校在教师培养方面积极推进"儒雅教育"为特征的阶梯式培养模式。教师是教育的基础性力量，建设好教师队伍关系着教育的发展。为此，我校建立起从入职到成熟的专业教师培养机制，从高水平教师专业素养与我校"儒雅教育"特征等方面着力培养，打造了一支高素质的儒雅教师梯队。在儒雅教师的培养机制中，我校不同层次的教师都要通过学校的儒雅大讲堂进行全面学习，大到师德师风、专业理论技能、党史研究、传统文化教育，小到举手投足礼仪规范培训，涉及方方面面，为教师成长奠基助力。我校培养出的儒雅教师，具有品端貌正、专业突出与儒雅品味的基本特征。教师们从长辛店地区红色文化中汲取了重贡献、勤钻研的价值追求，从优秀传统文化中获得了儒风雅韵的品格滋养，自身专业技能过硬，能够承担优秀传统文化的教育，并用端正儒雅的品行影响并塑造着学生。

王新华老师就是在我校儒雅教师培养机制中逐步成长为"儒雅教师"。她热爱教育，热爱学生，时刻以党员教师的标准严格要求自己"宁静致远，且行且思"，二十多年持守三尺讲台，依然以饱满的热情投入历史教学与研究中，体现了我校儒雅教师的理想追求与师德品格。历史教学对于王老师而言，不仅是工作，也是热爱与责任。在儒雅特色的校园氛围中，她不仅在历史教学专业方面取得成绩，还将我校特色传统文化校本课程与历史教学整合创新，形成个人特色历史课程，并将成果应用回馈到学生学习发展当中。在学校传统文化校本课程与历史教学整合创新的实践探索中，王老师打磨出了《传统节日——清明节》《长辛店工潮》与《大葆台西汉墓复习研学》等个人特色课程，并参与了《探索丰台》《大葆台汉墓实践活动手册》等丰台区地方课程教材的编修，形成了三级课程整合的实践与理论成果。

2. 关注教学问题，明确教师专业发展方向

在我校的教师培养中，除了多层次、多方面的培训学习之外，还注重学术交流与研赛结合，帮助教师们抓住教学中亟待解决的真问题，通过与专家、教研员的交流研讨寻找解决的理论依据与方法策略，通过研究课与各级各类教学竞赛展示活动实践应用，助力教师打磨出高水平的专业能力。为此我校成立了以王新华老师命名的王新华名教师工作室，聘请了语文、数学、英语、历史等学科的教研员作为工作室指导专家，对不同学科的骨干教师进行有针对性的专业引领，引导他们树立明确的教师专业发展意识、找到适合自己的专业发展方向，为骨干教师的进一步发展提升引路护航。

王新华老师具备过硬的专业素养，被聘为我校王新华名教师工作室的负责人，一方面引领青年新秀与骨干教师的专业成长，另一方面也使她找到了自己的专业发展方向。在工作室成立之前，王老师更多的是在历史教学方面进行研究，接手工作室与更多的专家学者接触，统筹中、小学骨干教师的研究活动，负责以蓝带青的指导工作，进而打开了视野，不断优化教学水平，善于将优秀传统文化与历史教学整合创新，善于发掘地方特色资源开展学科实践活动，形成了稳定的个人教学风格，并引领历史教学领域的青年教师在这些方面进行研究。因此，王老师连续多年被评为北京市骨干教师，被聘为丰台区历史兼职教研员、命题库专家与教师资格证国考面试评委，在更广阔的空间里发挥示范引领作用。

3. 注重个性升华，营造发展沃土

我校的儒雅教师培养注重教师个性升华，为教师自成风格的教学特色的形成营造良好环境。成熟教师在专业发展方面往往面临瓶颈期，多年从教经验丰富，具备一定的理论基础与专业素养，但也难以超越自我，向专家型、学者型教师发展。学校特别关注这类成熟型教师的提升发展，多方面为他们实现个性升华搭建平台、营造环境。通过"引进来"，聘请指导专家帮助教师发掘个人教学特色，鼓励教师在国家课程与校本特色课程领域创新实践，大力支持教师积极参与各类教研活动丰富理论知识，开展跨越区域的校际交流激发学术火花。通过"走出去"，助推教师外地支教讲学、参加教学竞赛，提升专业素养与知名度。王新华老师在学校与教研部门的支持下，曾去山西原平县支教，在北京师范大学为硕士研究生主讲微课设计，在中国教育电视台同上一堂课栏目主讲初三备考总复习的世界近代史，通过一系列高标准严要求的教学实践活动不仅提升了个人知名度，更是发现、发展了个人教学特色，实现了教师个性升华。

在我校"儒雅教育"的氛围中，在长辛店地区红色革命文化的熏陶下，王新华老师逐渐成长为一名学者型的优秀教师，在教书育人的过程中实现自身的价值，诠释着"儒雅教师"的风采，展现了学校、教师与学生的守望成长。

北京市丰台区长辛店学校

2021 年 3 月 25 日

宁静致远　且行且思

在当今五彩缤纷的社会中，教书是再平凡再普通不过的，人们总是用淡泊名利来形容这一职业，但平凡、淡泊不等于没有追求，走上从教之路时谁不是带着教书育人的初心。怎样永葆初心追求理想呢？我给自己的要求是：宁静致远、且行且思。宁静既是心无旁骛、致远意味追求成功，它诠释出勤奋持守、专注教学的职业追求，而在行动中潜心思考前行之路才能不忘初心、确保方向。

我所任教的学校是普通校，学生素养不及示范校，也有些学生缺乏学习兴趣与良好的学习习惯，怎样才能让他们坐得住、投入学呢？我想只有用精彩的课程内容吸引学生，当他们自觉沉浸在富有趣味的课堂里时，自然会投入学习。本着这个想法，我开始从备课入手，预先设想每个教学环节，要用故事化的讲述吸引学生倾听，要用充满悬念的提问引导学生思考。然而，越是精心准备越是深感自己现有知识储备不足，于是逐渐形成了先读书后备课的习惯，走到哪里都带上一本书，只要有一点短暂的间隙，就拿出来阅读。晚上更是读书备课的黄金时间，没有任何外界的干扰，万物静谧中一坐就是三四个小时，这是一个将历史知识转换成恰当教学设计的漫长思维过程。这一过程中，我给自己提出了"四个要"的基本要求，要提取核心知识、要设置恰当活动、要融入学科特色、要调动学生兴趣。久而久之积累了一笔不小的教学财富，具备了一点吸引学生的"资本"，学生沉醉在娓娓道来的讲述之中，不时抛出渴望进一步探求的问题，"有备而来"的我不失时机地和学生共同探讨，原来的尴尬课堂已经漫溢书香。站稳课堂后，学校推荐我评选了北京市骨干教师并成立以我为核心的骨干教师工作室，区教研部门推荐我参加了北师大历史学院郑林教授指导的高级研修班，帮助我从理论层面深入思考教育教学的发展。

在理论学习与教学实践的基础上，我逐渐形成了个人特色的教学方式——关注背景问题、探究解决之道、推论作用影响，在解释历史的过程中落实能力与素养。形成这一特色教学方式，一方面是考虑普通校学生的知识基础相对薄弱，投入学习时间有限，史实记忆比较困难，缺少思维路径方法，怎样充分利用有限的课堂时间引导学生高效学习是教师面临的重大问题。另一方面是源自历史学科核心素养要求的设定，特别是历史解释素养，它是历史思维和表达外显的能力素养，是检验学生知识、能力、方法与史观等方面发展水平的主要指标，这一素养目标要在课堂教学中扎实落地。在新课教学中，我首先引导学生关注历史背景，在特定的时空中找出面临的问题，然后带着面临的问题在史实中探究解决之道，解释其适于解决哪些背景中的问题，推论解决之道会产生怎样的作用影响，最后再举出史实印证推论的合理性。例如在罗斯福新政的学习中，首先出示材料引导学生概括罗斯福就任总统时面临的主要问题：生产过剩、金融危机、企业破产、农民破产、失业率高与社会危机等，然后引导学生推论解决危机的办法，再出示罗斯福新政具体措施印证学生的推论结果，并进一步引导学生解释新政措施有利于解决哪些问题、推论措施有可能产生怎样的作用，最后出示新政实施效果的相关史实材料印证学生的推论结果。学生在环环相扣的历史解释中学习提出并分析问题，提出推论与印证推论，体验历史逻辑严密、史论结合的学习特点与方法。学生反馈这种教学方式更具挑战与兴趣，由于理解了历史的前因后果，以前需要死记硬背的各种措施、作用了然于胸，他们认为历史是一门前后相继、因果相连的学科，理解内在逻辑关系是学习的窍门。接受这种教学方式的学生，在区统考与中考中成绩理想，学科能力与素养提升。学生的反馈与教学成绩的进步，更坚定了我深入实践研究"关注背景问题、探究解决之道、推论作用影响，在解释历史的过程中落实能力与素养"的教学方式，开展市、区级研讨课、撰写了一系列关于历史学科能力、素养与课程建设的论文及案例。在教育教学中收获越来越多，促使我更加有意识地进行教育教学的反思与实践，并将实践探索的成果集结成《且行且思——对初中历史教学的实践与思考》一书。该书立足于发展学生历史学科能力与核心素养，依据理论、结合实践成果介绍历史学科能力与核心素养的内涵，展示基于发展学生历史学科能力与核心素养的教学设计，并从学习评价、微课设计、综合实践活动与教师个人课程建设几个方面介绍自己发展学生历史学科能力与素养的策略与途径。

回顾这些年来自己的专业发展与成书历程，深感这与专家、教研员、各级领导的指导与支持密不可分，是他们的无私帮助成就了我的成长，也使我对"立己达人"这一词有了无比深刻的认识，从而也希望自己能够像他们一样去帮助、成全更多教师的发展。我担任了丰台区历史兼职教研员，用自己的经验帮助青年教师上研究课、开展试题命制等内容的全区讲座与辅导、每学期参与统考试题的命制与练习册的修订，多项工作获得了教研员与教师们的认可。同时，我还承担了丰台区与我校的导师带教工作。作为带教导师和学员们亦师亦友、互促发展，获得学员与学员所在学校的好评。尽管教学与教研任务繁重，但北京市教师开放性课程逐渐开展后，每学期坚持上两节高质量的开放性课程，为听课老师介绍最新历史教学信息与理念，并与听课老师建立微信群进行长期的交流合作发展，也获得了听课老师的认可。

二十多年职业生涯匆匆而过，欣喜之余我也告诫自己保持教师本色。宁静即从容淡定、致远意味追求创新，它诠释出教师应该具备荣辱不惊、低调厚道、求好向善的职业情操。在市、区、校教研工作的大天地里，注意倾听别人意见，或真诚相告或婉言建议，保持率性的同时更加能与众多同仁和谐相处、立己达人。我深知过往的荣誉与光环只能说明我曾经追求过，桃李满天是教师群体的辛勤硕果，业务出色是领导与教研员多方扶持的结果，我只是比许多同仁更加幸运罢了！只有勤奋持守在历史教学一线，踔步前行不断求索，永葆宁静致远的教师本色，才无愧于学生口中"历史老师"的亲切称呼。

王新华

2021 年 3 月 25 日

目 录
CONTENTS

第一章
对历史教学的整体思考

第一章　对历史教学的整体思考

第一节　学科能力决定着素养的程度

2018年以来，随着新课程标准、部编新教材与新中考制度的调整，"历史核心素养"逐渐发展为教育教学的行动纲领。初中历史教师在落实新课改的同时，也要面临历史中考的重大挑战。2018年，北京市首次将初中历史纳入中考选考，2021年发展为全学全考。在上述系列变化的背景下，"立足基础、突出能力、彰显素养"成为初中历史教学的特点与理念。立足初中历史基础课程的定位，突出具有学科特点的关键能力培养，还要彰显人文学科的育人价值。如何解决历史教学中的困惑？如何将教学心得、教学启示用于进一步指导教师的教与学生的学？这是笔者实践与思考的初衷。

在引导学生学习历史的过程中，教师们经常听到学生这样抱怨："知识背了一大堆，考试没用上多少，都白背了！""历史考试真麻烦，答了好多字，最后没得几分！""历史比数理化难，答得对不对心里都没谱，中考选考历史要慎重，不知自己能得多少分！"通过与学生访谈发现，基础薄弱的学生往往有前两种抱怨，学习能力较强的学生往往是后一种抱怨，而且，有这样抱怨的学生不在少数。这意味着学习历史的兴趣有可能丧失、学习成就感降低、能力较强生源流失。

在与同行的交流中，笔者也了解了很多历史教师教学中的困惑，如："学生不会应变，换个史料就不会做题！""每天挨个追着背重点，历史教师比哪科教师都累！""安排的课时不够用，真是着急啊！"史料浩如烟海，时间不够，教师分身乏术……

师生的困惑对于初中历史学科发展、学生历史素养的培养都不利。怎样帮助学生获得更积极的学习感受？历史学习怎样增强学习兴趣？这是教师历史教学中亟待解决的问题。

面对师生的困惑，依据教学实践与研究过程中获得的启示，学校应当本着"立足基础、突出能力、彰显素养"的理念开展教学。综观北京及其他地区历史中考，可以发现中考命题精神充分体现了立足学科素养、凸显学科能力，试题能够很好地评价学生知识、能力与素养状况，完全契合新课标"充分体现育人为本的理念，发挥历史学科的教育功能，以培养和提高学生的历史素养为宗旨"。同时，也体现出知识点覆盖广泛、地方特色、情境化考查的特征。中考是对教师教学及学生水平的考查，从命题精神与命题特点可以看出，历史教学中知识广泛、能力多元、价值观积极是基本要求，也是应当达到的标准。如果历史学习中一味背记与大量"刷题"，不仅增加师生负担，而且也不符合课程标准与中考评价标准。

历史教学应当强调对学生学科技能与能力的培养，如识图、数据分析、提取信息等学科技能和识记、说明、归纳、比较、解释、评价、论述等学科能力。同时，学科技能和学科能力的提升是新课标的教学要求，也符合培养历史学科核心素养的教学趋势。"历史素养是通过日常教化和自我积累而获得的历史知识、能力、意识以及情感、态度、价值观的有机构成与综合反映；其所表现出来的，是能够从历史和历史学的角度发现问题、思考问题及解决问题的富有个性的心理品质"，历史素养的关键是学生具备比较全面的学科能力，甚至说，历史学科能力决定着历史素养的程度。从学生未来发展看，具体技能、能力与方法的掌握比灌输知识更有价值，学生拥有较强能力可以更好地自主学习及终身学习，而能力培养却更加依赖教师课堂教学，而且，错过初中这一关键阶段很难弥补。而史料浩繁是无法抓住必考之处的，因此，教学中更应在基本技能与学科能力上下功夫，通过提升学科能力来突破教学困境。

第二节　历史学科能力的调查与评价

本着"立足基础、突出能力、彰显素养"初中历史教学的特点与理念，确定通过提升学科能力来解决教学的困境。笔者以本校学生为样本进行了历史学科能力的调查与评价，依据学生学科能力的调查与评价状况进一步确定教学实践的方向。

1.学生历史学科能力的调查

此次历史学科能力调查，采用笔试与学生能力访谈调查两种方式，从三个方面对初一学生历史学科能力进行评价，包括获取历史信息能力、解释历史现象能力和调动运用历史知识能力。本校的能力调查访谈是在2018年6月全区统一试卷测试的基础上，综合试卷数据分析与访谈情况分析，并与早期学生能力问卷调查数据进行对比，找到目前实施的教学策略下历史学科能力的进步之处与普遍问题，为今后提升历史学科能力提出改进措施。

采用的评价方法主要是将区统测、区问卷调查与访谈观察三种途径的数据综合考评。评价方法多样，既关注区统测、区问卷调查的终结性量化评价结果，也通过访谈观察等方式融入过程性的质的评价。区统测与区问卷调查客观、公平、有效，分别占总体评价题量比例的50%和20%，而访谈观察可以考察学生的思维过程、思维品质，弥补区统测所不能体现的学科能力，占总体评价题量比例的30%。首先对10名学生进行期末统测数据分析，然后与10名学生进行历史学科能力访谈观察，并给予相应的分值，最后结合他们平时历史学科能力测试结果，依据三种途径的数据综合分析，给予学生历史学科能力评价判断。历史学科各层级能力评价方法见图1。

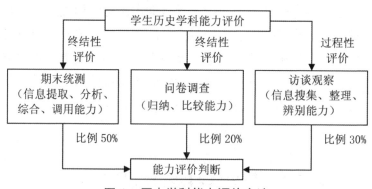

图 1　历史学科能力评价方法

2.学生历史学科能力的评价

依据图1历史学科能力评价方法，将学生各层级能力数据加以综合（见表1），然后进行数据分析。

表 1　2018 年历史学科各层级能力数据表

能力结构		题号	正答率
获取历史信息能力	信息搜集能力	学生访谈第 1 题	94%
	信息整理能力	学生访谈第 2 题	31%
	信息辨别能力	学生访谈第 3 题	64%
	信息提取能力	区统测第 20 题	100%
解释历史现象能力	归纳能力	区历史认识结构调查问卷第 11 题	50%
	分析能力	区统测第 45（2）题	40%
	比较能力	区历史认识结构调查问卷第 10 题	20%
	综合能力	区统测第 45（4）题	60%
调动运用历史知识能力	调动运用事实性知识能力	区统测第 42（1）题	30%
	调动运用程序性知识能力	区统测第 21 题	100%
	调动运用认识性知识能力	区统测第 34 题	0

　　统计每个层级能力相应问题的正答率，通过正答率的对比分析，判断、评估学生历史学科能力的总体情况。如果将以上数据转换为柱状图（见图 2），观察各种能力的实际水平，通过仔细分析数据，发现我校学生历史学科能力主要存在以下三种情况：

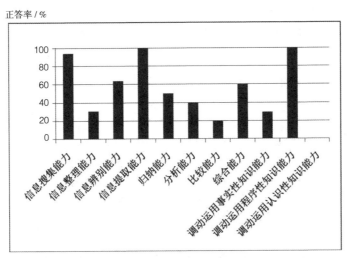

图 2　2018 年历史学科各层级能力比较柱状图

各层级历史学科能力水平发展不均衡。信息提取能力与调动运用程序性知识能力正答率为100%，与其他能力拉开了较大距离，与调动运用认识性知识能力0的正答率相比，两种能力之间竟然相差100%，正答率悬殊。如果将各种能力正答率排序，学生的信息提取能力与调动运用程序性知识能力最好，信息搜集能力比较好，而信息辨别能力、综合能力、归纳能力、分析能力、信息整理能力、调动运用事实性知识能力与比较能力依次降低。除信息提取能力、调动运用程序性知识能力、信息搜集能力三种能力之外的其他能力之间虽然也有差距，但差值均保持在20%—40%左右，这些能力水平相对接近。而信息搜集能力、信息提取能力、调动运用程序性知识能力三种能力异常突出，需要进一步寻找造成巨大差异的成因。

调动运用认识性知识能力存在缺陷。调动运用认识性知识能力的正答率为0，数据异常低，虽然没有早期测试结果参照比较，但考虑到测试题是在陌生情境下独立完成，因此测试客观、有效，说明学生此项能力水平确实存在缺陷，是今后历史教学中必须予以重视的问题之一。

信息搜集能力、信息提取能力与调动运用程序性知识能力水平异常。信息搜集能力、信息提取能力、调动运用程序性知识能力三种能力的正答率在94%—100%之间，异常高于其他能力正答率，是否一定说明学生这三种能力水平超出其他能力水平呢？通过与2017年学生信息获取能力水平测试结果（图3）的对比，可以看出信息搜集、信息提取能力水平明显优于其他信息获取能力，与2018年能力水平测试结果（图2）比较吻合，说明本次测试数据比较真实、有效地反映了学生的实际水平，学生在信息搜集与提取方面能力较强。

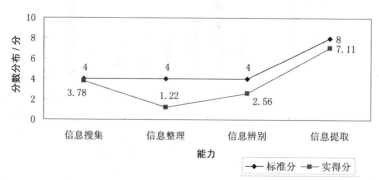

图3　2017年学科能力之信息获取能力折线图

学生历史学科能力水平存在的主要问题是各项学科能力发展不平均、教学重知识轻能力与方法的现象比较严重，还是要从规范的能力培养程序入手，帮助学生了解、掌握学习方法，从而提升学科能力。首先，明确各层级历史学科能力的培养目标，在目标指导下建立能力培养方案。其次，制定能力等级指标，分解细化能力要求，形成便于实际划分操作的等级水平。依据能力等级指标对学生进行能力测试、评估，确定学生现有能力水平，依据学生水平制定相应的能力培养方案，并执行培养方案。然后，对学生能力进行新的等级测评，依据学生答题情况重新测评学生能力等级，评估学生归纳概括能力是否达标，如未达标可依据新测评等级指标修正培养方案，开展第二轮能力培养。以归纳概括能力为例，上述能力培养过程中的必要环节形成能力培养流程图（见图4），整个流程图中的各项活动最终形成完整、闭合的能力培养流程，并有着相对完善的能力等级指标与能力测评方法。其他历史学科能力均可以参考、借鉴本流程的环节实施规范、严密的能力培养，建立完善的能力测评系统，为初中生历史学科能力培养提供更为有效的实际操作方法。在流程图中最重要的环节是"能力培养方案"，培养方案中应侧重各种能力的学习方法指导，在了解、掌握方法的基础上提升能力。学法指导参照各种能力的第二层内容，在课堂教学中渗透学习方法，引导学生反复实践，提升能力。

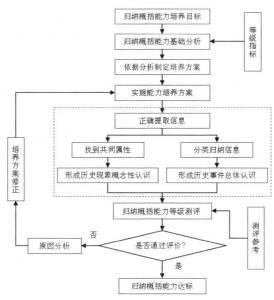

图4　归纳概括能力培养流程图

经过教学实践中的探索与反思，了解了学生历史学科能力的基本情况，发现了学生在学科能力方面的一些常见问题，尝试了一些适合学情的、提升能力的措施，但提升历史学科能力是个渐进的过程，没有捷径可走。这一过程包含三个方面，首先要通过调查判断分析学生历史学科能力水平现状，其次要针对能力现状设置适合学情的提升措施，并以最优化的方式呈现给学生，然后引导学生循序渐进地提升各项学科能力，并即时给予肯定性评价。虽然老师的工作量会因此增加，但看到学生获得了能力的提升、逐渐掌握了持续发展与终身学习的钥匙，就更应坚定在历史学科能力方面探索、研究的信心。

第三节　历史学科能力表现的指标体系

目前普遍认同的历史学科核心素养是指学生在学习历史过程中所养成的相对稳定的、必备的、具有历史学科特征的思维品质和关键能力。在《义务教育历史课程标准（2011 年版）》中也明确提出："从培养学生的历史素养和人文素养出发，遵循历史教育规律，充分发挥历史教育功能，使学生掌握中外历史基础知识，初步学会学习历史的方法，提高历史学习能力，逐步形成对历史的正确认识，并提高正确认识现实的能力。"历史学科核心素养与学科能力紧密联系，学科能力是历史素养的关键构成之一。然而，历史核心素养与学科能力的定义笼统，教师实际操作时难以具体把握。这里引用北京师范大学郑林教授研究团队提出的历史学科能力表现指标体系，郑林教授研究团队将历史学科能力表现按由低到高的顺序划分为学习理解、实践应用、迁移创新 3 个层次，3 个层次之下又分为 9 项能力要素，每项能力要素再细化为具体的能力表现（见表 2）。该指标体系在历史素养背景下反复验证并修订，能力表现界定准确，具有实际操作性，为历史教学与评价提供了依据。

表 2 历史学科能力表现的指标体系

学习理解	A1 识记	A1-1 将重要的史实与其所处时间、空间对应 A1-2 确定史实在历史知识结构中的位置 A1-3 复述已学过的历史知识
	A2 说明	A2-1 将历史概念和它指代的具体史事对应 A2-2 用证据说明历史观点、结论 A2-3 用文字或图示说明历史概念之间的关系
	A3 概括	A3-1 从材料中提炼要点，概括中心思想 A3-2 从具体史实中抽象出本质特征 A3-3 将史事按一定标准归类
实践应用	B1 比较	B1-1 比较历史人物、历史事件、历史现象的异同 B1-2 比较不同的历史观点
	B2 解释	B2-1 分析、推断历史事件和现象的因果关系，及其对后世的影响 B2-2 判断历史人物的行为动机
	B3 评价	B3-1 对历史人物、事件、制度做出价值判断 B3-2 评析对同一个历史人物、事件、制度的不同看法
迁移创新	C1 建构	C1-1 从各种史料中选择适当材料，按照史学规范完成对单个史事的叙述 C1-2 建立多个历史事实、概念间的关系，再现某个时段历史过程的全貌
	C2 考证	C2-1 鉴别材料的可信度和适用性 C2-2 运用多种证据证明相关史事
	C3 探究	C3-1 提出历史问题，并运用合适材料解答 C3-2 对现实问题能够从历史的视角寻找答案

第四节　历史学科能力培养的一般程序

　　重视历史学科能力的培养已成为共识。2021 年 3 月，中国教育电视台"同上一堂课"初三备考总复习中，就是以"不同的能力＋基本知识线索"的形式呈现的。笔者在备考总复习中执教的"历史事物的评价——以世界近代史为例"一课，也是遵循前期对历史学科能力实践研究的经验、按照评价能力的思维方法与程序来设计的，课程思路体现了历史教学中学科能力培养的一般程序，即先要明确评价对象，掌握其概况或特点；接着要将评价对象置于它所处的时代中合理分析，考查其在当时与长远的积极、消极影响；最后是依据前面的分析形成评价结论。

要对历史事物进行评价，就要清楚什么是评价、怎样进行评价。评价是一种认识历史事物的思想方法，简单地说就是根据标准对历史人物、事件、制度等作出价值判断，评价其在历史进程中的地位。评价依据的标准要客观公正，要运用历史的、辩证的评价方法。历史的评价，是将事物放在它所处的时代中思考，这件事为什么会发生，这个人为什么要这样做，这样的制度为什么会出台。辩证的评价有两方面，一是指从积极与消极的角度，一分为二地看问题；二是指从发展的角度看问题，既看到事物当时的作用，也看到长远的影响。

下面，以新航路开辟、拿破仑和英国君主立宪制为例，分别说明如何评价事件、历史人物和制度。

1. 以"新航路开辟"为例评价事件

第一步是明确评价对象。对于事件来说，就是了解它的来龙去脉。对于新航路开辟来说，就要掌握参与的主要国家、开辟的过程与航线，并概括新航路开辟后的特点或影响：如航线沟通世界各地、变间接贸易为直接贸易、大西洋成为贸易中心、西欧人是主要贸易从事者等。

第二步是将事件置于所处时代背景合理分析。如回顾新航路开辟的时代背景：世界相对隔绝、商路中断，资本主义工商业发展、市场需求扩大、商品经济日趋发达、需要货币和原始资本。将新航路开辟放入所处时代中进行考查，分析新航路开辟产生了什么影响：如航线沟通世界各地，变间接贸易为直接贸易，使世界开始成为一个整体，各地区建立直接的商业联系，为世界市场形成创造了条件，世界贸易的观念逐步确立；大西洋成为贸易中心，西欧人成为主要贸易从事者，促进了资本主义发展等，以上这些都是积极影响。当然还要辩证地、一分为二地看，新航路开辟随之而来的殖民扩张活动，也给殖民地人民带来灾难，这是消极影响。

第三步是在合理分析基础上形成结论。基于以上合理分析可以形成评价结论：新航路开辟虽然伴随着殖民扩张，但是促进了资本主义的发展，使人类由分散孤立开始走向相互影响，是人类历史的重大事件。这样，就用三步完成了历史事件的评价。

2. 以"拿破仑"为例评价历史人物

第一步是明确评价对象。人物评价就是了解他的主要事迹、所作所为。拿破仑的活动主要有镇压法国保王党势力的武装叛乱、政变夺权、颁布《拿破仑法典》、加冕称帝、挫败反法联盟及远征俄国等。可以概括为：对内，镇压保王党、颁布《拿破仑法典》；对外，多次挫败反法联盟，发动战争。

第二步将人物置于所处时代合理分析。先回顾拿破仑所处的时代背景：法国大革命、欧洲大国武装干涉、政局不稳。面临这样的局面，拿破仑的举措产生了以下影响：维护大革命成果、完善法律体系、促进资本主义发展，扫荡欧洲封建势力、传播资本主义制度与自由民主的思想，这些都是积极影响。从辩证、一分为二的角度看，战争给本国和被侵略国家人民带来灾难。

第三步在合理分析基础上形成结论：虽然拿破仑的对外战争带来灾难，但他维护了大革命成果，促进了欧洲资本主义发展，是资产阶级的杰出政治家。

3. 以"英国君主立宪制"为例评价制度

第一步明确评价对象。制度评价先要了解制度的概念和特点。《权利法案》的颁布使英国君主立宪制的确立有了法律保障。从法案条款可以了解这一制度的概况，"凡未经议会同意，以国王权威停止法律或停止法律实施之僭越权力，为非法权力。凡未经议会准许，借口国王特权，为国王而征收，或供国王使用而征收金钱，超出议会准许之时限或方式者，皆为非法"。条款中强调没有议会的同意国王不能行使某些权力或某些权力为非法，反映出核心思想是限制王权，议会是权力中心。通过分析《权利法案》部分条款，可以概括出君主立宪制的特点：国王在宪法规定下行使权力，议会处于国家政治生活中的最高地位。

第二步置于所处时代合理分析。先回顾制度诞生的历史背景：英国有王权有限的传统，查理二世复辟的动荡，光荣革命胜利形成国王与议会的妥协。面对这种状况，英国选择了君主立宪制，继承发展了英国政治传统，以法律形式巩固资产阶级革命成果，利于英国社会长期稳定与发展，对其他国家政治制度也都产生了影响，这些都是积极影响。辩证地看，这一制度还需要继续完善。

　　第三步基于分析形成评价结论。这一制度虽然不够完善，但促进了资本主义发展，对其他国家政治制度产生影响，是历史的进步。

　　在中国教育电视台"同上一堂课"初三备考总复习中，每节复习课都以"某个阶段史实复习＋学科能力培养"的方式进行，体现了历史教学在知识基础上培养学科能力、涵养历史素养的理念，强调能力培养的方法性与过程性，同时也让广大师生看到学科能力是可以通过一定的方法与过程来培养的。

第二章
教学设计与史料运用

第二章　教学设计与史料运用

第一节　教学设计的一般思考

在第一章内容中，笔者对初中历史教学"立足基础、突出能力、彰显素养"的特点与理念进行了阐述。在这一章中将立足历史学科能力提升与素养培养，围绕教学设计的思考与案例，展开分析、论述。之所以就教学设计展开专门的论述，是由教学设计在日常课堂教学中的重要性决定的。有人说：教学设计是沟通教学知识理论与日常教学的桥梁，教学设计关系着课堂教学实施的有效性，体现着教师的上课功夫与其业务素养。一篇好的教学设计，既展现了教师良好的专业素养、精深的理论知识，同时也能反映出教师教学实践中的智慧与经验。因此，在这一章内容中，笔者从教学设计一般思考与教学设计案例两个角度，将课堂教学中的实践与研究进行梳理。

首先，从教学设计在一线教学中的实践应用来看，随着新课程改革的推进，教师的教学设计已经脱离教案模式，但笔者在进行教学设计时依然有许多困惑：如在制定教学目标时把握不准确，在实际教学中往往实现不了；在描述实施的过程与方法时，总是与能力目标混淆，或是缺少具体实施环节的描述；在设计情感态度价值观目标及达成方法时，时常与知识、能力脱节，将目标制定得过高过虚，脱离学生实际情况；还有教育教学观念、史学理论的落后与欠缺等问题。教学设计中遇到的问题远远不止这些，但如果这些问题不解决，就会使课堂教学效果大打折扣，降低教学实效性、影响教学质量。

其次，从教学的整体性、系统性来看，教学设计通过对教学的规划，使影响教学的各种因素与各个环节都得到恰当计划与安排，共同作用于学习过程，从而促进教学的有效性。综合以上叙述，笔者认为要做好教学设计，保障课堂教学质量，首先要从理论上理解、认识教学设计。

一、什么是课堂教学设计

一般来说，初中教学活动中的教学设计是指依据课程标准的要求和教学对象的特点，将教学诸要素有序安排，确定合适的教学方案的设想和计划，一般包括教学目标、教学重难点、教学方法、教学步骤与时间分配等环节。

加涅在《教学设计原理》（1988 年）中这样界定教学设计："教学设计是一个系统化规划教学系统的过程。教学系统本身是对资源和程序做出有利于学习的安排。"帕顿在《什么是教学设计》一文中指出："教学设计是设计科学大家庭的一员，设计科学各成员的共同特征是用科学原理及应用来满足人的需要，因此，教学设计是对学业业绩问题的解决措施进行策划的过程。"赖格卢特对教学设计的定义基本上同对教学科学的定义一致，教学设计可以被称为教学科学，他在《教学设计是什么及为什么如是说》一文中指出："教学设计是一门涉及理解与改进教学过程的学科。任何设计活动的宗旨都是提出达到预期目的最优途径，因此，教学设计主要是关于提出最优教学方法处方的一门学科，这些最优的教学方法能使学生的知识和技能发生预期的变化。"梅里尔等人在新近发表的《教学设计新宣言》一文中对教学设计所作的新界定是："教学是一门科学，而教学设计是建立在这一科学基础上的技术，因而教学设计也可以被认为是科学型的技术。"美国学者肯普给教学设计下的定义是："教学设计是运用系统方法分析研究教学过程中相互联系的各部分的问题和需求。在连续模式中确立解决它们的方法步骤，然后评价教学成果的系统计划过程。"

可见，不同的专家学者对教学设计有各自的看法，但是概括这些看法会发现，教学设计是为了提高教学效率和教学质量，使学生在单位时间内能够学到更多的知识，更大幅度地提高学生各方面的能力，从而使学生获得良好的发展。因此，教学设计具有一些基本特征：

第一，解决教什么的问题。教学设计是把教学原理转化为教学材料和教学活动的计划。教学设计要遵循教学过程的基本规律，选择教学目标，以解决教什么的问题。

第二，解决怎样教的问题。教学设计是实现教学目标的计划性和决策性活动。教学设计以计划和布局安排的形式，对怎样才能达到教学目标进行创造性决策，以解决怎样教的问题。

第三，教学设计具有系统性。教学设计是以系统方法为指导。教学设计把教学各要素看成一个系统，分析教学问题和需求，确立解决的程序纲要，使教学效果最优化。

第四，教学设计具有程序性。教学设计是提高学习者获得知识、技能的效率和兴趣的技术过程。教学设计是教育技术的组成部分，它的功能在于运用系统方法设计教学过程，使之成为一种具有操作性的程序。

第五，解决学生如何学的问题。尽管教学设计强调教什么、怎么教这些看似是从教师角度出发而进行的设计特征，但新课程标准倡导学生是学习的主体，因此教学设计更应考虑学生如何学习。要求教师由知识的传授者转变为学生主动学习的引导者、帮助者和促进者。

二、教学设计的原则

从教学设计的定义、目的等方面综合来看，初中历史教学设计应遵循以下几条原则。

1. 系统性原则

在专家学者对教学设计的定义中，普遍肯定教学设计具有系统性原则。教学设计是一项系统工程，它是由教学目标和教学对象的分析、教学内容和方法的选择以及教学评估等子系统所组成，各子系统既相对独立，又相互依存、相互制约，组成一个有机的整体。在诸子系统中，各子系统的功能并不等价，其中教学目标起指导其他子系统的作用。同时，教学设计应立足于整体，每个子系统应协调于整个教学系统中，做到整体与部分辩证地统一，系统的分析与系统的综合有机地结合，最终达到教学系统的整体优化。在教学过程中，教学目标支配教学内容、教学策略、教学媒体，但这些要素又互相搭配、互相影响，只有整体和谐一致才能实现教学的优化。遵循系统性、整体性原则，应注意以下几个方面：

第一，教学目标统领。依据课程标准要求、教材内容及学生实际情况确定科学合理的教学目标，教学目标是整个教学活动的导向，对教学内容、教学策略、教学媒体等要素起到统领作用。在教学设计中教师应当充分考虑教学目标的导向性，注重将课程标准中三维目标有机整合，具体为教学设计中的课时教学目标，然后在教学目标的统领下确定具体教学内容的取舍、确定采用的相应教学策略及媒介资源的使用。脱离教学目标，一味追求学习形式新颖热门、媒介资源的丰富华丽，这类舍本逐末的做法无益于教学目标的达成，同时连基本的教学任务也完成不了，失去了历史教学的深刻思想内涵与厚重历史特色，整体教学设计与教学活动就都失去了价值与意义。

第二，各个要素配合。教学目标是统领，同时也需要教学内容、教学策略及媒介资源等要素协同配合，共同作用的目的是实现教学目标。在教学设计这一系统工程中，每个子体系、要素、环节都应在教学目标的统领下服务于系统整体，表现在教学设计中就是辩证统一与协同配合。

第三，教学过程统一。教学设计的系统性还体现在教学过程设计的统一性，教学目标一旦确定，教学内容一定要与教学目标保持一致，教学策略是为了达成教学目标，媒介资源是为了辅助达成教学目标。过程只有统一才能创设有效的教学系统。

2. 程序性原则

教学设计是一项系统工程，各个子系统的排列组合具有程序性特点，即各个子系统有序地成等级结构排列，且前一子系统制约、影响着后一子系统的形式和方面，而后一子系统体现、影响着前一子系统的达成。根据教学设计的程序性特点，教学设计中应体现出其程序的规定性及联系性，确保教学设计的科学性。从教学设计的内涵来看，教学设计的程序大体可分为如下程序：调查分析教学中的问题和需求、确定教学及学习目标、建立解决问题达成目标的步骤、恰当选择教学活动及学习活动、恰当选择教学资源及教辅工具、对教学及学习结果给出评价。在整个教学过程设计中，每个步骤环环相扣，其中三个问题需要特别关注：

第一，教学目标设计。教学目标统领教学设计各要素与各环节，教学设计实质上是对课堂教学的整体筹划，通过事先对学生要达成的学习目标、相关学习活动与辅助条件的设计与准备来优化教与学的过程，教学目标设计关系着整个教学活动与学习活动的走向。设计教学目标时，应充分考虑课程标准的要求、考虑学生学习的实际情况与需求、考虑教学目标的导向性作用，从而制定科学合理的教学目标。教师应综合考虑多种因素，适时调整教学目标，以适应学生各种实际情况的变化。同时，当教学目标变化时，相应考虑教学内容、教学策略与媒介资源的调整。

第二，学习任务设计。教师在教学设计中往往忽视学习任务的设计，习惯于从教师角度有序呈现教学内容，而忽略了学生在学习过程中的感受。教师习惯于从自身"教"的角度考虑教学设计本是无可厚非的，但学生是学习的主体，如果忽视学生的学习感受，是无法把学生成功引入教学活动过程中的，自然也不能有效达成教学目标并产生好的学习效果。这就提示教师，在教学设计中要充分考虑学生的学习任务，从教学目标设计、重难点的把握上精准安排学习分量，从教学策略方面充分考虑学习过程中知识、能力与情感态度价值观的生成过程，安排适宜的学习任务，使教学设计更合理。

第三，教学策略设计。教学策略设计解决的是"如何教"的问题，传统教学设计中，教师对"如何教"的策略设计倾注的精力并不比对教学内容的关注多，实际上教学策略设计是教师必须掌握的，恰当的教学策略有助于改善教学质量。这就提示教师，在教学设计中要综合考虑、灵活运用多种教学方法，没有哪一种教学方法或策略是最好的，依据不同的学情可以将多种教学方法与策略灵活运用，甚至是一节课中预设多套方案，围绕促进学生有效学习的目的，适时选择最合适的教学方法与策略。

3. 学生为主的原则

教学设计虽然是以教师为主体展开设计与规划，但教师的"教"只是引导、帮助学生取得学习结果的外因，教学的过程还是学生主动学习的过程，因此教学设计中应注重学生为主的原则，突出学生在学习活动中的主体地位。这就提示教师，在教学设计中要善于运用多种材料为学生营造学习情境，要设计丰富多彩的学习活动引导学生在参与中发挥主体作用，要创设和谐的课堂气氛鼓励学生积极发表自己的学习见解与体会，有助于学生在参与学习的过程中，根据自己的已有经验去理解新知识并将其内化为个人认识。综合来看，体现学生为主的原则，教学设计中应注意以下三个方面：

第一，设计学习活动，体现学生主体。教师在教学设计中应提前对学生学习活动进行规划设计，本着从感知到理解再到认识的学习过程，在教学的各个环节设计学生活动，引导学生投入学习过程。学习活动应灵活多样、丰富多彩，除了提问、思考一类的思维活动，可以加入绘制示意图、情境剧表演、观点辩论等既动脑、动口又动手的学习活动，充分调动学生全方位地参与学习。

第二，精选学习材料，激发学习兴趣。历史是博大精深的，如果教师善用各种材料，运用生动细化的材料激发学生的学习兴趣，用富有认知冲突的材料激发学生的探究欲望，就可以激发学生主动参与历史学习的兴趣，自发参与学习过程，积极主动投入，从而更加顺畅地达成教学目标与学习目标。

第三，创设学习机会，体验学习乐趣。教师在教学设计中还应注意给学生预设运用所学知识解决问题的学习机会，从而让学生体验学习的收获与乐趣。在传统教学中，往往是教师讲授完教学内容，一节课就结束了，学生学到了很多知识却苦于没有实践应用的机会，学而不用的知识很快就会被遗忘，同时学生也没有学习成就感。在以学生为主体的教学设计中，应充分考虑给学生创设运用所学解决问题的机会，帮助学生从运用所学反馈的信息中进一步发现自己的优势与不足、提升认识与解决实际问题的能力、感受学习带来的成就与快乐，这样的学习才是快乐的学习、有意义的学习。

4. 反馈性原则

历史学习评价是新课程改革中发展相对缓慢的环节，有效的学习评价能够及时发现学生学习中的问题并予以纠正。教学设计中应包括对学习评价的设计，并通过学习评价反馈信息适时调整。目前普遍对教学设计中学习评价设计及其反馈性原则重视不够，教学成效考评只能以教学过程前后的变化以及对学生作业的科学测量为依据。测评教学效果的目的是获取反馈信息，以修正、完善原有的教学设计。这就提示教师，在教学设计中融入学习评价设计内容，除了对知识掌握情况的评价，还应特别关注对能力的评价、学习过程与方法的评价、情感态度价值观的评价，通过学习评价反馈的信息，及时修正教学设计。

三、教学设计的思路

教学设计的形式很多，如表格式、课堂实录式等，但无论哪种形式的教学设计，都包含对象、目标、策略、评价四个基本要素，同时还应包括教学目标、学情分析、教学过程、学习评价与教学反思等基本环节。

教学设计的每一个环节应如何设计？笔者认为，教师应从教学设计的系统性、整体性出发，保持四要素的一致性、统一性来设计各个教学环节。总体来看，教学设计具体流程应当包括以下几个基本环节：

1.确定教学目标

教学目标是教学设计的统领，因此教学设计的第一个环节应是确定教学目标。如何确定教学目标？从教学设计的定义来看，它是课堂教学前在一定教学理论和学习理论指导下，预先设定的教学活动进程，是教学活动顺利实施的前奏与关键，初中历史教学活动遵从课程标准的要求与理念，那么教学设计中，教学目标的制定也应遵从课程标准。

第一，依据课程标准，设计教学目标。课程标准给教学设计提出了新理念，如教育为本的教育理念、促进全体学生全面发展的理念、鼓励教师教学方式和教学评价方式创新以及鼓励学生自主、合作、探究学习方式等，这些理念及其涉及的教育、学习理念都可作为指导制定教学目标的上位思想理论依据。

还有就是课程标准中，课程目标与课程内容是撰写教学目标的具体要求，课程目标中"知识与能力""过程与方法""情感态度价值观"三维目标为撰写教学目标指明了方向，教学设计应充分体现课程标准要求达到的目标，同时还要结合课程内容中具体知识点将三维目标具体化、可行化。

在撰写教学目标时，通常就以课程目标要求来逐一设定，三维目标是一个不可分割的整体，它们之间没有绝对的先后之分，往往融会贯通、互相交织，如在学习基础知识与基本史实时，不可避免地会以某种过程与方法去感受、理解，同时也会产生某种情感态度的变化，因此撰写教学目标时要注意三者的贯通，达成"知识与能力"目标需要借助"过程与方法"为手段，达成"过程与方法""情感态度价值观"目标需要以"知识与能力"为依托。

在撰写教学目标时，同时还要注意对课程标准、课程内容的分析，课程内容将课程标准的理念与具体史实相结合，形成具体化、可行性的内容要求，因此制定撰写教学目标时要采纳这些具体要求，当教材中缺乏相应史实支撑时及时补充材料，并以此作为后续教学设计的指导。

第二，考虑学生差异，修订教学目标。撰写制定教学目标还应充分考虑学情，分析学生实际情况与课程标准要求达到的水平之间的差异，在尊重课程标准要求的大前提下修订教学目标，把学习内容以学生为出发点分解成具体的目标，用明确、具体、可行的行为动词加以描述，形成确定下来的总体教学目标。

这里所说的分析学情、修订教学目标，并不是要推翻课程标准的三维目标要求，而是依据学生对基本史实的掌握情况与理解程度，对三维目标中"过程与方法"进行精心设计，来帮助不同层次的学生达到课程标准的三维目标要求。如果学生基础薄弱、能力水平相对偏低，那么教师在"过程与方法"设计中，就要区别于基础扎实、能力较高的学生。

例如，课程标准中有"通过商鞅变法，认识改革使秦国逐渐强大起来"的内容要求，就是要求学生正确认识商鞅变法，能力水平较高的学生在学习了商鞅变法的具体措施后，就能够分析其影响。教师在教学设计中，就可以直接将学习过程设计为"分析商鞅变法的影响"，而能力水平偏低的学生不能直接从改革措施分析影响，那么教师在学习过程设计中，就要改变学习过程与方法，可以让学生先了解改革措施，然后引导学生逐一推断改革措施能够发挥的作用，最后引导学生从改革措施在当时及后世的作用，来分析改革影响，比之前一个教学设计在"过程与方法"上多了一个推断改革作用的步骤，这种设计的改变是适应学生实际情况而做出的，目的是从学习过程与方法上降低学习难度、适应不同层次学生的需求。

第三，考虑教材内容，补充教学目标。课程标准给出的三维目标要求简明扼要，还需要丰富、具体的史实来支撑，而教材以单元与课的内容对课程标准三维目标进行了落实，教材中每课都有非常具体的学习内容，为便于学生理解含有阅读性质的细节性描述、插图等丰富的材料。教学目标设计应充分考虑在"过程与方法"中使用这些来源可靠、针对性强的材料，丰富学习过程。当教材内容与课程标准要求在内容上存在出入时，首先遵从课程标准要求，对教材缺失的部分进行增补，当教材内容超出课程标准要求，可结合学生实际情况选取有助于学生学习的内容，丰富教学活动。

2. 学生情况分析

教学设计虽然是从教师角度撰写，但指向对象是学生，教学设计还应充分考虑学生的实际情况，通过了解、分析学情，掌握他们知识、能力、情感态度价值观基本初始状况，来修订教学目标与教学策略，使之适应学生的学习需求。

课程标准一再强调，学生是学习的主体，学习过程在教师引导下最终还是由学生来完成，学生的学习效果反映了教学目标、教学策略和教学设计的达成情况。同时，学生的生活环境、情感态度、经验阅历、需求兴趣、知识基础及能力水平等多种因素都会对学习效果产生影响。因此，要对学生的情况高度重视、精准分析，并将之纳入教学设计综合考虑的范围。这就提示教师要在教学设计前调查分析学情，可设计调查问卷对学生现有知识基础、初始能力、感兴趣的问题进行摸底，也可以通过授课前的师生交流，了解学生大致情况。

还有一些经验丰富的教师，在已经掌握学生的共性后，可以只在课堂导入部分通过提问了解学生状况，通过分析了解学生与课程标准要求的差距、优势、需求与兴趣，包括班级间、个人间差异，充分考虑这些学情因素，并在教学设计中通过专门针对性的教学策略，因材施教、分层教学，促进每个学生的进步与发展。

那么，在实践操作中，对学生情况分析应当侧重哪些方面呢？笔者认为应侧重以下几个方面：

第一，调查分析学生现有知识储备与能力水平。建构主义理论认为，学习是与一定的社会文化背景相联系的，学生要在现有社会文化背景下进行学习，教师可以引导学生利用自己原有认知结构中的相关知识经验去理解当前学习的新知识，并将新知识内化到现有知识体系中，从而达到对新知识的建构。简单来说，现有知识背景如同桥梁，学生要借助这座"桥"对新知识进行搭建，然后新旧知识完成整合，生成新认知。

第二，调查学生学习需求与兴趣方向。学生在学习自己感兴趣的内容时态度会更加积极，更容易配合教师提出的学习要求，专注学习的时间更长、精力更集中，可以说兴趣有助于课堂教学效率的提升，因此新课程标准倡导兴趣学习，教学设计与学情分析中都应当充分考虑学生的兴趣。在展开教学设计前，教师可通过各种形式调查了解学生感兴趣的地方，结合学生的兴趣点相应调整教学策略。但也要注意对学生兴趣的正确引导，不能一味迁就学生不良兴趣而改变课程标准要求的三维目标。

第三，调查班级的整体状况与集体学习风气。日常课堂教学是以班级整体为教学对象的，虽然教师在教学设计中会针对各个层次水平的学生进行有针对性的教学，但改变不了课堂教学的整体性，学习整体的状况同样会影响其中每个独立个体的学习，因此学情分析还要充分考虑班级整体状况。从各种形式的调查中，教师要分析班级整体的状况与学习风气，如思维活跃但纪律性不够的班级、思维有深度但参与活动积极性不够的班级或思维活跃同时组织纪律性强的班级，班级特色各不相同，提示教师在分析学习集体特点后考虑集体差异、针对不同特点适当调整教学策略。

3. 选择教学策略

教学策略是教学设计的重要组成部分，不同于教学方式、方法，教学策略是实施教学过程的教学思想、方法模式、技术手段这三方面动因的最优化框架式整体集成，是教学思维对三方面动因进行思维策略加工而形成的方法模式。

教学策略是为实现某一教学目标而制定的、付诸于教学过程实施的整体方案，它包括合理组织教学过程，选择具体的教学方法和材料，制定教师与学生所遵守的教学行为程序。教学策略是对完成特定的教学目标而采用的教学活动的程序、方法、形式和媒介等因素的总体考虑，也就是在不同的教学条件下，达到不同的教学结果所采用的不同的方式、方法、媒介等，它包括对知识技能教学内容的序列安排；对认识活动过程中的系统问题和期望的学生反应的安排；对教学的组织形式和媒介呈现信息方式的安排。

教学策略主要是解决教师"如何教"和学生"如何学"的问题，是教学设计研究重点。确定了教学目标，还不能立即进行具体的教学活动，必须考虑教学的具体安排以及教学的指导思想。

教学策略的制定是一项系统考虑诸教学要素，总体上择优的、富有创造性的设计工作。也就是说，在可达到教学目标的诸方法和方案中针对不同的教学情况，选择和确定被认为是相对最合适的教学途径，决定实施的教学方案应是根据具体实际情况确定的结果。

例如：教学内容、学习者和班级特征、教学媒介和学习环境等，考虑选择教学方法和手段，确定教学程序和组织形式来实现教学目标。这种选择的过程也是教学策略的设计过程。教学策略具有知识性和灵活性，而不具有规定性和刻板性，可以较好地发挥教学理论具体化和教学活动方式概括化的作用。

对教学来说，没有任何单一的策略能够适用于所有的情况，有效的教学需要有可供选择的策略来达到不同的教学目标，最好的教学策略就是在一定情况下达到特定目标的、最有效的方法论体系。由于教学策略具有多样性的特点，因此，在教学实践中，存在多种多样的教学策略。运用不同的标准，以不同的角度，可划分出许多不同的类型。在制定教学策略时，应当注意以下几个方面：

第一，针对教学目标制定教学策略。教学策略是为实际教学服务的，是为了达到一定的教学目标和教学效果。教学目标统领教学设计，是教学整个过程的出发点，是确定教学内容、教学策略、学习评价的依据。因此教学策略的选择行为不是主观随意的，而是指向特定的教学目标，业已做出的选择行为在具体的情景中会遇到无法预测的偶然事件，为了达到特定的教学目标，教师个体需要对选择行为进行反省，继而做出再选择，直到达到教学目标。

　　教学策略都指向特定的问题情境、特定的教学内容、特定的教学目标，规定着师生的教学行为。通用的教学策略是不存在的。只有在具体的条件下，在特定的范畴中，教学策略才能发挥出它的价值。当完成了既定的任务，解决了想解决的问题，一个策略就达到了应用的目的，与其相应的手段、技巧不再继续有效，而必须探索新的策略。

　　第二，注重多种要素的统筹整合。教学过程是一个彼此之间相互联系、相互作用的整体，其中，任何一个子过程都会牵涉到其他过程。因此，在选择和制定教学策略时，必须统观教学的全过程，综合考虑其中的各要素。在此基础上对教学进程和师生相互作用方式作全面的安排，并能在实施过程中及时地反馈、调整。也就是说，教学策略不是某一单方面的教学谋划或措施，而是某一范畴内具体教学方式、措施等的优化组合、合理构建、和谐协同。这就提示教师，教学设计中选择或制定教学策略必须对教学内容、教学方法、教学媒介资源等要素统筹综合考虑，自觉运用某种恰当教学理论，然后制定相对优化的教学策略。

　　第三，注重教学策略的可操作性。任何教学策略都是针对教学目标的每一具体要求而制定的，具有与之相对应的方法、技术和实施程序，并转化为教师与学生的具体行动。这就要求教学策略必须是可操作的。没有可操作性的教学策略是没有实际价值的。

　　任何教学策略都应该是针对教学目标中的具体要求而形成的，具备相应的方法技巧，从这个角度来说，教学策略就是达到教学目标的具体的实施计划或实施方案，并且可以转化为教师的外部动作，最终通过外部动作来达到教学目标。这就提示教师，选择并依据一定的教学理论，在其指导下确定明确而具体的教学过程与方法，形成符合学习内容、符合学生特点的教学策略。

　　第四，注重教学策略的丰富多样。课程标准提出教学方式、方法与学习方式、方法的多样性，满足不同层次学生的需求，促进学生自主学习。

　　多样化的学习方式包括自主学习、合作学习、探究学习，这也就决定了教学策略应当丰富多样，以适应课程改革、课程标准及学生学习的实际需求。同时，一种教学策略不是万能的，不存在一种能适应任何情况的教学策略。还有，教学策略与教学问题之间的关系也不是绝对的对应关系。同一策略可以解决不同的问题，对不同的学习群体也会产生不同的教学效果。同时，教学具有不同的层次，学习与教育心理学家加涅把教学分为课程级、科目级、单元级和要案级四种水平。不同的教学层次就有不同的达到教学目的的手段和方法，也就有不同的教学策略。另外，不同层次的教学策略之间尤其是相邻层次的教学策略之间是相互联系的，高一层次的策略可分解为低一层次的教学策略，指导和规范低一层次的教学策略。

4.学习效果评价

学习效果评价也可称为教学评价，教学设计中强调要有相应的学习效果评价，利用可行的评价方法对教学过程及预设的教学效果给予价值判断，提供改进教学和学生学习的相关信息，了解教学目标的达成状况，为进一步修订教学设计提供参考依据。

教学评价是依据教学目标对教学过程及结果进行价值判断并为教学决策服务的活动，是对教学活动现实的或潜在的价值做出判断的过程。教学评价是研究教师的"教"和学生的"学"的价值的过程。教学评价一般包括对教学过程中教师、学生、教学内容、教学方法手段、教学环境、教学管理诸因素的评价，但主要是对学生学习效果的评价和教师教学工作过程的评价。教学评价的两个核心环节，一是对教师教学工作（教学设计、组织、实施等）的评价，就是对教师教学评估（课堂、课外）；二是对学生学习效果的评价，即考试与测验，或其他可行的评价方法，从这一角度看，教学设计中的评价不等同于学生学业评价。因此，在教学设计中的学习效果评价或教学评价应注意以下几个方面：

第一，围绕教学目标制定评价方案。评价发出的信息可以使教师了解自己的"教"，使学生了解自己的"学"，教师和学生可以根据反馈信息调整教的行为和学的行为，从而达到所规定的目标，这就是评价所发挥的调节作用。

课堂中使用的学习效果评价方式方法可以是多种多样的。例如，侧重指导学习过程的评价量规、侧重测量知识、能力水平的纸笔测试等，无论使用何种方式、方法，都应紧密围绕教学目标制定评价方案，因此教学评价是对教学目标的反馈，要依据评价得出的价值判断来完善、修订教学设计。教学目标统领教学设计，教学设计中的教学评价为教学进程提供方向和质量保证，帮助教师诊断学生学习状况，帮助学生找出自己与目标的差距，并给予学生一定的学习过程与方法的指导，为教师改进和修改教学设计，作为给学生提供更符合发展需求的学习方案的指导和依据。

第二，注意发挥教学评价的诊断功能。教学评价是对教学效果进行价值判断，可以了解教学各方面的情况，从而判断它的质量和水平、成效和缺陷。全面客观的评价工作不仅能估计学生在多大程度上实现了教学目标，而且能解释各种学习状况并找出主要原因。可见教学评价如同身体检查，是对教学进行一次严谨、科学的诊断。运用教学评价的诊断功能，对教学设计的统领教学目标进行诊断评价，提供教学设计的改进依据。同时，教学评价也具有调控功能，可以对教学设计提供修改建议。教学评价还具有决策功能，对教学设计整体达成情况进行总结性评价。

第三，注意发挥教学评价促进学生发展的功能。评价对教师和学生具有监督和激励作用。通过评价反映出教师的教学效果和学生的学习成绩。经验和研究都表明，在一定的限度内，经常进行记录成绩的测验对学生的学习动机具有很大的激发作用，可以有效地推动课堂学习。

教学设计中的教学评价不同于中高考，不是为了选拔或淘汰学生，其根本目的是促进学生的全面发展。这也提示教师，教学设计中的教学评价应侧重鼓励师生、促进教学，因此教学评价应着眼于学生的学习进步和动态发展，着眼于教师的教学改进和能力提高，以调动师生的积极性，提高教学质量。要注意评价过程与教学过程的一致性，关注学生个体的处境和需求，尊重学生个体间的差异，意在激发每一个学生的主动性与创造力。教师不仅要关注评价的结果，更要关注评价对学生成长发展过程的功能与作用，将教学评价贯穿于日常课堂教学中，多种评价方式交互使用，最大限度激励学生进步与发展。

第四，注意评价内容与评价者的多元化。教学设计中的评价除了关注学生成绩，还应关注学生的课堂表现，如学习方法、学习态度、参与学习过程的积极性等，都应纳入评价的范围，从多元角度对学生进行评价，促进学生全面发展。同时，还应关注评价者的多元化，除了教师对学生表现的点评，学生自我评价、学生互相评价都能从不同角度反映学生学习状况，从而使评价更加客观，而且促使学生在自我评价或互相评价的过程中取长补短、提高学生主动性与积极性、促进合作学习。

5. 教学反思

教学反思是指教师对教育教学实践的再认识、再思考，并以此来总结经验教训，进一步提高教育教学水平。教学反思一直以来是教师提高个人业务水平的一种有效手段，教育上有成就的大家一直非常重视之。现在很多教师会从自己的教育实践中来反观自己的得失，通过教育案例、教育故事、教育心得等来提高教学反思的质量。

教学设计实施后，教师应对实施情况进行反思，从而发现优势与缺陷，进而完善修改教学设计，提高教学水平。教学反思分为多种类型，如纵向反思、横向反思、个体反思和集体反思等。反思方法有行动研究法、比较法、总结法、对话法、录像法、档案袋法等。

教学设计中的反思多是教师个体反思，或是教师个体在听课教师给出的集体反思后，进一步总结提升个体反思，但无论何种类型的反思，基本都遵循：具体经验—观察分析—抽象的重新概括—积极验证的反思过程。

在具体经验阶段，教师意识到问题或优势的存在，并明确问题或优势情境。在观察与分析阶段，教师广泛收集并分析有关的经验，特别是关于自己活动的信息，以批判的眼光反观自身，包括自己的思想、行为，也包括自己的信念、价值观、目的、态度和情感。在获得一定的信息之后，教师要对它们进行分析，看驱动自己的教学活动的各种思想观点到底是什么，它与自己所倡导的理论是否一致，自己的行为与预期结果是否一致等，从而明确问题的根源所在。经过分析，教师会对问题情境形成更为明确的认识。在重新概括阶段，教师在观察分析的基础上，反思旧思想，并积极寻找新思想与新策略来解决所面临的问题。在积极验证阶段，教师要检验上阶段所形成的概括行动和假设。在检验的过程中，教师会遇到新的具体经验，从而开始新的循环。

第二节　史料教学的理论分析及使用基本原则

历史学科核心素养明确提出"史料实证"的要求，虽然这一核心素养是针对高中学生，但是体现了历史学科的特色，初中学生同样适用。初中新课程标准也有类似的要求，如"了解多种历史呈现方式，包括文献材料、图片、图表、实物、遗址、遗迹、影像、口述以及历史文学作品等，提高历史学习的阅读能力和观察能力，形成符合当时历史条件的一定的历史情景想象"。从课程目标的这一要求来看，是要求学生能够掌握各种材料的分类，并从材料中提取有效信息，为历史学习创造情境。

再如，"初步学会从多种渠道获取历史信息，了解以历史材料为依据来解释历史的重要性；初步形成重证据的历史意识和处理历史信息的能力，逐步提高对历史的理解能力，初步学会分析和解决历史问题"，要求学生能够鉴别材料的可信度，并运用材料分析解决历史问题。课程标准中没有使用"史料"一词，使用的是"材料"，是对初中生相应的放宽要求，不要求必须是严格的史料，可以放宽为范围更广的材料，但鉴别、解析与运用的能力要求并不放宽。

有专家指出，历史有效教学的原动力不是教育学和心理学，而是历史学。历史教师应高度重视"与学习视野相关的史论""与历史知识相关的史实""与历史学习方法和思考相关的史料"，在潜移默化中培养学生运用史料了解历史、分析解决历史问题的史学研究方法，这是历史学科特色之一，也是中、高考重点考查的能力之一。在中、高考命题中，史料解析或材料分析作为一种重要的题型，在试卷综合题中的比例越来越显著。这就提示教师，要充分重视史料教学在课堂教学中的重要性，引导学生学习运用史料解释历史、还原历史现场，这是历史学科特色、课程标准要求及历史学科核心素养的要求，教师在实践层面应以史料教学的理念为指导，积极推动教学改革。

那么，什么是史料教学？如何开展史料教学？教学设计中如何对史料教学进行规划？笔者通过以下几个方面进行分析、探讨。

一、史料教学理论分析

1. 什么是史料

通常说的史料，是指那些人类社会历史在发展过程中所遗留下来的、并帮助人类认识、解释和重构历史过程的痕迹。人类对历史的认识和研究离不开史料，具体来说，史料是指在研究或讨论历史时可依据的资料。一般将史料区分为第一手史料（primary source）以及第二手史料（secondary source）。前者是指接近或直接在历史发生当时所产生，可较直接作为历史根据的史料；后者是指经过后人运用一手史料所作的研究及诠释。但二者的界限经常并不明确（如《史记》就很难说是一手或二手史料），一般中文所称史料，主要是指第一手史料。

我国著名历史学家荣孟源把史料分为四大类，一般被认为是较为全面合理的传统史料分类法：第一类为书报，包括历史记录、历史著作、文献汇编和史部以外的群籍；第二类为文件，包括政府文件、团体文件和私人文件；第三类为实物，包括生产工具、生活资料和历史事件的遗迹；第四类为口碑，包括回忆录、调查记录、群众传说和文艺作品。

也有按照史料形式划分为三类：第一类为文献史料，最早的文献史料并不是史书，应是甲骨文（甲骨文的文献价值与早期文字的意义相互混淆）；第二类为实物史料，实物史料指各类遗物、遗址、建筑、碑刻、雕塑和绘画等，这类史料是历史的见证和历史知识的可靠来源，它既能比较真实地反映历史，又具有形象直观性，其中有很大部分是由考古发掘的；第三类为口传史料与口述史料，口传史料（远古时期神话传说）在没有文字记载前有一定的史料价值，口述史料是人们根据往事的口头回忆而写成或整理成的文字资料。

还有按照史料价值划分为：第一手史料（直接史料/原始材料）和第二手史料（间接史料）。第一手史料是指接近或直接在历史发生当时所产生，可较直接作为透视历史问题的史料；第二手史料是指经过后人运用第一手史料所作的研究及诠释。

综合以上观点，笔者认为，历史教学及教学设计运用的史料以三类为主，即文献史料、实物史料、口述史料。

文献史料，主要指以文字形式记载的资料，如官私史书、文书档案、文集日记、野史笔记，以及各方面的书籍和近代以来出现的报刊、杂志等；也包括了碑刻、摩崖，以及考古发现的甲骨文、金文、简帛、墓志等。除了以纸张为载体的文献资料以外，还有大量以电子媒介为载体的文献资料，如电子邮件等。

实物史料，是指历史上人类活动遗留下来的各种物件，主要是各种历史遗存和考古发现，如遗址、墓葬及出土文物等。

口述史料，是指人们口头讲述并被记录下来的资料，其记录的方式有笔录、录音、录像等。这些资料包括神话、传说、故事、史诗、俗谚、遗训，以及回忆录、对话录、采访记、座谈录音等。

具体到初中历史教学，可适当放宽史料范围，结合学生实际情况将史料扩大为材料，选取与教学密切相关、获取信息相对简单的材料，避免在课堂教学中一味追求第一手史料的运用，将艰深晦涩的史料直接运用于课堂教学，这样不符合学生年龄特征，反而增加学生学业负担、不利于培养历史学习兴趣、浪费宝贵的学习时间。

2.什么是史料教学

在课程改革过程中，史料教学逐渐被教师接受并广泛使用。史料教学是指在历史教学过程中，教师指导学生对相关史料进行处理，引导学生自主地从材料中获取信息，并利用有效信息完成对历史的感知、理解与认识的教学过程。也有观点认为，史料教学是一种探究式学习，与先前接受式教学有很大差别，教师通过历史知识情境还原，为学生提供一个历史学习的探究氛围，提供学习的资料，通过教师问题引导，让学生动手动脑去思考。还有观点认为，史料教学是把史料与教学联系在一起，依据课程标准的理念与要求，教师将历史以史料的形式表现出来，帮助学生理解历史，加深对历史的认识。可以说，史料教学既是一种教学方式，也是一种学习方式。无论哪一种观点，史料教学都脱离不开历史资料的运用，历史资料是了解真实历史和教学研究的重要材料。

梁启超在《中国历史研究法》中指出："史料为史之组织细胞，史料不具或不确，则无复史之可言。"可见，史料是历史结论的基础，没有史料，历史知识也就不复存在，更谈不上历史教学。在史料教学中正确选取史料是基础，合理运用史料是关键，充分发挥史料作用是目的。史料教学在日常课堂教学中越来越受重视，基本每节课里都会或多或少出现对史料的运用，在中、高考中，史料分析题型也非常普遍。

史料教学存在以下几个方面的优势：

首先，恰当选取史料，有助于营造真实、生动的历史学习情境。历史作为过去，怎样被学生学习认识呢？史料是一个重要途径，史料是历史学习的基础，对历史教学具有重要的作用。通过史料，可以生动形象地再现历史情景，拉近学生和历史的距离，唤起学生探究历史真相的欲望，从而促使学生更积极主动地参与历史课堂教学。

例如，在"北京人"的教学中，教师如果只出示北京人头盖骨化石，对着这一幅化石照片讲述北京人的外貌、生活环境、生产生活状况，学生很难全面想象北京人的体貌特征与生存状况，可能就对教师的讲述失去兴趣，导致学习效果不好。这时候，如果教师能够结合讲解，出示相应的北京人遗址考古发掘的化石图片，用伴生动植物化石及复原图，帮助学生感受北京人的生存环境，用打制石器工具与动植物化石的图片，讲解石器制造过程与用途，教学效果就可能大不一样。化石等实物史料能将北京人相对零散的生存环境、生产生活状况拼接起来，形成连贯而又鲜活的历史图像，为学生营造出便于理解的真实、直观、生动的学习情境，这种教学效果是凭语言描述很难完全实现的。同时，这一鲜活的学习情境大大拉近了学生与历史的距离，学生学习与探究的兴趣被激发出来，从而能够更加积极主动地投入学习过程。

其次，恰当运用史料，有助于学科能力的培养。当学生阅读并运用文献史料分析并解决某个问题时，就会涉及辨别、提取、归纳、概括、说明、解释、认证、阐释等多种学科能力的运用，只要教师引导适当，就可以在史料教学过程中实现多种学科能力的训练。

再次，辨别与运用史料，有助于培养学生重证据的历史意识与批判的思维方式。史料教学一个非常鲜明的作用是促使学生运用史料，并以此为证据来重构历史。教师不仅要活化课堂学习，更要帮助学生运用史料认识历史的本质，让学生经过对史料的阅读、观察、思考与探究，建立起自己对历史的认识。在这一运用史料进行学习的过程中，教师逐渐帮助学生认识到历史一去不复返，只能通过遗留下的各种史料去认识。虽然史料作为一种历史证据，能帮助人们重构历史，但并不是所有史料都能重构历史，要对史料进行辨别，只有证实真实可靠的史料才能作为重构历史的证据。这也就提示教师，在运用史料时要注意培养学生以批判的思维方式看待史料，要能够依据史料的性质、来源等因素辨别史料的可信度、信息价值、真实性，还要能够在矛盾冲突的史料中寻找历史真相。

当然，史料教学运用中的问题也不能忽视。

首先，是史料选取中的问题。一旦教师选取的史料来源不可靠或不严谨，或用错误的史料，作为证据的史料就失去了真实性，从中得出的结论也就变得毫无意义。还有就是史料没有精心筛选，将一大堆类似的史料同时呈现给学生，学生面对过多史料将无所适从。再有就是史料与教学内容衔接性差，教师没能从众多史料中精选最符合教学需求与学生需求的，导致史料不能很好地还原历史或不能帮助学生感受历史。

其次，是史料运用中的问题。使用史料进行教学的初衷是还原历史、深度理解历史，然而，有时候教师只是将史料简单地作为教学内容的佐证出示给学生看，没能发挥史料教学的多种优势与作用，这就提示教师在课堂教学有限的时间里"用尽"史料。课堂教学目标明确、时间有限，运用史料要讲求效率，精选那些最适合课堂教学使用的史料，并针对教学目标精心设计运用史料的各个环节，形成"阅读观察—提取信息—发现问题—探究问题—解释论证—形成认识"的连续、完整的运用史料学习模式，将史料的作用与效益最大化，通过对史料的深度加工与运用，达到提高课堂教学有效性、提升学生学科能力与素养的多个目标。

笔者认为，要想尽量避免史料教学中的诸多问题，教师首先要摆正运用史料的观念，认识到史料教学不是简单的史料堆积，要有把史料教学与三维目标紧密联系，培养学生的史料实证素养与多种学科能力，要清楚史料教学包括目的、方法在内的基本理论，才能在课堂教学中更好地驾驭史料教学。

二、史料选用的基本原则

经过课程改革的不断探索，史料教学已经被广泛运用于课堂教学，每节课中几乎都少不了史料的运用，史料作为史实的载体与史论的依托已经在课堂教学及中、高考中必不可少。然而在教学及命题过程中，在呈现同一史料状况下，由于使用方法不同，产生的教学效果及检测效果也会不同，讲授同一知识时使用史料的不同，产生的教学效果也会千差万别。因此，在史料教学中，应慎重思考、妥善落实如何选取史料、运用史料。

一般说来，史料的选取应当注重真实性，尽量呈现与教学内容密切相关的第一手史料，以保持历史的原汁原味，但结合初中生的实际情况、考虑学生兴趣等因素，也要注重史料表现形式的多样化，以便学生生动、直观地感受、理解历史，减少因史料释读带来的学习障碍，同时节约课堂教学时间。在使用史料时，要注重史料的多种用途，史料不仅可以作为教师讲述历史的佐证，更可以用来营造学习情境、培养能力与素养，当然不能滥用史料，还要注意史料使用的基本原则。

1. 如何选取史料

史料教学中，史料选取是非常关键的一步，恰当的史料可以有效地还原出鲜活的历史并引导学生去探求历史的真相。选取史料的原则可能是多样的，但从史料本身角度来看，要注重史料的真实性、与课程标准要求的教学内容的相关性，从研习史料的对象——学生来看，要注重史料的多样性与学生对史料的适应性。

第一，史料的真实性。尊重历史的真实性，需要史料的真实性作为保障，只有论从史出的历史学习结论才是科学的，因此选取史料首先要本着真实性的原则。

从历史学科特色来看，历史是重证据的学科，"以史为证、论从史出"是历史教师坚守的学科原则，学生历史证据意识的形成、真实史实的掌握、学科能力的提升与情感态度价值观的形成，都必须立足于真实可靠的历史，这是历史学科的本质特点。

关于某一历史的史料可能会很多，如在学习"西周分封制"时，有《左传》《史记》等历史古籍，也有出土的青铜器等实物史料，更有后人撰写的介绍西周的众多历史书籍，众多史料应该怎样选取呢？本着真实性的原则，尽量选取第一手史料、原始文献，通常状况下第一手史料与原始文献历史价值更高，要比一般意义上的史料更加接近真实历史，更加能够呈现原汁原味的历史。而后人撰写的介绍西周的书籍可能加入了更多个人的历史见解，受到作者立场或动机的限制，个人主观色彩更强，有可能丧失一部分历史的真实性，在有充足且相关性较高的第一手史料与原始文献的情况下，尽可能选用第一手史料，摘取最客观、最接近真实的内容，保证历史及历史学习的真实。

另外，在选取真实、客观史料的时候还要注意呈现史料信息的完整性，不能断章取义。断章取义的史料会偏离历史的真实性，从片面、割裂的史料中得出的结论就失去了客观性与科学性，很可能导致错误的历史判断与偏差的历史认识。这方面比较典型的事例是"抗美援朝战争"的教学，教师经常会出示的一则史料"我们在错误的地点、错误的时间，与错误的敌人进行了一场错误的战争"来烘托朝鲜战争的胜利，认为这是麦克阿瑟对以美国为首的联合国军战败的承认，然而这则史料是在美国国会听证会上，麦克阿瑟建议把朝鲜战争扩大到中国时布莱德雷的发言，并不能用于说明当时的战况。因此，教师在选取史料时要本着真实性原则进行客观甄选，同时还要注意呈现史料的全貌，避免断章取义、以偏概全。

第二，史料的相关性。在真实性基础上，选取史料还要考虑其相关性。教师本着尊重历史、追求历史真实的原则，在呈现给学生真实性、客观性史料的同时，还要兼顾这一史料与课程标准要求的教学内容的高度相关性。教学目标统领教学设计全局，史料教学当然也不能脱离教学目标，史料选取要依据课程标准的三维目标要求。

首先要考虑课程标准要求的基本史料，围绕教学目标的重难点进行选取，应当帮助学生掌握基础知识、突破重难点的理解。

例如，在"我们的远古祖先"教学中，课程标准要求"知道北京人的特征，了解北京人发现的意义，知道化石是研究人类起源的主要证据"，在史料选取上应当选择北京人头盖骨化石、打制石器、灰烬层、伴生动植物化石，通过化石复原北京人生存环境与生产生活状况，并从中理解化石在了解史前历史中的重要作用，进而达成课程标准的要求。北京猿人遗址出土化石是极其丰富的，除了上述提到的，还有许多有价值、学生感兴趣的化石文物遗存，如同一地点出土的山顶洞人化石文物遗存，但由于与课程标准要求的内容关系不密切、与教学目标的相关性较小，因此就不必过多涉及。

还有一种状况是史料选取具备密切的相关性，但教师就一个知识点同时呈现出多个甚至十多个史料，过多的史料超出了学生接受的范围，反而使学生无所适从，分散了学生对学习重点与难点的注意力，同时也挤占了引导学生阅读观察、讲解分析的时间，增加学生学习负担，还有可能完不成教学目标，所以应尽量避免史料过度使用、喧宾夺主的现象。因此，选取史料要考虑史料与课程标准、教学目标的密切相关性，使用量要适度，宜精不宜多，要发挥史料引导学生突破学习重难点的关键作用，尽量避免为了使用史料而开展史料教学的跑偏现象。

第三，史料的多样性。选取史料时还要关注史料的多样性，多种类型的史料交替使用，让学生了解多种历史的呈现方式，如文献材料、图片、图表、实物、遗址、遗迹、影像、口述、历史文学作品等，有利于学生从多种途径获取历史信息，有利于保持学生对历史学习的兴趣。

从这一角度看，初中教学里的史料已经超出了史学研究中史料的范围，应该说是来源更广泛、呈现方式更多样。这不是否定第一手史料的重要性，而是针对初中学生有限的接受能力、理解能力与学习兴趣，可以第一手史料与第二手史料兼顾，多种不同类型的史料交替使用，在认识史料多样性的同时，也有助于学生辨别史料的可信度，认识第一手史料、第二手史料的不同历史价值。

例如，在学习"传说中的炎帝、黄帝与禅让制"时，由于该时期处于原始社会末期向奴隶制国家过渡、文明起源的特殊时期，反映这一时期历史的史料呈现出多样性，有《左传》《史记》等历史文献著作，也有《山海经》这样的神话色彩深厚的古籍，还有版本众多的民间传说，当然也有不断问世的考古发现。教师在教学中可以依据课程标准要求"知道炎帝、黄帝的传说故事，了解传说与神话中的历史信息"，同时呈现多种类型的史料，引导学生从传说与神话中了解炎帝与黄帝的故事，通过与历史文献、考古发现互相印证，了解传说与神话中蕴含的历史信息，区分多种类型史料的历史价值，辨别史料的可信度，从而达成课程标准的要求。

第四，史料的学情适应性。教师在选取史料时还要注意史料的学情适应性，就是史料要适合学生。就是从学生的认知水平出发，考虑学生阅读、分析史料的能力水平，对学生理解困难的史料要尽量避免，或帮助释读以降低难度。

教师在选取第一手文献古籍时，或由于文言文比较难以理解，学生面对第一手真实的史料不能从中提取信息，或引用国外史学著作，由于脱离学习背景或史观的差异，学生也很难理解史料反映的信息。当使用这些史料时，虽然史料的真实性有保障，但会给学生造成学习障碍，不能理解并释读的史料对学生学习来说，其价值就大打折扣。

针对这些情况，教师在选取史料时应当关注学生实际情况，依据学生年龄层次与认知水平选取容易理解的第一手史料，阅读难度不宜过高，应以在教师指点下能够快速阅读并从中提取信息为宜。当没有比较适合的第一手史料时，也可以选取第二手史料，许多专家学者的著作能够深入浅出地讲解、分析历史，不仅教师备课可以参考，通俗易懂、说理透彻的史料也可以引入课堂教学。当没有适合的第二手史料而必须选用比较难懂的原始文献时，教师应提前帮助学生准确翻译，以译文的形式呈现给学生，如果是大量的数据，可以转换成柱状图、折线图等比较直观的图表形式后呈现给学生，防止因阅读障碍造成学习困难、丧失学习兴趣。同时教师也应不断扩充自己的学养，增加与教学内容有关的书籍的阅读量，特别是在备课时选取一些比较经典的史学专著阅读，一方面开阔自己的视野，另一方面可以不断为教学寻找恰当的史料，促进课堂教学质量的提升。

2. 如何运用史料

教学设计中，选对史料的同时，还要用对史料。如何运用史料开展教学也是不可忽视的问题。

从史料在课堂教学中的用途来看，可以佐证教学内容、创设学习情境、培养学科与历史素养。在使用史料时还要注意用量适度、难易适当、充分探究史料的多种用途与学习价值，做到"用足"与"用尽"史料，发挥史料教学的最大效用。

第一，史料佐证教学内容。用史料来佐证教学内容是对史料的一般使用，往往是教师讲述史实或现象后，再呈现史料，用以证明讲述内容的历史真实性。

例如，在"罗斯福新政"的教学中，在学生学习了罗斯福新政的措施后，教师可引导学生推断新政措施产生的主要作用。这时学生会根据措施的具体内容，推断出恢复银行信用、恢复工农业生产、减少失业人数等作用，但这是学生的推论，需要用史实来证明其推论的正确性，这时教师出示工农业恢复生产的数据图表、失业人数逐渐减少的数据图表等史实来证明推论的正确，史料就起到了佐证教学内容的作用，同时使学生认识到历史是讲求证据的、严谨的学科，推论必须有史实来证明其真实性，这样使用史料不仅夯实了基础知识，还能够提升学生史料实证的学科素养。但是，在教学设计与实践中，应尽量避免没有"效益"的史料佐证。还以"罗斯福新政"的教学为例，如果教师省去由学生推断新政措施产生作用的学习环节，采取直接告诉学生新政作用，然后出示工农业生产恢复的数据图表佐证自己讲述的史实，这样呈现史料单纯用于佐证史实，丧失了一部分史料提升能力、培养素养的作用，是应尽量避免的。

第二，史料创设学习情境。运用多种史料创设学习情境，学生在学习情境中完成学习任务，一般表现为教师呈现史料、学生阅读或观察史料、获取信息进入学习情境、运用史料解决问题、构建自己对历史的认识，这是史料教学中比较普遍的过程与方法。

建构主义理论倡导给学生创设真实的学习情境并在学习情境中完成学习任务，学生面对真实而复杂的学习情境提出自己的观点，以培养学生观察、分析、反思与创新能力，史料教学恰好可以运用史料为学生构建真实而复杂的历史学习情境，给学生创设身临其境的学习情境并引导学生多层次、多角度探究历史。

以"河姆渡与半坡居民"的教学为例，教师可以设计参观遗址博物馆的活动形式，出示河姆渡居民与半坡居民村落遗址、生产生活相关文物遗迹，给学生设计"在参观过程中看到这些文物遗迹后，能否通过文物遗迹复原河姆渡居民与半坡居民的生产生活状况"的学习任务，在学生完成运用文物遗迹复原生产生活状况的学习任务后，继续给学生设计新的学习任务："通过用文物遗迹复原河姆渡与半坡居民生产生活的活动，你发现文物在历史研究中有什么作用？不同的文物分别适用于研究哪些方面的内容？"完成第二个学习任务后再抛出最后一个学习任务："经过运用文物遗迹研究远古人类的学习，你对河姆渡居民与半坡居民有哪些认识？对运用文物遗迹研究历史有什么看法？"

从这个教学示例来看，运用史料创设学习情境，引导学生在相关的任务场景中感受历史、运用历史知识解决问题，史料创设的学习情境给学生感受、理解与形成认识提供了情境平台与史实依托。这种史料教学的方式，比教师出示一则史料，相应提出一个问题让学生来回答要好。在一些历史试题中经常可以看到材料分析题，就是试题出示一两则史料，并相应提出两三个问题，如"材料反映了哪一历史事件？""从材料分析这一历史事件的影响"等问题，这种史料使用方式容易将学生局限在狭小的思维空间中，学生往往就事论事，得出的结论与认识比较片面。而运用史料创设学习情境，使学生在完成学习任务的任务场景，充分感受历史的基础上，模仿历史研究的过程与方法辨别史料，重构复原历史场景，在任务场景中解决问题。

第三，史料培养学科能力。运用史料还可以培养学科能力与素养，教师呈现史料并不是单纯地佐证或创设学习情境，而是针对史料开展相应的教学活动，指导学生完成学习任务。如阅读观察史料提取信息，对史料反映的事件、现象或问题进行说明、解释或论证、阐述等学习活动，学生在参与学习活动、完成学习任务的过程中，学科能力与素养也相应得到提升。

在运用史料培养学科能力的时候，教师一定要注意针对史料设计恰当的学习任务，将史料、知识与任务有机结合，设计学习活动由浅入深、启迪思维，揭示史料所反映的历史本质或规律特征，帮助学生全面提升多种学科能力。

例如，在"商鞅变法"的教学中，教师出示了三则史料：

第一则史料："奖励一家一户男耕女织的生产方式，有利于封建生产力、封建生产关系的发展。这种以一家一户为单位的小农经济，是封建政治的经济基础……官爵的提升是跟斩首敌首级的军功相称的。对没有军功的宗室子弟，一律废除他们的名位……把许多乡、邑、聚（村落）合并为县，建置了四十一个县，设县令、县丞等官，还设有县尉，县令是一县之长……平斗桶（斛）、权衡、丈尺，传世有已颁布的商鞅方升，这件珍贵的文物，应是商鞅为统一度量衡而作的标准量器。——白寿彝《中国通史》"。

第二则史料："及秦孝公用商君，坏井田，开阡陌，急耕战之赏……倾邻国而雄诸侯……至于始皇，遂并天下。——《汉书·食货志上》"。

第三则史料："（秦孝公任用商鞅变法后）民以殷盛，国以富强，百姓乐用，诸侯亲服，获楚、魏之师，举地千里，至今治强。——《史记》"。

三则史料为学生了解商鞅变法的内容与作用创设了学习情境，然后引导学生归纳概括商鞅变法的主要内容，分析变法起到的作用、结合材料三提出自己对商鞅变法的看法并加以论证，这一系列学习任务对学生的归纳概括能力、解释分析能力、阐释论述能力都有相应的训练，最大限度发挥了史料培养学科能力与素养的作用。

第四，运用史料的基本原则。总体来看，史料在教学中是有多种效用的，可以应用于佐证、创设情境、培养能力与素养等多个方面，在运用史料的过程中也应注意两大基本原则，以保证史料教学发挥实际功效。

首先，史料使用要简洁适当，课堂教学时间有限、初中学生认知偏重形象思维，教师呈现的史料应当针对教学内容，文字要简洁，用量要适当，甚至可以将繁琐的史料加工成数据图表、对比表格或知识结构示意图，在保留历史真实性的基础上方便学生识读理解，避免将过多的时间用在不必要的二次处理史料上。

其次，史料使用要"用足""用尽""用透"，发挥史料的最大价值，教师在教学设计中要提前围绕史料针对各种学习任务进行精密设计，围绕史料设计富有梯度的、由浅入深的、不同能力层次的学习任务，以便充分利用史料培养学生多种学科能力与素养。

综上所述，史料教学在初中历史教学中具有越来越重要的地位，教师通过选取恰当的史料及史学研究新成果运用于日常课堂教学，不拘泥于教材内容，充实丰富学生学习内容，同时也利用史料改进教学教法，以培养学生历史学科多种能力、史料实证的核心素养与善于观察思考的学习习惯。很多教师在史料教学上已经实践并积累了丰富经验，注重史料与教学内容的密切关系，将史料呈现与运用的过程与学生学习的过程与方法结合起来。

关于如何选取、组织与运用史料展开教学，笔者将在后文分别以"北魏孝文帝改革"与"'德先生'与'赛先生'"的教学设计为例，分析、探讨如何将教学内容与史料进行衔接，如何让史料教学更好地达成课程标准要求以及如何让史料教学服务于学生课堂上的进步与发展等教学设计与实践问题。

第三节　运用史料开展教学的案例分析

案例1　北魏孝文帝改革

一、教学设计思路

"北魏孝文帝改革"是北京市义务教育课程改革实验教材历史第1册第3版第15课。本课涉及内容在不同版本的教材中或单独成课，或与这一时期民族交融内容设置为一课，虽然不同版本在课程划分上有差异，但课程标准对本课的要求"通过北魏孝文帝改革，初步理解民族交往、交流、交融对中华民族发展的意义"是不变的。

在本课的设计理念上，课程标准提出"学生主体"的教学观念，倡导学生积极主动地参与教学过程。课程标准还提出"了解多种历史呈现方式"，"运用多种史料创设符合当时历史条件的一定的历史情境"的要求。

本课教学内容有多种形式的史料可以支撑，如《魏书》中的文献史料、魏晋墓画像砖等实物史料，因此可以采用史料教学的方式，引导学生参与教学活动、探究学习。在本课的教学设计中，教师可根据学生学习状况，运用大量史料为学生主动学习、自主探究创设条件、营造环境，精心设置富有梯度与层次的学习任务，促使学生自主思考问题、解决问题，并通过这一学习过程帮助学生获得知识、提升能力、有所感悟。

北魏孝文帝改革是"政权分立与民族融合"这一学习主题的第三课。孝文帝改革在我国统一多民族国家的发展历史中书写了重要篇章，教师在教学实践中也非常重视本课的教学。一般情况下，教师侧重于对改革措施的讲述与分析，注意突出改革促进北方民族交融的历史意义。但是，对于为什么要改革和改革为什么能够促进北方民族交融这两个问题深入不够。尽管学生在学习之后也能够掌握改革的措施及其促进民族交融的意义，但回答不了改革为什么促进民族交融这一根本问题，这样就不能从根本上达成课程标准"初步理解民族交往、交流、交融对中华民族发展的意义"的目标要求。因此，笔者在本课的教学设计中，针对改革背景、改革与促进民族交融的关系，运用史料引导学生深入探究。

具体来看，本课教学内容和改革背景错综复杂，涉及北魏的社会状况、生产状况、政治制度、民族关系。改革的许多措施是在错综复杂的背景下为了维护北魏统治而针对性实施的，因此有利于解决北魏社会问题，使北方经济得到恢复与发展，使鲜卑等少数民族在各方面获得发展与进步，加强了北方民族大交融。

学习本课，有助于学生正确理解魏晋南北朝时期的民族大交融是推动历史进步的主流。初一新生虽然认知水平参差不齐，但普遍对历史感兴趣。从知识准备来看，他们对北魏孝文帝改革的历史知识不太了解，对孝文帝改革存在认知冲突，但他们形象思维活跃，教师可以通过丰富多样的史料为他们创设了解改革背景、探究改革措施与影响的学习情境，并将比较枯燥的文献史料转化为故事化讲述，帮助学生全面、生动地感受孝文帝改革的历史，并在史料创设的学习情境中形成自己对这段历史的正确认识。

由于本课采用史料教学的方式，因此还要对史料教学策略进行设计规划。

首先，运用史料创设孝文帝改革背景的学习情境，探究进行改革的多种成因。然后，运用多种形式史料为学习改革措施创设学习情境，以史料为据，将史料转化成教师故事化的讲述，帮助学生深入理解改革措施。最后，结合史料精心设置富有思考梯度的学习任务，如"各项改革措施有利于解决哪些北魏面临的社会问题""你是如何看待孝文帝改革的"。以史料为据，引导学生尝试史论结合论述自己的看法或观点。

总体来看，本课采用史料教学是模仿历史研究的方式，用真实、客观、多样的史料创设学习情境。学生如同历史学家开展研究活动，在研习史料的过程中复原历史、解释历史，体现了历史学科"论从史出""以史为证""史由证来"的特点。

二、教学目标设定

《义务教育历史课程标准（2011 年版）》对北魏孝文帝改革的课程内容要求是：通过北魏孝文帝改革，初步理解民族交往、交流、交融对中华民族发展的意义。

本课教学内容可分为三个层次：了解改革措施、推断改革作用、认识改革影响。因此本课教学重点是了解措施、推断改革作用，难点是如何认识改革影响。具体三维目标如下。

1. 知识与能力

一是学生通过本课的学习，了解魏晋南北朝时期历史发展基本线索、朝代更替，知道孝文帝改革的背景、措施和成效。二是通过分析北魏社会存在的问题和改革的历史作用，提高多角度分析历史问题的能力。

2. 过程与方法

一是学生根据课上对改革背景与措施的学习，依据学案展开讨论交流，初步掌握合作探究的学习方法；通过讨论北魏社会存在的问题和改革的历史作用，初步尝试运用史料分析历史问题的方法。二是在教师创设的历史情境中，感知孝文帝改革的历史背景，了解改革的概况和成效，理解改革的重要影响，认识孝文帝改革促进民族交融的作用。

3. 情感态度与价值观

一是通过对本课的学习，学生能够认识孝文帝改革对北魏社会及北方少数民族的发展起到的积极作用，正是一次次民族融合与民族交流，促进了整个中华民族生生不息的发展。二是通过对本课的学习，认识改革是推动社会进步的动力，坚定改革的信念。

三、教学实施过程

【导入新课】

出示照片：山西大同云冈石窟露天大佛、河南洛阳龙门石窟宾阳洞主佛

图 5　云冈石窟露天大佛　　　　图 6　龙门石窟宾阳洞主佛

提问学生：同学们仔细观察，两尊佛像在造像风格上有什么不同？

问题回应：服装、样貌、表情等多方面差异。

导入新课：其实两尊佛像是同一王朝雕造的，就是北魏王朝。为什么同一王朝雕造的佛像，造像风格存在明显差异？在"北魏孝文帝改革"一课中共同探讨。

这样设计的目的是通过两座著名石窟的文物古迹之间的差异设置疑问，文物古迹属于实物史料，观察实物史料发现差异与疑问，在后续学习中寻找隐藏在古迹之后的历史成因，可以更好地激发学习兴趣，同时具有强烈的历史学科特点。

【新课教学】

第一部分：求发展　拓跋部崛起

1. 拓跋鲜卑的崛起

出示东汉地图，展示拓跋鲜卑迁徙的历程，在东汉地图上动态展示其迁徙、壮大的过程。

教师讲述：秦汉时期，他们生活在东北兴安岭东麓的大鲜卑山，在林海中有一座名为嘎仙洞的石洞，以狩猎为生。东汉初年迁徙到呼伦贝尔草原，东汉末年又南迁来到水草丰美的阴山河套一带，已经发展成为强大的游牧民族。在拓跋鲜卑迁徙壮大的时候，中原王朝又经历了怎样的发展变化呢？同学们请看"东晋十六国地图"。

出示东晋十六国地图。

教师讲述：东汉后我国历史经历了军阀割据、三国鼎立的政权分裂时期，迎来了西晋的短暂统一。建立西晋的是三国时期把持曹魏军政大权的司马炎，公元 280 年西晋统一全国，316 年就被匈奴贵族灭亡，是中国历史上第二个短命的统一王朝。在西晋灭亡后，来自北方的少数民族匈奴、鲜卑、羯、羌、氐不断内迁中原，建立了十多个政权。西晋皇族司马氏南迁建康，建立了东晋，我国历史进入东晋十六国时期。在北方一百多年的大混战中，拓跋鲜卑凭借强大的武力征服众多政权，建立了北魏王朝。

出示 439 年北魏统一黄河流域地图。

提问学生：同学们注意观察地图，北魏统治地区主要包括哪些地方？

问题回应：439 年，北魏统一黄河流域，与南方取代东晋的刘宋王朝形成对峙局面，我国历史进入南北朝时期。北魏都城在平城，就是今天的山西大同，云冈石窟就修建于此，石窟早期佛像就是仿照北魏前五位皇帝的样貌来雕造的，高鼻长目、威武雄健，带有鲜卑等明显的少数民族风格。

在这一部分的教学中，通过使用嘎仙洞历史遗迹、历史地图等材料，动态展示鲜卑迁徙、壮大的历程，形象直观。结合历史地图对东汉后期到北魏时期政权更替的讲述，有利于学生形成正确的时空观念。通过对北魏都城平城与云冈石窟位置及关系的讲述，便于学生了解云冈石窟雕塑特色，为后面的学习进行铺垫。

2. 北魏的社会状况

出示图片：甘肃嘉峪关魏晋墓画像砖。

 牵羊  牧马

 采桑  犁地

图 7　嘉峪关魏晋画像砖

提问学生：观察这些文物遗存，感受北魏初期的社会风貌，并说说从画像砖中观察到的信息。

问题回应：多民族汇聚、生产方式的差异等。

教师归纳：从东汉末年开始，长城以北的游牧民族大量内迁，西晋时山西、陕西一带少数民族已占当地人口的一半，胡风汉俗杂糅、多民族汇聚。画像显示这种状况持续到北魏时期已经非常普遍，汉族与众多少数民族杂居相处。

过渡语言：北魏在统一过程中与统一之后又是如何统治这些民族的？记载北魏王朝历史的《魏书》中留下了许多相关记载。

出示史料：《魏书》中的三则史料如下。

材料一："每有骑战，驱夏人以为肉篱"。材料二："初来单马执鞭，返去丛车百辆"。材料三："时民困饥流散，豪右多有占夺"。

教师讲述：打仗时让汉族冲锋陷阵，抵挡弓箭，跑慢了被鲜卑骑兵践踏致死。鲜卑官吏没有俸禄，通过发动战争掠夺财富。统一后战争变少，官员就由掠夺敌人转而搜刮百姓。北魏委任地主豪强管理地方百姓，地主豪强趁机霸占百姓土地。百姓失去土地要么依附宗主豪强任其剥削，要么流离失所流浪在外，更有甚者成为社会不稳定因素。孝文帝改革前北魏各族人民大起义频繁爆发。

提问学生：从这些材料来看，北魏存在哪些社会问题？

问题回应：民族压迫深重、政治制度落后、豪强控制地方、农民流离失所、各族起义不断，至孝文帝统治时期改革已经迫在眉睫。

在北魏社会状况这部分教学设计中，如何将北魏纷繁复杂的社会状况真实、生动地展现出来以及如何引导学生从复杂的社会状况中归纳概括出北魏面临的社会问题，是教师需要解决的两大问题。嘉峪关魏晋墓画像砖作为实物史料，直观、生动的画面展现了北魏早期社会生活的方方面面，因此在这部分教学中，教师用魏晋墓画像砖为学生营造学习情境，引导学生进入胡风汉俗杂糅、多民族汇聚的北魏社会。为了帮助学生归纳概括北魏面临的社会问题，教师引用了《魏书》中的文献史料，由于学生理解文献史料比较困难，因此在史料选取上，教师要精选有针对性、相对容易理解的史料，同时结合教师故事化的讲述，为学生归纳概括营造学习情境。通过观察"甘肃嘉峪关魏晋墓画像砖"，感受北魏初期的社会风貌，提升学生从图片中提取有效信息的能力。通过阅读史料与教师故事化的讲述，为学生了解北魏政权面临的社会问题营造学习情境，为后面理解改革措施与改革作用铺垫。史料的运用有助于提升学生提取信息、归纳、概括、解释历史的能力，史料发挥了引导学生深层理解历史的作用。

第二部分：行新政　孝文帝改革

1. 俸禄制

出示史料：484 年孝文帝诏书译文："官吏俸禄由国家筹集，三个月发放一次。官吏无权自筹，不得接受馈赠。贪污帛一匹，处死。"引导学生从中提取信息，说说改革从哪里入手？

问题回应：发放俸禄。

教师讲述：俸禄为粮与帛，归根到底来源于农民上交的赋税，而农民的粮与帛又来源于他们耕种的土地，当时农民的土地状况如何？

2. 均田制

出示史料：485 年孝文帝诏书译文："近世以来，豪强兼并土地，百姓连一小块土地也没有，造成田地荒废，百姓穷困……我要派遣使者到各州郡，与州牧守一起均给天下土地。还受以生死为断。"

教师讲述：当时土地状况是豪强兼并、农民丧失土地，再进一步引导学生从译文中找出孝文帝采取的措施是什么？

问题回应：均给天下土地。

教师讲述：把国家土地分给农民，用于耕种的土地不得买卖，死后归还国家再分配给其他人，称为均田制。均田制推行的前提是把土地分配给农民，但宗主豪强却控制着地方，对人口隐瞒不报，田地怎么才能分给农民呢？孝文帝怎么解决这个问题呢？

3. 三长制

出示图示："三长制图示"。

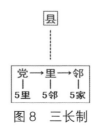

图 8　三长制

教师讲述：五家设一邻长、五邻设一里长、五里设一党长，这是仿效秦汉传统的地方基层组织形式，党里邻三长负责清查户籍、推行均田、征收赋税。

过渡语言：随着这些新制度的推行，鲜卑贵族、官吏需要学习汉语才能更好地借鉴汉族政治制度；获得土地的内迁少数民族需要与汉族农民交流农耕经验，这使得学汉语、汉俗逐渐增多，一些抱着鲜卑旧俗不肯放手的贵族保守分子深感恐惧，百般阻挠改革。为了加快改革，孝文帝做出了一个震动朝野的决定，迁都洛阳。

4. 迁都洛阳

学生讲述：课前搜集的"巧设计迁都洛阳"的故事，出示迁都洛阳示意图。

提问学生：孝文帝为什么要迁都洛阳？

问题回应：平城自然气候条件恶劣、保守势力强大、北方柔然的威胁。洛阳自东汉以来是政治、经济、文化中心，符合孝文帝学习汉族文化的需求，也有利于实现南下统一大业。495年正式迁都。

过渡语言：四五十万鲜卑及其他少数民族的移民一下来到洛阳，言行举止与洛阳汉族截然不同，会产生什么问题？在学生发言的基础上，教师指出：要使鲜卑、其他少数民族与汉族和谐相处，孝文帝采取了移风易俗的措施。

5. 移风易俗

出示图片：鲜卑服与汉服图片、鲜卑姓改汉姓的对照表、学汉语的文字材料、与汉族通婚的文字材料。

鲜卑姓 ➡ 汉姓	
拓跋	元
丘穆陵	穆
步六孤	陆
贺赖	贺
独孤	刘
尉迟	尉

图9-1 汉服 鲜卑服   图9-2 鲜卑姓改汉姓对照图

合二姓之好，结他族（汉族）之亲。——《魏书》

今欲断诸北语（鲜卑语），一从正音（汉语）。——《魏书》

图 9-3　学汉语文字材料，与汉族通婚的文字材料

教师讲述：服饰、姓名、语言、婚姻是民族的标志与特征，移风易俗使鲜卑的这些民族标志与特征汉族化，大大缩小了鲜卑与汉族的差距。

在改革措施这部分的教学设计中，由于学生没有接触过孝文帝改革措施，所以没有太多的知识储备与基础，需要教师进行必要的讲述。然而大段讲述容易导致学生失去倾听的耐心与兴趣，同时会脱离学习情境、降低学习效率。如何使学生在 10 分钟左右的时间里保持高昂的学习兴趣？这里运用了文献、地图、示意图、文物图片、表格等多种史料呈现方式，配合教师故事化的讲述与小问题的师生问答互动，始终吸引着学生投入学习过程。史料在这个教学过程中发挥了重要作用，为学生营造了生动的学习情境，学生借助对史料的研习复原了改革推行过程，达成了课程标准对了解改革措施的要求，为后续评价改革打下坚实基础。

第三部分：抒己见　后来人评说

1. 改革对雕塑艺术的影响

出示两张佛像照片导入。

提问学生：经过以上学习，我们再来重新审视这两张照片，为什么同一王朝的佛像造像风格会不同呢？

问题回应：从改革后向汉族学习的角度说明造像风格的差异。

教师归纳：露天大佛粗犷彪悍显示了改革前拓跋鲜卑游牧民族的风格，而宾阳洞主佛的宽袍大袖、温和可亲，则呈现出改革后与汉族融合的趋势，这是改革在风俗文化方面对雕塑艺术的影响。改革还有什么影响呢？

2. 改革多方面的作用

出示材料：分两列出示改革措施与改革前北魏社会存在的主要问题。

改革措施有利于解决什么社会问题？说明理由。

改革措施	主要社会问题
1. 俸禄制	各族起义不断
2. 均田制	人民流离失所
3. 三长制	豪强控制地方
4. 迁都洛阳	政治制度落后
5. 移风易俗	民族压迫深重

活动安排：个人完成连线，合作分析理由。

　　学生分组活动：改革措施有利于解决哪些社会问题？用直线将措施与解决的社会问题连接起来，并说明理由。学生在实物投影上展示连线结果，并阐述理由。有不同意见的同学继续补充发言。没有标准答案，言之有理即可。

　　教师小结：同学们注意从多角度、全面分析问题，是依据史料、古迹等做出推测。下面我们用史料来验证一下改革的成效。

　　出示史料：《洛阳伽兰记》中文字材料、龙门石窟孝文帝礼佛图、《魏书》中文字材料。

改革成效

当时四海晏清……百姓殷阜……国家殷富，库藏盈溢，钱绢露积于廊者，不可较数。

——《洛阳伽兰记》

以大督小，从近及远，如身之使手，干之总条。

——《魏书》

图 10　龙门石窟被盗孝文帝礼佛图

教师讲述：从社会状况、经济、政治、风俗文化方面讲述改革的成效。

3. 怎样看待改革

提问学生：了解改革成效后，大家是不是对改革有了新的看法，你是怎样看待改革的？

问题回应：交流发言，各抒己见。

教师小结：总的来说，北魏孝文帝改革顺应了北方民族大融合的历史发展趋势，改革有利于北方经济的恢复和发展，有利于北方各族的进步，促进了北方民族大融合，为以后隋朝统一中国奠定了基础，为隋唐时期多民族国家的发展创造了条件，对中华民族的发展做出了重大贡献。因此，这次改革是顺应历史发展潮流的进步之举。

出示中央电视台纪录片《中国通史》的解说词："（改革）使整个拓跋鲜卑彻底融入华夏文明之中，北方众多少数民族在他的带领下，一起投入民族大融合的高潮中。正是有了一次次民族大融合，才使华夏民族的发展，犹如涛涛江水奔流不息！"

这部分教学设计的目的是达成课程标准对认识孝文帝改革的要求。要全面、客观认识孝文帝改革，首先要明确改革措施发挥的作用，然后在改革作用基础上对改革形成正确认识。如何明确改革措施的作用？可以通过改革措施进行逐一推断，如从移风易俗推断可能起到的作用有缓解民族压迫、促进民族融合等，但这是学生理解的推断，需要在学生推断后用史料加以印证，这里史料发挥了佐证结论的作用。

【教学小结】

第三次出示两尊佛像的图片。

教师小结：今天，我们由两处古迹入手，了解北魏孝文帝改革的历史，在学习本课之后，同学们再看到两尊佛像，是不是有了更丰富的感受和更深刻的理解？中华文明源远流长，留下众多遗址、古迹，希望同学们能够多多驻足，用心观察，通过探寻昨天的历史，学会用历史的眼光认识今天，理解明天！

四、教学体会与反思

1. 鲜明的历史学科特点

中华文明源远流长，留下众多遗址、古迹。这些遗址、古迹是历史的见证，是向后人诉说着的鲜活的历史，作为课程资源，可以增强学生的直观历史感受，对学生历史学习和历史感受大有裨益。因此，在历史课中充分发挥遗址、古迹等课程资源的作用是历史学科的一大特点。本课教学设计中，笔者以山西大同云冈石窟露天大佛、河南洛阳龙门石窟宾阳洞主佛两处古迹为线索贯穿整个教学过程，通过历史遗迹设疑、在学习中释疑，将历史遗迹与历史教学有机结合，体现出鲜明的历史学科特色。在导入中第一次出现两尊佛像，引导学生观察两尊佛像造型风格的差异，以"同一王朝的两尊佛像为什么造型风格存在明显差异"设置悬疑导入新课教学；通过探寻"同一王朝雕造的佛像在造型风格却出现明显差异的原因"来展开教学，在学习历史知识的过程中逐步寻找答案；最后再次出现两尊佛像，由学生回答导入时悬而未决的问题并交流学习心得体会进行全课小结。历史遗迹成为引导本课教学必不可少的教学资源，为学生感受历史营造了情境、为学生学习历史点燃了兴趣、为学生思考历史创设了空间，历史教学与历史遗迹有机结合，这是历史学科所独具的。

在课程结束时给学生提出希望，对身边的历史遗迹多多驻足、用心观察，通过这些历史遗址、古迹可以探寻昨天的历史，学会用历史的眼光认识今天，理解明天！从学生课后反馈的情况来看，学生有了从历史遗迹中自主学习历史的兴趣与渴望。

2. 注重历史学科能力的培养

一节好的历史课应以激发学生兴趣、引导学生的所思所悟为根本，教师应该通过提出值得思考的问题，引导学生运用历史思维，逐步学会全面、客观地认识历史问题，并在这一过程中培养学生感知、理解、阐述的历史学科能力。因此，本课教学设计中非常注重历史学科能力的培养。为培养学生理解、阐述的历史学科能力，笔者精心设置三个问题：一是北魏社会面临哪些问题？二是孝文帝改革有利于解决哪些问题？三是怎样看待北魏孝文帝改革？以三个问题的探究、讨论展开学习，从而帮助学生认识北魏孝文帝改革及其历史意义，在解决问题的过程中潜移默化地提升学生理解、阐述的历史学科能力。从教学效果来看，学生在学习与讨论中展开争鸣，思维碰撞的火花不断产生，达到了教学效果。

3. 运用多种教学资源营造学习情境

新课标提倡充分开发历史课程的各种资源、充分激发学生的历史学习兴趣，本课教学设计通过运用多种教学资源为学生营造直观感受的学习情境，在情境中激发学生的学习兴趣。为此，精选了三大类教学资源：一是山西大同云冈石窟露天大佛、河南洛阳龙门石窟宾阳洞主佛、魏晋墓画像砖等历史遗址古迹类图片；二是《魏书》中的文字史料；三是东晋十六国地图、北魏统一地图等地图类资料。多种教学资源结合教师故事化的讲述，为学生感知北魏孝文帝改革，营造直观、真切的学习情境，激发学生主动思考、讨论的兴趣。

总体来看，本课教学设计守正出新，通过故事化的讲述及引导学生体验——探究实现有效教学，具有非常鲜明的历史学科特点。在本课教学中，笔者运用多种教学资源和载体，创设历史情境，激发学生的历史学习兴趣，引导学生走进历史、体验历史和探究历史。比较有代表性的设计亮点，如以山西大同云冈石窟露天大佛、河南洛阳龙门石窟宾阳洞主佛两处古迹为线索贯穿整个教学过程，通过历史遗迹设疑、在学习中解疑，成功地将历史遗迹与历史教学有机结合，历史学科特点明显。在课程结束时给学生提出希望，对身边的历史遗迹要用心观察，通过这些历史遗址、古迹，自主学习历史，体现了历史与现实的联系。能够从学生认识历史的实际和水平出发创设问题情境，有效设计并开展课堂提问和讨论活动，提升学生的历史学科能力。精心设置三个问题：北魏社会面临哪些问题、孝文帝改革有利于解决哪些问题、怎样看待北魏孝文帝改革。以三个问题的探究、讨论展开学习，从而帮助学生认识北魏孝文帝改革及其历史意义，在解决问题的过程中潜移默化地提升学生理解、阐述的历史学科能力。非常注重多种教学资源的有效运用，精选了三大类教学资源，这些教学资源丰富多样、科学准确、生动直观，体现了以史为据、论从史出的历史学科特点。

案例 2 "德先生"与"赛先生"

一、教学设计思路

"'德先生'与'赛先生'"是北京版历史教材七年级下册第二单元第8课。课程标准对本课的要求是：知道陈独秀、胡适等新文化运动的代表人物，了解新文化运动在中国近代思想解放运动中的地位和作用。

从课程标准、课程内容的表述来看，只要求学生掌握新文化运动相关内容，而教材不仅涉及新文化运动，还涉及了马克思主义的传播。新文化运动与马克思主义的传播是中国近代思想解放历史进程中的两个重要阶段，新文化运动冲击了旧的思想、道德和文化，开启了思想解放的闸门，马克思主义在中国先进知识分子中广泛传播，为中国共产党的成立做了思想准备。

两部分内容无论初、高中都是非常重要的教学内容，如何帮助学生在有限的学习时间里掌握新文化运动与马克思主义传播的基础知识、提升能力与素养？特别是在学生认识水平与基础知识都相对薄弱的情况下，新文化运动中涉及众多的文学作品，如何帮助学生短时间里快速理解并对新文化运动产生全面认识？基于这些思考，笔者决定采用史料教学方式。

本课在教学理念上主要是依据课程标准中提出的"启发式、互动式教学""将教师的讲述、讲解、演示等与学生的观察、材料研习、讨论、问题探究等结合起来"，归纳起来就是将教师讲述与学生探究问题相结合。

课程标准还提出"了解多种历史呈现方式""运用多种史料创设符合当时历史条件的一定的历史情境"。本课教学内容有多种形式的史料可以支撑，如新文化运动代表人物发表文章、文学作品、杂志、油画等文献或实物史料，因此可以采用史料教学的方式，引导学生参与教学活动、探究学习。

在本课的教学设计中，笔者根据学生的学习状况，运用大量文献、文学作品、发表文章等文字史料为学生主动学习、自主探究创设条件、营造环境，精心设置富有梯度与层次的学习任务，促使学生自主思考问题、解决问题，并通过这一学习过程帮助学生获得知识、提升能力、有所感悟。

在教学内容上，第二单元以"近代化的起步"为主题，介绍了洋务运动、维新变法、辛亥革命与新文化运动，从技术、制度、思想文化方面展现了中国先进知识分子近代化的探索历程。

作为本单元最后一课的新文化运动，既是辛亥革命在思想文化领域的延续，又为新民主主义革命的到来开创了条件，具有承前启后的作用。新文化运动前期，先进知识分子高举民主、科学的大旗，批判封建制度与封建思想，促进了中华民族的觉醒，为五四运动的爆发创造了条件，是一次空前的思想解放运动。新文化运动后期，马克思主义的传播成为主流，为中国共产党成立奠定了思想基础。了解新文化运动的背景与内容，分析其在近代思想解放运动中的地位和作用，有助于学生感悟近代中国为救亡图存与民族复兴而进行的艰难探索，并为学习五四运动、中国共产党诞生等后续知识做好准备。

课前访谈显示绝大多数学生并不了解新文化运动，但是鲁迅文集《朝花夕拾·呐喊》是中考篇目，学生要阅读并撰写读后感，因此接触了一些鲁迅在新文化运动时期的文学作品。可以借助学生阅读这些作品时积累的知识，拉近学生与本课的距离，激发学生探求新知的兴趣。学生虽然基础薄弱，但初一学生对历史故事很感兴趣，对新鲜事物充满好奇，师生关系和谐融洽，乐于在教师的引领下尝试解决问题，适合开展师生互动、探究活动。

由于本课采用史料教学的方式，因此还要对史料教学策略进行设计规划。由于本课涉及新文化运动与马克思主义的传播两个知识点，为了便于学生理解，笔者将本课教学内容整合设计为三部分：新文化运动"兴"于何时、新文化运动"新"在何处、新文化运动"行"向何方。

第一部分讲述新文化运动的背景，第二部分讲述新文化运动的内容与作用，第三部分讲述新文化运动的后续发展，同时引出马克思主义在中国的传播，使两部分独立的知识成为融会贯通的一个整体。第一部分中，以鲁迅小说《药》《风波》为材料，通过讲述其中华老栓用革命志士的鲜血治病、七斤剪了辫子惹来风波的情节，为学生创设提倡新道德、倡导民主科学时代背景的学习情境。虽然小说不能作为严格意义上的史料，但鲁迅小说具有鲜明的时代特色，可以借助文学作品为学生营造时代氛围和学习情境。

第二部分中，以陈独秀、胡适、鲁迅等人的文章、作品作为学习材料，引导学生研习文字材料，从中了解新文化运动的主要内容、推断并认识新文化运动的历史作用。第三部分中，以《民众大联合》节选、李大钊《我的马克思主义观》节选、1923 年北京大学民意测验数据表等多种类型的史料，了解马克思主义的传播，达成课程标准"李大钊传播马克思主义"的目标要求。

二、教学目标设定

《义务教育历史课程标准（2011 年版）》对本课的要求是：知道陈独秀、胡适等新文化运动的代表人物，了解新文化运动在中国近代思想解放运动中的地位和作用；了解李大钊传播马克思主义的史实。本课教学内容可分为三个层次：了解新文化运动主要内容与李大钊传播马克思主义的史实、推断并解释新文化运动的历史作用、初步认识新文化运动的影响。因此本课教学重点是新文化运动的内容，难点是如何认识新文化运动的作用与影响。具体三维目标如下。

1. 知识与能力

学生通过学习，了解新文化运动的背景、兴起标志、运动中心、代表人物及其思想、论著。通过新文化运动背景与内容的学习，初步了解新文化运动的地位和作用，提高全面、客观、辩证地分析问题的历史思维能力。

2. 过程与方法

学生通过听讲述、看图片等活动，从中提取信息，了解新文化运动的背景与内容，并通过独立思考、交流讨论老师逐层提出的问题，了解新文化运动的地位和作用。

3. 情感、态度、价值观

学生通过学习，感悟近代中国人民为救亡图存和实现中华民族伟大复兴而进行的奋斗与探索；感受代表人物在反封建斗争中的先锋作用，增强关注民族、国家命运的历史责任感。

三、教学实施过程

【导入新课】
出示《新青年》《北大钟声》和早期北京大学校门的图片。

教师讲述：20 世纪 20 年代前后，一本杂志、一群知识分子、一所大学掀起了一场新文化运动，从西方请来两位"可以救治一切黑暗"的先生，这两位先生就是"德先生"与"赛先生"。

在导入部分，教师出示了《新青年》杂志、《北大钟声》的油画、早期北京大学校门的照片三种不同类型的史料，将学生直接引入学习的主题——新文化运动，用三个"一"和两位先生来激发学生的好奇心，产生继续学习的兴趣。这里多种类型的史料起到了激发兴趣的作用。

【新课教学】

第一部分：新文化运动"兴"于何时

1. 辛亥革命后的现状

（1）辛亥革命后政坛更迭。

出示图片：袁世凯称帝、张勋复辟、段祺瑞执政，帮助学生理解辛亥革命后政治乱象、民主共和徒有其表的现状。

过渡语言：面对这种现状，中国民众的反应如何？

（2）辛亥革命后经济结构与思想意识。

出示图片：20 世纪初中国经济结构饼状图，讲述中国依然是封建自然经济为主，农民是主要成分，民族资本主义经济发展，民族资产阶级和小资产阶级有所增加，不同阶层的民众对社会现状是什么反应呢？

出示鲁迅小说《药》《风波》图片，讲述华老栓用革命志士的鲜血治病、七斤剪了辫子惹来风波的情节。

提问学生：广大下层民众的心态如何？

问题回应：麻木不仁、相当一部分民众对革命并不了解。

出示陈独秀肖像和《新青年》封面，讲述知识分子希望唤起民众觉醒，《新青年》成为新文化运动的标志之一。

2. 新文化运动的兴起

出示蔡元培肖像和《北大钟声》图片，讲述蔡元培教育改革与北大成为新文化运动中心。

过渡提问：学习了第一子目，谁能简要概括促使新文化运动兴起的因素？

教师小结：政治乱象、思想逆流，新文化运动代表迫切想从文化入手改造思想,并为之付出了努力。他们的做法是提倡民主科学,反对专制愚昧;提倡新道德,反对旧道德;提倡新文学,反对旧文学。那么,新文化运动"新"在何处?

出示新文化运动"四提倡""四反对"的文本图片。

在这一部分的教学设计中,照片、油画与文学作品等类型各异的史料交替使用,为学生理解新文化运动产生的背景创造了学习情境,特别是鲁迅小说的引用,通过小说故事情节帮助学生理解当时社会状况与民众心理。小说虽然不能作为严格意义上的史料,但对于学生感受时代氛围、生动还原并理解历史状况起到了辅助作用。梁启超曾经说"一切皆史",史料包括多种类型,文学艺术作品是在一定时代背景与社会环境中孕育创作的,必定反映了特定的时代特征与那时人们的所思所想。从这一角度来说,文学艺术作品具有一定的历史价值,教学中可以开发文学艺术作品的历史价值,用于帮助学生感受已经远去的时代氛围、社会状况与人们普遍的思想感情。

第二部分:新文化运动"新"在何处

1. 提倡新道德,反对旧道德

出示郭巨埋儿、贞洁牌坊的图片,帮助学生理解什么是旧道德。

教师讲述:新文化运动代表首先喊出"提倡新道德,反对旧道德"的口号。什么是旧道德?通常认为是儒家思想为主体的伦理道德。旧道德里有许多糟粕,比如三纲教义:君为臣纲、父为子纲、夫为妻纲,臣子忠于君主、儿子服从父亲、妻子顺从丈夫。今天大家可能觉得可笑,但这种伦理道德却统治中国一千多年。君叫臣死臣不敢不死,因为君为臣纲。二十四孝中的郭巨为什么敢活埋儿子,因为父为子纲。旅游见到过贞洁牌坊,是为了表彰以死殉夫或长年孤守的女性,因为夫为妻纲。

提问学生:封建伦理道德之下,人与人之间的关系是什么样的?面对不平等,民众的反应又是什么样的?袁世凯等人为什么想将倡导这种伦理道德的孔教写入宪法?

问题回应:在封建伦理道德之下,人与人之间的关系不平等,君臣父子男女有等级差别。但面对这种不平等,民众习惯顺从、甚至是盲从。袁世凯将倡导这种道德观念的孔教写入宪法，是因为他想恢复帝制，用这种道德制造顺民，维护君主专制统治。

出示材料：陈独秀肖像和《一九一六》（节选）——"君为臣纲，则臣于君为附属品，而无独立自主人格矣；父为子纲，则子于父附属品，而无独立人格……共和立宪制以独立平等自由为原则，与纲常制度根本对立。存其一必废其一。"以及鲁迅《狂人日记》节选——"我翻开历史一查，这历史没有年代，歪歪斜斜的每页上都写着'仁义道德'几个字。我横竖睡不好，仔细看了半夜，才从字缝里看出字来，满本都写着两个字'吃人'。"帮助学生理解新道德。

提问学生：阅读时标注关键词，有的同学已经找到仁义道德吃人，随着这篇小说的发表"反吃人的礼教"成了当时青年人的口头禅。归纳两段材料反映了什么思想主张？

问题回应：打倒奴隶主义，争取自由人格。

提问学生：与旧道德的糟粕相比，你认为新道德"新"在何处？

问题回应：自由、平等、独立、个性解放。

过渡语言：同学们注意到鲁迅小说是什么文体了吗？当时文言文是主流，他为什么要用白话文？

在这一部分的教学设计中，教学难点是帮助学生理解新道德"新"在何处，要理解新道德，就要知道什么是旧道德，在新与旧的比较中发现新道德是什么以及比旧道德进步之处。因此，笔者借助郭巨埋儿、贞洁牌坊的事例，帮助学生理解旧道德中的糟粕、弊端，又通过层层递进的设问——"封建伦理道德之下，人与人之间的关系是什么样的？""面对不平等，民众的反应又是什么样的？""袁世凯等人为什么想将倡导这种伦理道德的孔教写入宪法？"来引导学生由浅入深思考，为学生最终突破教学难点作好铺垫。

在这一过程中，笔者选用了二十四孝中的故事、历史遗迹建筑等不同史料，帮助学生从多角度体会、理解旧道德中的糟粕，同时又以鲁迅文学作品与陈独秀在杂志上发表的文章作为材料，帮助学生归纳概括新道德的主张，从新旧的对比中认识新道德"新"在何处，提升学生提取信息、概括、比较等学科能力。

2.提倡新文学，反对旧文学

出示材料：文言文定义，让学生结合学习初中文言文《扁鹊见蔡桓公》的经历，谈谈对文言文的感受？帮助学生理解文言文的弊端及倡导新文学的必要。

教师小结：旧文学多用文言文，文言文是以先秦口语为基础形成的书面语言，比较难懂。20世纪已经不用先秦口语，少数上层人士掌握这些文体就掌握了话语权，民众很难读懂。如果用文言文抨击封建礼教，民众还是不理解，所以胡适提出改用白话文。

出示图片：胡适照片、《文学改良刍议》（节选），讲述他从形式着手改变旧文学。

出示图片：陈独秀《文学革命论》（节选），讲述他从内容着手改变旧文学。

出示材料：鲁迅代表作品，帮助学生感受新文学的变化。

教师讲述：鲁迅在这一时期更是发表多篇小说，《药》《风波》《阿Q正传》《孔乙己》，用白话文抨击封建专制封建礼教的罪恶，将新文学的形式与内容完美结合。1918年，《新青年》也采用白话文发行，北大学生张国焘回忆："起初没有多少同学知道这本杂志，但改为白话文后争相购买。"

提问学生：比起陈独秀口中的"贵族文学"，新文学"新"在何处？

问题回应：鲁迅小说对封建社会的批判，是新内容；其中蕴含自由、平等、博爱的新思想。

教师小结：新文学是文化新、内容新、思想新。

过渡语言：新文化运动声势壮大，引起封建卫道士的恐慌与污蔑，陈独秀请来了"德""赛"两位先生予以回击。

在这一部分的教学设计中，学习难点是如何理解新文学"新"在何处及提倡新文学与提倡新道德之间的关系，也就是要帮助学生理解"什么是新文学、为什么提倡新道德的同时还要提倡新文学"这两个问题。

对于什么是新文学这一问题，笔者使用了胡适与陈独秀当时发表的文章中对新文学的阐述，首先引导学生从理论角度了解新文学的主张，然后通过对多篇鲁迅小说节选的快速阅读来感受新文学的特点，从学生感受的角度提出问题，引导学生逐步深入思考。对于第二个问题："为什么提倡新道德的同时还要提倡新文学？"结合初中学习《扁鹊见蔡桓公》的经历，从学习文言文感受的角度，帮助学生理解文言文的弊端及倡导新文学的必要性。通过阅读大量鲁迅作品，感受到新文学的魅力。

3. 提倡民主、科学，反对专制、愚昧

出示图片：陈独秀《新青年罪案答辩书》（节选）："西洋人因为拥护'德''赛'两先生，闹了多少事流了多少血，'德''赛'两先生才渐渐从黑暗中把他们救出，引到光明世界。我们现在认定只有这两位先生，可以救治中国政治上、道德上、学术上、思想上一切的黑暗。若因为拥护这两位先生，一切政府的压迫，社会的攻击笑骂，就是断头流血，都不推辞。"

指导学生阅读，讲述"德先生"与"赛先生"的具体含意，帮助学生理解什么是新文化运动时期的"民主、科学"。

教师讲述：1919年，陈独秀在《新青年》上发表《新青年罪案答辩书》，请来两位西洋先生回击他们。我们一起来阅读其中一段，德先生和赛先生，将西方引入光明世界，可救治中国一切黑暗，想不想认识两位先生？他们的英文名字是 Democracy 和 Science，中文音译成德莫克拉西和赛因斯，陈独秀形象地称之"德先生"和"赛先生"，中文意思是民主、科学。有的同学可能会质疑了，这两位先生不新，洋务运动已经引进西方科学技术，辛亥革命建立了民主共和国。新文化运动中的民主科学有更深刻的含义。对国家而言，指民主的政治制度，对个人而言，指民主的思想和民主的精神，表现为人格独立、个性解放、思想自由。科学既指自然科学知识，还指以科学的态度理性地看待事物。

出示鬼魂照片、李大钊照片与名言，帮助学生进一步理解"科学"的含意。

教师讲述：如何科学理性地看待事物？我们来看一个真实事件。当时鬼神迷信泛滥，有个研究鬼神的灵学会，声称拍到这样一张鬼魂的照片，许多名人信以为真。李大钊用生物进化论的观点来反驳，他说事物新陈代谢，有生就有死，老了不必畏惧死亡，可以保持内心世界的青春活力，这样就可以做到"生于青春死于青春，生于少年死于少年"。这种积极乐观的进取精神就是科学理性精神最精彩的诠释！新文化运动中的民主、科学新在何处？

学生回答：民主的意识、科学的精神。

出示图片：新文化运动中一系列代表人物，从他们的言行中体会"民主、科学"是核心思想。

教师讲述：虽然从 1915 年新文化运动开始，直到 1919 年陈独秀才正式提出"德先生"和"赛先生"，但我们回顾新文化运动发展的历程发现：在蔡元培"兼容兼包、思想自由"的办学理念中也能找到民主科学的身影，在陈独秀打倒奴隶主义的口号中也能找到民主科学的身影，在胡适的白话文改革中、在鲁迅的文学作品中、在李大钊永葆青春的乐观中都能找到民主科学的身影。民主科学的精神犹如一条红线贯穿整个新文化运动，是新文化运动的核心思想。

出示图片：回顾单元主题——近代化的起步。

小结过渡：本单元主题是"近代化的起步"。洋务运动迈出近代工业

的第一步；维新变法、辛亥革命开始了政治的民主化，新文化运动倡导思想的民主化科学化，中国近代化的探索由技术、制度发展到更深层的思想文化领域，这无疑是一种觉醒与进步。然而半殖民地半封建社会所面临的民族解放、国家独立问题依然没有解决，新文化运动的代表们没有停下探索的脚步，他们将引领新文化运动行向何方？我们在第三个子目中继续学习。

在这一部分的教学设计中，帮助学生认识"民主""科学"以及"新"在何处是教学的重点与难点。笔者选取了陈独秀的文章节选内容，引导学生去认识两位"先生"，并运用李大钊的观点来解释民主、科学，然后从蔡元培、胡适、陈独秀、鲁迅、李大钊等人的不同观点、作品，多角度解释民主、科学作为一种精神贯穿了整个新文化运动，因此是新文化运动的核心思想。

第三部分：新文化运动"行"向何方

1. 百家竞起

出示材料：毛泽东照片、《民众大联合》（节选）材料，讲述五四运动后新刊物、新社团急剧涌现，帮助学生理解知识青年满腔热忱、以主人翁姿态改造社会的精神境界。在众多思想的比较、争辩中，马克思的科学社会主义逐渐被人们接受。马克思主义为什么会被当时的中国先进知识分子接受呢？我们来探究其中的原因。

2. 马克思主义渐成主流

出示材料：李大钊介绍马克思主义观书籍的主要内容表格、1923年北京大学民意测验。测验显示，赞成"友俄"与赞成"友美"的比例约为 5：1；测验还显示，"相信"社会主义的人占被调查人数的47%，占第一位。帮助学生理解陈独秀、李大钊借助《新青年》广泛传播马克思主义，马克思主义在中国渐成主流思想，具有初步共产主义思想的知识分子中涌现出一批坚信马克思主义的代表，为1921年创建中国共产党作着准备。

表3　李大钊介绍马克思主义观书籍的主要内容

文章	主要观点
《法俄革命之比较观》	20世纪的俄国革命如同19世纪的法国革命一样，代表着世界新文明的发展方向
《庶民的胜利》《布尔什维主义的胜利》	揭露帝国主义战争的实质，歌颂十月革命，介绍布尔什维主义，号召创造劳工的世界，求得人类的幸福
《我的马克思主义观》	说明马克思主义的唯物史观、政治经济学、科学社会主义有着不可分割的关系，介绍剩余价值、垄断等学说

教师讲述：五四运动后，一大批学者开始大力宣传马克思主义，李大钊对马克思的介绍最为系统，为什么当时中国先进知识分子选择了马克思主义？

问题回应：马克思主义本身具备的魅力，为革命规划了未来美好的社会、全面的理论分析、强大的逻辑力量，都使马克思主义本身对中国先进分子充满了吸引力。

接着提问学生：新文化运动给你留下了哪些记忆与感受？哪些令你感动？哪些令你不解？

教师小结：从学生发言中提炼出新文化运动的作用。新文化运动是一次伟大的思想解放运动；新文化运动促进了民众的觉醒，唤起了人们对国家政治事务的关心；新文化运动也是一场全面的文化转型运动，它对中国的政治、思想、伦理、观念、文学、艺术等方面产生了深刻的影响。

新文化运动对传统的批判，也有一定的片面性。

出示材料：毛泽东、周恩来对《新青年》的评语，进一步印证新文化运动的作用。

在这一部分的教学设计中，学生学习的关键点是如何理解五四运动后，中国先进知识分子会选择马克思主义作为思想武器，为此选用了一些文献史料，来帮助学生理解选择马克思主义的原因。但前面学习中，学生已经阅读了大段的文字资料，如果在这一部分继续呈现大段文献史料，不仅增加学生阅读量，也会使学生产生学习疲劳，因此，教师将文献史料转换成更加便于阅读理解的表格形式，帮助学生快速从文字资料中提取有效信息，从而理解选择马克思主义，是因为马克思主义本身的魅力及当时中国与世界局势多种因素促成的。

教学小结：陈独秀等先进知识分子在 1915 年开始的新文化运动中，为挽救中华民族的危亡，勇敢地向封建主义思想、道德和文化发起猛烈攻击，传播了马克思主义，引领一代青年人，由改造精神走上改造社会的道路，开启了思想解放的闸门。

四、教学体会与反思

1. 综合考虑学习内容与学生情况，选取多种形式的史料，交替使用

虽然新文化运动与学生的现实生活已经有了一定距离，但中国近代史留下了丰富多样的史料，给史料教学提供了充足的原汁原味的材料来源，妥善利用多样的史料可以营造学习情境，为培养学科能力创造思考情境，因此本课适于开展史料教学，但是要综合考虑学习内容与学生情况，恰当地选取多种形式的史料，而且要各种形式的史料交替使用。

首先从本课学习内容出发，考虑使用哪些史料，就是史料选取要有针对性与相关性。在新文化运动背景部分的学习中，需要帮助学生了解新文化运动为什么会在辛亥革命后这一历史阶段发生。辛亥革命虽然结束了皇帝制度，但却没能推进民主制度在中国实现，相继出现了袁世凯称帝、张勋复辟等政治乱象。随着民族工业的发展，民族资产阶级和小资产阶级有所增加，但在封建自然经济为主的状态下，农民依然是中国人口的主要成分，他们对革命表现得麻木不仁。面对政治乱象、思想逆流的现状，中国先进知识分子进行反思，认为革命不彻底，是因为人们的思想观念没有随着政治革命而转变，迫切想从文化入手，改造思想，因而掀起了新文化运动。

在这里，可以使用袁世凯、张勋等人的历史照片、当时中国经济结构饼状图，结合教学讲述来帮助学生理解政治乱象与民族资产阶级的壮大，但对当时中国人落后思想观念的理解就需要一定的历史情境与细节才能生动体会、感受，进而认识改造民众落后思想的必要性。鲁迅小说具有强烈的时代色彩与批判精神，其中许多故事情节都反映了这一时期民众的思想与精神状态，如《药》《风波》，通过讲述其中华老栓用革命志士的鲜血治病、七斤剪了辫子惹来风波的情节，都可以用来创设学习情境，让学生

理解为什么提倡新道德、民主科学的口号。虽然小说是文学艺术作品，但可以利用故事情节为学生体会感受当时的底层民众所思所想营造情境与氛围，因此将鲁迅小说作为学习材料来创设学习情境，精选小说中能够反映当时底层民众思想与精神的内容呈现给学生，然后引导学生通过阅读来体会、感受历史。小说细节性与生动性展现给学生的学习情境要比教师讲述更具说服力与真切感。

同时，还要兼顾学生实际情况来选取材料，就是从学生的认知水平出发，考虑学生阅读、观察史料的能力水平，对学生理解困难的史料要尽量避免或帮助释读以降低难度。

初一年级学生年龄偏低，因此在史料选择上要注重多样性，避免一直采用"文献史料阅读—提取信息—分析"的单一学习方式，图片、文献、图示、文学作品多样史料交替使用，一方面提升学习兴趣，另一方面有助于学生认识历史的多种呈现方式，特别是在文献史料与文学作品材料的选取上要尽量选取有针对性的、以小容量反映多个信息的，随着年龄增长逐步增加文字材料的阅读量，给学生留有逐渐成长进步的学习空间。

2. 发挥史料激发学习兴趣、加深历史理解的作用

史料在教学中是有多种效用的，可应用于佐证、创设情境、培养能力与素养等多个方面。在本课教学中，教师可发挥史料激发学习兴趣与加深历史理解的作用。

在第二部分"新文化运动'新'在何处"的教学中，学生需要全面学习新文化运动的主要内容，就是"四提倡"与"四反对"。对于初一学生来说，"什么是新道德""什么是新文学""什么是民主与科学"这些问题理解起来都有一定的难度，单纯由教师讲述，学生有可能失去兴趣，如何帮助学生生动形象地理解这些问题？可以站在学生理解与思考的角度，为学生选取恰当的史料来激发学习兴趣、加深对这些问题的理解。"民主科学"在教材中是先于"新道德、新文学"表述，但是考虑到可能学生基础薄弱，如果先讲"民主"，学生只能从国家制度的角度理解"民主"，感受不到"民主"精神层面的内涵。所以决定先学习"新道德、新文学"，渗透民主精神，学生更容易理解。

在学习"新道德"时，学生只有先了解什么是服务于封建社会需求的道德规范，才能顺利理解新道德的进步之处。在这里，用郭巨埋儿、贞洁牌坊的事例，结合教师故事化的讲述，帮助学生理解旧道德中的糟粕，如旧道德规范三纲教义倡导"君为臣纲、父为子纲、夫为妻纲"，臣子忠于君主、儿子服从父亲、妻子顺从丈夫，这种伦理道德观念统治中国人思想一千多年。学生从图片、故事与实物中马上就理解了旧道德的糟粕，然后再来阅读陈独秀与鲁迅的白话文作品，从中归纳概括新道德提倡的思想观念，通过新旧对比，自然也就理解了新道德的进步之处。

这里，郭巨埋儿、贞洁牌坊、文献史料与文学作品等多种形式材料的使用，虽然已经对原始史料进行了加工整理，超出了严格史料的范围，但从学生理解的角度来看，更能够激发学习兴趣、引导学生深入理解历史，同时也能消除部分学习障碍。

从这一角度看，对于低年级学生来说，尽管第一手史料更加原汁原味，但为适应学生年龄特征，可以对第一手史料进行科学、合理、形式上的加工处理，才能发挥其激发兴趣、引导深思的作用。

在学习"新文学"时，学生也必须首先了解什么是旧文学，只有感受到旧文学与广大底层民众的距离，才能理解新文学的优势及提倡、推广新文学与新文化运动与改造民众思想的关系，进而认识新文学发挥的历史作用。

为加深学生的理解，这里选取了学生初中时学习的文言文《扁鹊见蔡桓公》的经历作为材料，借助学生当时学习文言文的感受来帮助学生理解文言文的弊端，进而认识倡导新文学的必要性：20世纪已经不用先秦口语为基础形成的文言文，少数上层人士掌握这些文体就掌握了话语权。如果用文言抨击封建礼教，民众就很难读懂，更难以理解，所以，为让广大底层民众更加容易接受新思想观念，胡适提出改用白话文。然后再出示胡适、陈独秀提倡的白话文与新文学的内涵，再阅读鲁迅新文学作品亲身体会、感受新文学将白话文与新文学内涵珠联璧合融为一体，从而加深对新文学的理解。

在学习"民主与科学"时，学生往往不理解这里的"民主、科学"与洋务运动提出的学习西方先进技术、辛亥革命中提出的民主政治有什么区别，前面的改革与革命中已经出现过的口号为什么会再次出现。

为了帮助学生突破认识难点，笔者采用了陈独秀《新青年罪案答辩书》（节选），指导学生阅读，讲述"德先生"与"赛先生"的具体含义，帮助学生理解新文化运动时期的"民主、科学"有更深刻的含义，不同于洋务运动引进西方科学技术与辛亥革命建立民主共和国。这时的"民主、科学"对国家而言，指民主的政治制度，对个人而言，指民主的思想、民主的精神，表现为人格独立、个性解放、思想自由，科学既指自然科学知识，还指以科学的态度理性地看待事物。再以当时研究鬼神的灵学会声称拍到这样一张鬼魂的照片，许多名人信以为真，而李大钊用生物进化论的观点来反驳的具体实例，帮助学生进一步理解"科学"的含义。

3. 发挥史料创设学习情境、引导探究学习的作用

恰当运用史料还能够为学生创设学习情境，引导学生利用情境展开探究性学习。

在本课的第二部分"新文化运动'新'在何处"的教学中，课程标准要求学生通过学习新文化运动的内容与过程，理解新文化运动的历史作用。因此，在这一部分的教学中，笔者通过运用实物图片、文献、文学作品等多种史料为学生创设富有时代特征、呈现历史原貌的学习情境，然后在史料还原历史原貌的基础上，层层递进地设置问题，引导学生由浅入深，思考探究新文化运动"新"在何处。丰富多彩、形式多样的史料降低了学生学习难度、提升了学习兴趣，逐步引领学生达成课程标准"理解新文化运动作用"的要求。

总的来说，历史教学离不开史料的运用，这是历史学科特色与学生学习的需求决定的。历史教学要尽量凸显历史学科特点，以真实、恰当的史料为学生还原历史、创设学习情境，只有运用好史实才能将逝去的历史真实、鲜活、丰满地呈现给学生，帮助学生获得基本的历史感受、深刻的历史理解，进而形成个人的历史认识。

第三章
评价量规运用与核心素养培养

第三章　评价量规运用与核心素养培养

第一节　运用评价量规培养历史核心素养的研究与实施

《义务教育历史课程标准（2011 年版）》倡导通过过程性评价促进学生发展、促进学习方式的改变。2014 年，教育部提出将"发展学生核心素养体系"的研制与构建作为推进课程改革深化发展的关键环节。随着课程改革的深入推进，初中历史学科核心素养的培养也成为研究与实践的热点。然而，具体到某一课的课堂教学中，教师应该"怎样培养历史学科核心素养"成为亟待回答的问题。笔者试图通过评价量规在课堂教学中的运用，提升学生历史学科核心素养、促进学生积极主动参与课堂学习活动，探讨基于提升历史学科核心素养的课堂评价量规的设计与使用，寻找培养初中生历史学科核心素养的途径，回应新课程标准与课程改革的要求。

一、研究分析

2014 年，教育部正式印发《关于全面深化课程改革　落实立德树人根本任务的意见》，针对课改的关键领域、主要环节和制约课程改革的体制机制障碍，提出了研究制定学生发展核心素养体系和学业质量标准等十项措施，将"发展学生核心素养体系"的研制与构建作为推进课程改革深化发展的关键环节，以此推动教育发展。2011 版历史课程标准提出"发挥历史学科的教育功能，以培养和提高学生的历史素养为宗旨"。随着教育改革产生的一系列变化，要求这些变化最终体现在学生身上，就是要深入回答"培养什么人"和"怎样培养人"的问题。对于初中历史教师来说，这也意味着教学工作出现了新的研究方向，就是"怎样培养历史学科核心素养"。

目前，普遍认同的历史学科核心素养是指"学生在学习历史过程中所养成的相对稳定的、必备的、具有历史学科特征的思维品质和关键能力"，是历史知识、能力、方法以及情感价值观的有机构成与综合反映，主要包括唯物史观、时空观念、史料实证、历史解释和家国情怀五大方面。然而具体到某一课的课堂教学中，教师应该"怎样培养历史学科核心素养"呢？

评价量规是"一个表现性评价工具，它是对学生的作品、成果或者表现进行评价或者等级评定的一套标准。评价量规也是一个有效的教学工具，起到了很好的沟通教学与评价之间桥梁的作用"。评价量规引入初中历史教学后，在课堂教学活动中的应用较少，教师更多地将其运用于评价、指导综合实践活动与课外作业这类不适合纸测的学习活动。但评价量规有着独特的优势，如：注重并指导学生的学习过程与方法、关注不同学生的个体差异、促进学生更主动地投入学习过程、提升学生的思维能力与处理实际问题的能力。评价量规的这些优势比较符合核心素养对思维品质和关键能力的培养要求，使用评价量规学习的过程也有助于将知识、能力内化为学生的心理品质。如果针对历史学科核心素养设计评价量规并将其应用于课堂常规教学中，是否能够提升初中生历史学科核心素养呢？带着这样的设想，在《五四运动》一课的教学中，笔者试图通过评价量规在课堂教学中的运用，探讨基于提升历史学科核心素养的课堂评价量规的设计与使用，寻找培养初中生历史学科核心素养的途径。

二、实施过程

（一）明确课程标准与核心素养的关系

教师依据课程标准进行历史教学，当然也依据课程标准设计评价量规，用于提升历史核心素养的评价量规要依据什么来制订？厘清课程标准、核心素养与评价量规之间的关系是开展研究的基础。《义务教育历史课程标准（2011年版）》对五四运动课程内容的要求是：知道五四运动的基本史实、认识五四运动是中国新民主主义革命的开端。在教学建议中还提出，重走五四运动路线，实地考察，体会五四运动精神。归纳起来本课教学内容可分为三个层次：知道五四运动史实、理解五四运动影响、体会五四运动精神，要求学生在知道五四运动史实的基础上，通过分析五四运动的影响，掌握评价历史事件的方法，提升分析能力，并在这一过程中形成正确的历史价值观。当这些知识、能力、方法与意识内化为学生的心理品质，会体现出历史学科核心素养的提升，如图 11 所示。历史核心素养蕴含在课程标准三维目标与课程内容之中，历史学科核心素养与课程标准是融会贯通、彼此呼应的，因此评价量规的设计必须依据课程标准的三维目标与课程内容。

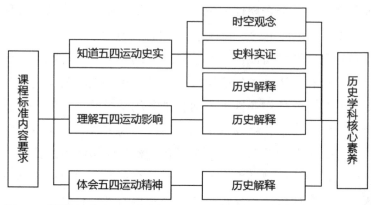

图 11　课程标准中五四运动一课内容与历史学科核心素养对应图

（二）针对核心素养设计评价量规

依据课程标准要求、针对核心素养来设计评价量规，接下来按照什么程序来设计评价量规？各项评价要素与评级指标如何确定？评价量规设计程序与评价要素、评级指标的确定是研究的核心。就五四运动来看，课程标准涉及三个层次的教学内容：知道五四运动史实、理解五四运动影响、体会五四运动精神，可以针对每个层次的教学内容分别设计评价量规，将可能涉及的核心素养纳入量规的评价要素、评级指标。

1. 关于"五四运动史实"的评价量规设计

关于"五四运动史实"，笔者设计了"以讲解员身份讲解五四运动浮雕"的任务主题，提出了"能够准确完整地叙述五四运动来龙去脉"的能力要求，指导学生参照表 4"评价量规一"中的评价要素与评级指标，讲解五四运动浮雕。"评价量规一"中的结构要素体现了历史理解，内容要素体现了时空观念与历史理解，表述要素体现了知识、能力、方法的综合运用。如果学生依照评价量规达到优秀级别的讲述，至少在时空观念与历史理解的思维品质上应加以强化，讲述的能力应加以训练。

表4　评价量规一

评价要素	优秀	良好	合格	自我评价	他人评价
结构（30分）	能够从五四运动的起因、经过、结果三部分讲述。30分	能够将五四运动的经过、结果讲清。20分	能够将五四运动的经过讲清。10分		
内容（40分）	能够完整、准确讲述五四运动的三个部分（包括时间、地点、具体内容等），并且能够结合浮雕画面讲解。31—40分	讲解脱离浮雕，但能够准确讲述五四运动每个部分。21—30分	只能结合所学讲解浮雕内容。20分		
表述（20分）	语言自然流畅、有感染力、与听众有互动交流。16—20分	语言流畅。11—15分	语言不流畅，不吸引听众。10分		
创新（10分）	能够结合课外所学进行讲述。10分				

等级标准：优秀（76—100分）、良好（51—75分）、合格（40—50分）、不合格（0—39分）
总评等级（个人评价与他人评价的平均分数所在等级）：（例如平均分89，就填写优秀）

2.关于"五四运动影响"评价量规设计

关于"五四运动影响"，笔者设计了讲解"五四运动的浮雕为什么能够镶嵌在人民英雄纪念碑上"的任务主题，提出了"评价五四运动的历史地位"的任务要求，指导学生参照表5"评价量规二"中的评价要素与评级指标进行讲解。历史解释是指在历史理解的基础上，对历史事物进行理性分析和客观评判，"评价量规二"正是通过对五四运动这一重大历史事件的历史、辩证的评价，对核心素养中的历史解释进行培养。

表5　评价量规二

评价要素	优秀	良好	合格
历史的评价	将五四运动放在它所处的时代中，与之前中国人民抗争与探索的重大事件进行比较，观察五四运动与它们的相同之处和不同之处，认识五四运动的性质与特点	能够结合当时所处时代、联系其中重大历史事件来看待五四运动，认识五四运动的性质	能够将五四运动与近代以来中国人民的抗争与探索进行比较，认识五四运动的特点

续　表

评价要素	优秀	良好	合格
辩证的评价	从五四运动当时及之后的历史中观察它产生的影响	能够说出五四运动对以后将要学习的马克思主义传播、中国共产党诞生等重大历史事件产生的影响	能够说出五四运动当时取得的三个胜利成果
自评等级：	师评等级：		同学评等级：

3. 关于"五四运动精神"评价量规设计

关于"五四运动精神"，笔者设计了"学习了五四运动，面对浮雕上的同龄人，有什么话想对他们说"的任务主题，提出了"体会五四运动的精神"的任务要求，指导学生参照表6"评价量规三"的评价要素发表感言。历史价值观是能够从历史中吸取有益的营养，养成积极、健康的价值观念，"评价量规三"正是通过对"五四运动精神"的多角度解读，在潜移默化中对学生产生积极向上的情感、态度、价值观影响，从而将"五四运动精神"内化为核心素养中的历史价值观。

表6　评价量规三

评价要素	最高评价等级标准
史料实证	对五四运动精神的阐述必须是依据可靠史料作为证据,做到论从史出。（30分）
历史理解	对五四运动精神的理解要从历史实际的角度客观看待过去事物，做到符合时代特点。（30分）
全面认识	发言应是多角度、多方面的。（20分）
情感态度	传达积极向上的精神、给人以正能量。（20分）
自我评分：　　　　教师评分：　　　　同学评分：	
总分（三方评价的平均分）：	

经过五四运动的教学尝试，使"按照什么程序来设计评价量规、各项评价要素与评级指标如何确定"这两个研究的重点问题基本有了思路。评价量规设计程序基本上遵循四个步骤：依据课标确定评价任务、结合任务特征确定评价要素、分解评价要素描述评价等级、确定并修订评价量规，

如图 12 所示。虽然设计程序中没有强调核心素养，但由于核心素养与课程标准保持高度一致，因此依据课程标准制订的评价量规必定反映核心素养的某些方面。从上述设计程序中可以看出，确定评价要素要结合具体任务的具体特征，以指导学生完成学习任务、掌握学习方法为出发点，将学习或完成任务的方法细化成一项项评价要素，以评价要素展示学习的目标，引领学生自主学习。评级指标或等级标准的确定则要分解评价要素，并结合学生可能达到的表现程度，通过优秀、良好、合格等不同层次的表述等级评价设计，激励学生的学习兴趣。

图 12　以提升历史学科核心素养为目标的课堂评价量规设计程序

第二节　运用评价量规的教学设计与案例分析

案例 1　"五四运动"的教学设计

一、教学设计思路

《义务教育历史课程标准（2011 年版）》在初中历史课程目标的设定中，明确提出"了解历史的时序，初步学会在具体的时空条件下对历史事物进行考察，从历史发展的进程中认识历史人物、历史事件的地位和作用和学会用口头、书面等方式陈述历史，提高表达与交流的能力"的学科能力要求。简单概述，这两个能力就是评价能力与叙述能力。评价能力与叙述能力的重要性不言而喻，然而，怎样在有限的教学时间中有效帮助学生提升能力呢？关键是掌握评价与叙述的方法，而评价量规具有注重并指导学生的学习过程与方法，促进学生更主动地投入学习过程的优势。因此，笔者尝试在"五四运动"一课中，采用评价量规来指导学生掌握评价与叙述的过程方法。

基于课程标准对五四运动课程内容要求，笔者设计了三个评价量规，从叙述五四运动史实、评价五四运动影响、体会五四运动精神三个方面分别掌握叙述与评价的基本过程与方法。三个评价量规的使用并不能帮助学生马上提升能力，主要是为学生展示学习的过程与方法、打开思路，引导学生在以后的学习中尝试独立叙述与评价历史事件或人物。

二、教学目标设定

《义务教育历史课程标准（2011年版）》对五四运动课程内容要求是：知道五四运动的基本史实、认识五四运动是中国新民主主义革命的开端。在教学建议中还提出：重走五四运动路线，实地考察，体会五四运动精神。

归纳起来本课教学内容可分为三个层次：知道五四运动史实、理解五四运动影响、体会五四运动精神。要求学生在知道五四运动史实的基础上，通过分析五四运动的影响掌握评价历史事件的方法、提升分析能力，并在这一过程中形成正确的历史价值观。当这些知识、能力、方法与意识内化为学生的心理品质，会体现出历史学科核心素养的提升。

三、教学实施过程

【导入新课】

教师：出示天安门广场人民英雄纪念碑和五四运动浮雕，人民英雄纪念碑是为了纪念1840年以来为争取民族独立和人民幸福而牺牲的人民英雄建造的，在纪念碑基座上有8幅浮雕，概括了中国近代以来的革命斗争，这是其中的第四幅，哪位同学了解这幅浮雕？

学生依据个人了解情况介绍浮雕内容。

设计意图：第四幅浮雕展示了五四运动中天安门游行活动，学生会依据已掌握的五四运动相关史实介绍浮雕内容，通过对这一问题的学生回应情况，教师可以初步判断学生对五四运动史实掌握的情况，并顺势导入新课。

【新课教学】

教师：出示第一次世界大战交战国示意图与电影《建党伟业》中国代表团前往巴黎和会、民众激动喜悦送行的片段。讲述日本借口对德作战，却强占原德国在中国的势力范围山东，"一战"以协约国集团的胜利告终，将在法国巴黎凡尔赛宫召开和平会议，中国将以战胜国的身份出席巴黎和会。提问学生当时中国民众的心情怎样？

学生：喜悦、激动、兴奋，对即将召开的巴黎和会充满期待，渴望扭转中国命运。

教师：然而等待中国民众的却是巴黎和会的阴霾！

设计意图：学习五四运动就要了解五四运动爆发的第一次世界大战的国际背景，为学生理解山东问题的由来、为巴黎和会中国外交失败，中国民众产生愤慨与失望情绪的原因做好铺垫，并顺势导入第一部分巴黎和会起阴霾的教学。

第一部分：巴黎和会起阴霾

教师：出示巴黎和会、1915 年袁世凯签属的二十一条议定的《中日协约》与曹汝霖、陆宗舆、章宗祥的照片。讲述中国代表团提出收回山东主权等三个要求，取消二十一条及帝国主义国家在华特权的要求遭到拒绝，日本也拒绝归还山东，中国代表团巴黎和会外交失败。

教师：消息传回国内，引起怎样的反响？出示北京大学学生王苣章的一段话："巴黎和会的消息最后传到这里时，我们都感到非常震惊，中国没有太阳升起，甚至连国家的摇篮也给偷走了。我们立刻对事实的真相觉醒了，外国仍然是自私和军国主义的，并且都是大骗子。记得 5 月 2 日晚上，我们很少睡觉。我跟一群朋友谈了几乎一整夜……我们知道的很清楚，我们跟政府毫无关系，也不存任何希望……看看我们的同胞，看看那些可怜无知的大众，不能不觉得我们必须要奋斗。"

提问：中国民众是喜悦激动对未来充满希望的，现在他们的心情如何？巴黎和会外交失败使他们认清了什么事实真相？如果你当时也是王苣章这样的青年学生，接下来想做些什么？

学生：中国民众由巴黎和会前的喜悦激动对未来充满希望转而悲愤；认识到帝国主义列强不会放弃对中国的侵略、北洋军阀政府软弱卖国，对依靠帝国主义列强与北洋军阀政府来挽救中国命运不再抱有希望；要行动起来，希望通过抗议、游行等行动拯救国家命运。

设计意图：三个问题连续追问，引导学生明确五四运动的直接起因是巴黎和会外交失败，同时也有助于学生理解为什么运动中会出现一些激进行为，感受当时学生强烈的爱国热忱与责任感。

第二部分：五四运动掀狂涛

1.五四当天游行示威活动

教师：出示北京市东城区地图与五四当天使用的标语口号。在今天的地图上标注当天五四运动游行路线，从今天的新文化运动纪念馆—天安门广场—东交民巷—赵家楼饭店这条线路，重温当年五四学子全天游行经过；展示当天使用的标语口号，提问两列标语口号的各自特点？

还我青岛
誓死力争青岛
取消二十一条
拒绝签字巴黎和约
抵制日货
保卫国土保卫主权
中国是中国人的中国
反对强权政治

打倒卖国贼
卖国贼曹汝霖
章宗祥、曹汝霖卖国贼
卖国贼曹、陆、章
诛卖国贼曹汝霖、陆宗舆、章宗祥
国民应当判决国贼的命运
卖国贼宜处死刑

图 13　五四运动标语口号

学生：一列口号是对外，针对帝国主义国家特别是日本的侵略喊出"外争国权"；另一列对内，针对北洋政府官僚政客的软弱卖国喊出"内惩国贼"。外争国权，内惩国贼，具有反帝反封建的意识，成为五四运动最具代表性的口号。

设计意图：通过今天地图上的建筑来了解五四当天游行的过程，更具有时代感，将过去的历史与今天的现实联系在一起，可以帮助学生身临其境地感受当时青年学生的爱国热情；分析口号特点，有助于学生更好地认识青年学生具有反帝反封建的斗争意识、认识五四运动比以前的斗争更加进步，具有反帝反封建的双重性。

2.五四运动的后续发展

教师：出示五四运动大事记表格，组织学生通过阅读五四运动大事记，进一步了解五四运动的后续发展。结合表格内容，讲述上海工人罢工、学生罢课、商人罢市的"三罢"斗争。阅读吴玉章对上海"三罢"斗争的描述："一向被人轻视的工人群众也发出了怒吼，像上海这样的大都市，6月5日开始，一声罢工、罢市令下，整个城市的繁华绮丽顿时变成一片死寂……工人阶级的奋起，这是一支真正能制一切反动派于死命的伟大生力军。"讲述工人阶级登上历史舞台成为五四运动的中坚力量。

表7　五四运动大事记

5月	4日	北京学生游行示威,抗议巴黎和会决议与政府外交政策
	5日	北京各大专学校总罢课,重申以上要求
	14—18日	因北洋军阀政府命令军队镇压学生运动,各大城市成立学生联合会,支持北京学生
	19日	北京学生再次总罢课,深入群众演讲宣传、抵制日货
6月	2—4日	因政府为曹、陆、章辩护,北京学生大规模深入群众街头演讲宣传,1150多人被捕
	5日	上海工人罢工、学生罢课,商人罢市,支持北京学生
	6日	罢工、罢市规模扩大到其他城市
	8日	北洋军阀政府释放北京被捕学生
	10日	曹汝霖、章宗祥、陆宗舆辞职
	12日	罢市、罢工结束
	28日	出席巴黎和会的中国代表拒绝签署对德和约

提问:你能在大事记中找出民众联合斗争取得什么结果吗?你能结合大事记表格,依据斗争形式的变化给五四运动划分出阶段吗?说明你为什么这样划分?

学生:五四运动取得三个胜利成果:北洋政府释放被捕学生;罢免了曹、陆、章职务;拒签巴黎和约。五四运动可以划分为两个阶段,6月5日以前是一个阶段,6月5日以后是一个阶段。划分的理由是:第一阶段,以北京学生为主力,主要斗争形式是示威游行、罢课为主;第二阶段是以上海工人为中坚力量,斗争形式扩大为"三罢"斗争。

教师:出示五四运动发展过程示意图,结合示意图小结五四运动完整过程。

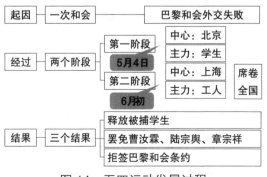

图14　五四运动发展过程

设计意图：通过五四运动大事记与五四运动发展过程示意图，帮助学生从起因、经过、结果三个环节全面了解五四运动，并在潜移默化中向学生渗透叙述历史事件的主要结构应包含的内容，为下面学生叙述五四运动做好铺垫。

第三部分：百年之后话"五四"

1.学习任务一："讲解五四运动浮雕"

教师：五四运动已经过去百年了，历史不会重演，今天我们为什么还要学习它？通过百年之后话五四来认识这个问题。在这个环节里我们有三个学习任务要完成：第一个学习任务，"假设你是讲解员，请你来讲解五四运动浮雕内容"。怎样完成好讲解任务呢？老师给同学们提供一个评价量规，请按照评价量规的要求讲解（评价量规见表4）。

学生：按照评价量规要求讲述五四运动过程，可能对五四运动的叙述并不完整。

教师：他的讲解怎么样？请给他按照评价量规的要求进行点评，并提出一些改进的建议。

学生：按照评价量规点评，提出各自不同的修改建议，补充叙述缺失的部分或增加创新内容，最终达到完整叙述五四运动。

设计意图：设计"以讲解员身份讲解五四运动浮雕"的学习任务，目的是引导学生学习叙述历史事件的过程与方法。"评价量规一"中的评价要素与评级指标是依据叙述历史事件的基本要素制定的，学生阅读评价量规就是自主学习叙述历史事件的方法，掌握了叙述的方法后才能准确完整地叙述五四运动来龙去脉。虽然有评价量规的学习方法指导，但学生第一次尝试难免会出现各种各样的失误。按照评价量规点评发言的活动，可以帮助学生依据评价量规查漏补缺，进而掌握运用评价量规完善学习的方法，实现课标"知道五四运动史实"的要求。

2.学习任务二："评价五四运动历史地位"

教师：如果有人问你，五四运动浮雕为什么能够镶嵌在人民英雄纪念碑上？你应该怎样回答呢？这个任务就是要大家来评价五四运动的历史地位，怎么来评价五四运动这样的历史事件，我们看第二个学习任务的评价标准，请按照评价量规二的要求讲解（评价量规见表5）。

学生：按照评价量规要求对五四运动的历史地位进行评价，由于学习任务要求较高，而学生受年龄、能力及知识等多方面因素影响，多数学生只能按照评价量规合格级别的要求，简单回答五四运动的三个胜利成果，比较和以前斗争的不同之处，而不能说出五四运动的特点、不能结合五四运动之后的重大历史事件来观察其影响。

教师：针对学生运用评价量规二评价五四运动出现的各种状况，按照评价量规要求逐一点评学生评价中的优缺点，并出示"中国近代史年代尺"，结合年代尺上重大历史事件，为学生解释、示范如何运用评价量规二来评价五四运动。五四运动与它之前的旧民主主义革命时期的探索与抗争相比，相同之处是：它们都属于中国人民反抗外来侵略的组成部分，五四运动是反帝反封建的群众爱国运动。不同之处在于：五四运动出现了一支新的革命力量——工人阶级，工人阶级开始登上历史舞台，中国革命进入无产阶级领导的新的革命时期，即新民主主义革命时期，因此，五四运动是中国新民主主义革命的开端，促进了工人运动发展与马克思主义的传播，为中国共产党的诞生创造了条件。

设计意图：设计"五四运动浮雕为什么能够镶嵌在人民英雄纪念碑上"的学习任务，目的是引导学生学习评价历史事件的方法。"评价量规二"中的评价要素与评级指标是依据评价历史事件的基本要素制定的，学生阅读评价量规就是自主学习评价历史事件的方法，掌握了评价历史事件的方法后再来评价五四运动的历史地位就能降低学习难度。虽然有评价量规的学习方法指导，但学生受年龄、能力及知识等多种因素影响，完成评价学习任务二的质量明显低于学习任务一，多数只能达到合格的级别。针对这种情况，教师亲自解释如何运用评价量规二来评价五四运动的历史地位，给学生示范如何高质量完成讲解任务，从而达到课标"理解五四运动影响"的要求。

3.学习任务三："体会五四运动的精神"

教师：学习了五四运动后，面对浮雕上的青年学生，有什么话想对他们说？请同学们仔细阅读评价量规三，结合评价量规要求来组织语言，自由发言（评价量规见表6）。

但学生按照评价量规发言的情况并不理想，明显受到评价量规制约，很多想说的话犹豫不定、吞吞吐吐。在另一个班取消这一评价量规，完全由学生自由发言后，学生反而能够从多角度、多方面表达观点看法。

设计意图：设计"面对浮雕上的青年学生，有什么话想对他们说"的学习任务，目的是引导学生学习史论结合的表述观点的方法。"评价量规三"中的评价要素与评级指标是依据论述历史观点的基本要素制定的，学生阅读评价量规就是自主学习表述观点的基本方法。然而事与愿违，学生明显受到评价量规的限制，有观点与看法也不敢说，害怕不符合评价量规的要求。针对这种状况，笔者在其他班级教学中取消了评价量规三的使用，只给学生提出"要论从史出、积极向上"最基本的要求，学生发言状况明显好转，从而达到课标"体会五四运动精神"的要求。这个事例说明，评价量规并不是越精细越复杂越好，过于精细或超越学生年龄水平的评价反而可能对学生造成困扰。

【教学小结】

教师：五四运动已经过去百年。中国和世界都在迅速发生变化，昨天的历史今天不会重演，我们为什么还要学习五四运动？我想可以这样理解：五四运动是活的历史，因为它所显示的爱国、进步、民主、科学的精神还活着！一代又一代人志愿为推动它而努力，这是永远不会结束的伟大事业！

四、教学体会与反思

本课是运用评价量规指导学生学习方法的一次积极尝试。评价量规在历史学科社会实践、小组合作学习中已经大量使用，评价量规在指导学生完成实践活动、掌握活动过程与方法方面发挥了重要作用。因此，笔者在本课教学中大胆将评价量规引入课堂教学，运用评价量规指导学生掌握叙述、评价历史事件的过程与方法，学生在课堂上能够运用评价量规学习叙述历史事件的方法，并较好地运用这一方法叙述了五四运动。虽然学生运用评价量规评价五四运动的表现不及叙述五四运动，但也能够初步掌握评价历史事件的方法，达到评价量规的合格水平。由此可见，评价量规是能够提升学生叙述、评价、论述等多种学科能力的，值得在今后的教学中继续尝试使用。

本课也存在不足，主要是第三个评价量规的使用。第三个学习任务"面对浮雕上的青年学生，有什么话想对他们说"是一个开放的问题，设计评价量规三的意图是指导学生掌握论述观点的方法，并运用这一方法回答问题，然而学生不太理解评价量规中评价要素的具体要求，害怕自己发言失误，反而不敢回答问题。在后面班级教学中取消了这一评价量规，让学生自由发言，学生表现积极踊跃。出现评价量规制约学生的因素可能有两方面：一方面是评价量规的评价要素比较烦琐，学生不能理解要素要求；另一方面也受到学生年龄、能力与知识的影响。这个不成功的示例提示教师，制作评价量规要充分考虑学情，评价量规制作以课标中的"课程目标"和"课程内容"为依据，在与课标保持一致性的同时，还要考虑学生的接受能力，语言尽量简洁清晰，避免过于烦琐的要素对学生造成干扰。

经过评价量规在《五四运动》一课的教学实践，可以肯定，评价量规对于指导学习方法是具有明显作用与使用价值的。尤其是"评价量规一"对指导学生掌握讲述历史事件的方法发挥了非常明显的作用，学生原本对讲述历史事件无从下手，评价量规为他们提供了方法，评价量规不仅是评价等级的工具，更是帮助学生有效学习的工具，同时使老师在第一时间发现学生学习过程中的问题，从而能够及时干预纠正，借助评价讲述历史事件的过程也训练了学生知识、能力、方法的综合运用，对提升核心素养有一定的助益。

案例 2 "经济大危机与罗斯福新政"的教学设计

一、教学设计思路

1. 总体设计思路

历史学科核心素养提出"历史理解和阐释"的素养表现。历史理解是建立在掌握史实基础上的理解，力求在表达见解时能够言而有据、推论得当；阐释则侧重在掌握史实基础上独立思考，提出看法，并运用史料分析、论证。

《义务教育历史课程标准（2011年版）》在初中历史课程目标的设定中明确提出了两个学科能力要求：一是了解历史的时序，初步学会在具体的时空条件下对历史事物进行考察，从历史发展的进程中认识历史人物、历史事件的地位和作用；二是学会用口头、书面等方式陈述历史，提高表达与交流的能力。简言之，这两个能力要求就是评价与叙述的能力。由此可见评价与叙述能力的重要性。教师如果能够在课堂教学中运用有效的方式方法，帮助学生掌握这两种能力，则有助于学生学习能力的提升。

由于评价量规具有注重并指导学生学习过程与方法、促进学生更主动地投入学习过程的优势，因此，笔者尝试在"经济大危机与罗斯福新政"一课中，采用评价量规来指导学生掌握评价与叙述的过程方法。

运用评价量规指导学习，还要依据课程标准的要求，结合学生的实际情况设计与运用。课程标准中课程内容对本课要求是"知道经济大危机，了解罗斯福新政，理解国家干预政策对西方经济发展的影响"。

基于课程标准对本课程教学内容的要求，笔者设计了三个评价量规，从叙述经济危机史实、设计应对危机的措施、评价罗斯福新政三个方面设计评价标准，回应课程标准的要求。评价量规的作用主要是为学生展示学习的过程与方法，引导学生在以后的学习中学会自主学习，在潜移默化中培养学科素养。

2.明确课程标准与核心素养的关系

教学目标制定主要是依据课程标准要求，用于提升历史核心素养的评价量规的制定也应遵循课程目标的要求，可结合课程标准、学科素养与学生实际情况三方面来制定。

首先，要厘清课程标准与核心素养的关系。课程标准对本课的要求是"知道经济大危机，了解罗斯福新政，理解国家干预政策对西方经济发展的影响"。归纳起来，本课教学内容可分为三个层次：知道经济大危机的史实、理解罗斯福新政、评述罗斯福新政。

其次，要求学生在知道经济大危机史实的基础上，通过理解罗斯福新政的内容与作用、评述罗斯福新政，掌握评价历史事件的方法、提升历史理解的能力，并在这一过程中形成正确的历史价值观。当这些知识、能力、方法与意识内化为学生的心理品质后，会体现出历史学科核心素养的提升，如图15所示。

历史核心素养是蕴含在课程标准三维目标与课程内容之中的，历史学科核心素养与课程标准融会贯通、彼此呼应。因此，评价量规的设计必须依据课程标准的三维目标与课程内容，同时还要考虑学生实际情况。

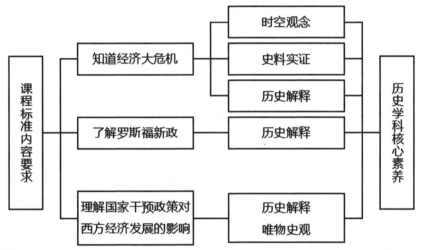

图15　"经济大危机与罗斯福新政"中课程内容与历史学科核心素养对应图

3.针对核心素养设计评价量规

（1）针对"知道经济大危机"评价量规设计

针对"知道经济大危机"，笔者设计了"讲述罗斯福面临怎样的困境"的任务主题，提出了"能够准确、完整地叙述经济大危机的来龙去脉"的能力要求，指导学生参照表8中的评价要素与评级指标，全面讲述经济大危机。表中的"结构"要素体现了历史理解，"内容"要素体现了时空观念与历史理解，"语言"要素体现了知识、能力、方法的综合运用。如果想要学生依照评价量规的指导来完成讲述活动并达到优秀级别，至少要强化时空观念与历史理解的思维品质，以及训练讲述的能力。

表8　学习任务一"讲述经济大危机"评价量规

评价要素	优秀	良好	合格	个人评价	他人评价
结构	讲述具备经济大危机的时空、原因、特点、表现与影响四个部分。36—40分	讲述具备经济危机的时空、特点、表现与影响。21—35分	讲述具备经济大危机的表现、影响。20分		
内容	能够完整、准确讲述经济大危机五个部分的内容。36—40分	能够准确讲述特点、表现与影响的内容。21—35分	只讲解表现。20分		
语言	语言流畅、结合任务要求组织语言。8—10分	语言流畅。7分	能够表达大意。6分		
创新	讲述中能够补充课外知识丰富内容。10分				
总评（个人评价与他人评价综合评定）					

（2）关于"了解罗斯福新政"评价量规设计

关于"了解罗斯福新政"，笔者设计了讲解"帮罗斯福思考应对危机的措施"的任务主题，提出了"站在罗斯福的立场上，结合经济危机的成因与表现，帮助罗斯福思考应对危机措施"的任务要求，指导学生参照表9"评价量规二"中的评价要素与评级指标，提出应对措施。历史理解是指将史事的简单记忆和叙述，提升为理解其意义的理性认识和情感取向。本知识点评价量规的设计正是针对历史理解的内涵提出的。

表9　学习任务二"帮罗斯福思考应对危机的措施"评价标准

评价要素	优秀	良好	合格	教师评价	个人评价
回顾经济大危机成因与表现	能够清晰、有条理地讲述经济大危机的根本原因与金融、工业、农业与社会政治四方面危机的表现	能够讲清在金融、工业、农业与社会政治四方面经济危机表现	只能讲述经济大危机的某两个方面		
结合成因与表现提出应对措施	针对经济大危机的成因与四方面表现逐一提出应对措施	能够针对危机的四方面表现提出应对措施	只能针对危机的某两个表现提出应对措施		

续　表

评价 要素	优秀	良好	合格	教师 评价	个人 评价
推断应对措 施的作用	依据提出的四方面措施，推断分析其产生的作用与影响，进而总体论述措施的可行性	能够依据某三方面措施，推断分析其产生的作用与影响，部分论述措施的可行性	只能依据某两方面措施，推断分析其产生的作用与影响，不能论述措施的可行性		

自评等级：　　　师评等级：　　　总评等级：

（3）关于"理解国家干预政策对西方经济发展的影响"评价量规设计

关于"理解国家干预政策对西方经济发展的影响"，笔者设计了"对罗斯福新政作出全面、客观的评价"的任务主题，提出了"历史地辩证地评价罗斯福新政"的任务要求，指导学生参照表10的评价要素，深入思考、提出看法并论证，体现了历史素养中历史理解与历史阐释的素养要求。历史理解是指将史事的简单记忆和叙述，提升为理解其意义的理性认识和情感取向；历史阐释是指以史料为依据，以历史理解为基础，对历史事物进行理性分析和客观评判的能力。评价量规正是通过对"对罗斯福新政作出全面、客观评价"的过程与方法的指导，引导学生掌握评价、阐释历史的基本过程与方法，从而提升能力培养素养。

表10　学习任务三"全面、客观评价罗斯福新政"评价标准

评价要素	评价标准
历史地评价	将罗斯福新政放在它所处的时代中，与之前胡弗政策进行比较，观察两者的相同之处和不同之处，认识罗斯福新政的特点
辩证地评价	结合罗斯福新政当时产生的作用，及对之后历史产生的影响，进行总体评价

经过五四运动的教学尝试，按照什么程序来设计评价量规？各项评价要素与评级指标如何确定？这两个研究的重点问题基本有了思路。评价量规设计程序基本上遵循四个步骤：依据课标确定评价任务、结合任务特征确定评价要素、分解评价要素描述评价等级、确定并修订评价量规。虽然设计程序中没有强调核心素养，但由于核心素养与课标高度一致，因此，依据课标制定的评价量规必定反映核心素养的某些方面。从上述设计程序

中可以看出，确定评价要素要结合具体任务的具体特征，以指导学生完成学习任务、掌握学习方法为出发点，将学习或完成任务的方法细化成一项项评价要素，以评价要素展示学习的目标，引领学生自主学习。评级指标或等级标准的确定则要分解评价要素，并结合学生可能达到的表现程度来设计，优秀、良好、合格等不同层次的表述要能起到激励学习、保护自尊、激发兴趣的作用。

二、教学目标设定

本课是世界现代史"凡尔赛—华盛顿体系下的西方世界"这一学习主题的第二课，包含"经济大危机"与"罗斯福新政"两部分内容。从本课所处单元知识体系来看，第3课《凡尔赛—华盛顿体系形成》是一战后世界新秩序的建立。而本课所讲"经济大危机"则是对这一新秩序的破坏，罗斯福新政通过立法，采取国家干预经济的办法缓解危机，开创了国家干预经济的先河，也有效缓解了经济危机；而德、日则走上法西斯专政的道路，通过发动对外侵略战争，将经济危机转嫁别国，使世界逐步走向新的战争，为后面学习第二次世界大战做好铺垫。教材对经济大危机的表现、罗斯福新政的具体措施与历史意义阐述得非常详细，借助这些图文资料，学生可以生动地感受历史。但是，教材没有呈现经济大危机爆发的主要原因和罗斯福新政采取"加强对工业的计划指导"的原因，需要教师补充讲解、揭示根源。即便学生整体学科能力偏于薄弱，但教师可利用小班教学的优势，加强对每个学生的指导，教师教学可通过设计三个学习任务、运用评价量规来调动学生主动参与学习，并从每个学生使用评价量规的效果反馈来及时调整。

基于以上分析，确定三维目标如下：

1. 知识与能力：知道经济大危机与罗斯福新政的具体措施等基本史实，全面、客观地认识罗斯福新政，提高讲述、评价历史事件的能力。

2. 过程与方法：学生通过对经济大危机与罗斯福新政的学习，依据学习任务单完成三个学习任务，并在评价量规的指导下，初步掌握叙述、评价历史事件的方法。

3. 情感、态度与价值观：通过对本课的学习，学生认识罗斯福新政是美国历史上一次具有创新意义和深远影响的重要改革。

由此确定教学重点为经济大危机、罗斯福新政，教学难点为如何全面、客观地认识罗斯福新政。

三、教学实施过程

【导入新课】

出示图片：一幅 20 世纪美国街头宣传画的上半部分。

提问学生：从图片中获得哪些感受？（富足、幸福的美国式生活）在学生回答的基础上展示画面的下半部分：1929 年排队等待领取救济食品的人群。

提问学生：是什么灾难粉碎了美国梦？又是谁挽救了美国？由此引入新课《经济大危机与罗斯福新政》。

【新课教学】

导入新课：粉碎美国梦的灾难是经济大危机、挽救美国的是罗斯福，1929—1933 年经济大危机爆发，罗斯福正是在 1933 年危机最深重的时刻临危受命，就任美国第 32 任总统的。

第一部分：临危受命

1. 危机开始的标志

出示美国纽约华尔街证券交易所与道琼斯股票指数走势示意图。

教师讲述：1929 年 10 月 24 日，"钢铁、无线"等几十种主要股票价格突然暴跌，股票报价机变更的速度赶不上股票价格下跌的速度，恐慌的各地资本家让纽约的经纪人马上抛售自己持有的股票，掀起抛售股票的狂潮。道琼斯股票指数反映了股票价格走势。1921—1929 年，股票价格从几十点一路飙升到 380 多点，但 1929 年 10 月 24 日开始，直到 1932 年，股票价格一路暴跌 90%，700 多亿美元从股市蒸发，许多人的财富顷刻之间化为乌有。人们把股票暴跌的 10 月 24 日称为"黑色星期四"，它标志着一场始于美国席卷整个资本主义世界的经济大危机开始了。

2. 危机的特点

出示图片：经济大危机的特点示意图。

教师讲述：持续时间特别长，从 1929—1933 年经济持续萧条；波及范围特别广，开始于美国、席卷整个资本主义世界，涉及金融、工业、农业、外贸等各经济领域，由经济危机又引发社会危机、政治危机，破坏性特别大，整个资本主义世界工业生产下降 1/3，贸易减少 2/3，失业人数超过 3000 万。危机对美国打击最为巨大。

3. 危机的表现

教师讲述：经济大危机在美国的表现。

紧随股票暴跌而来的是一万多家银行相继破产倒闭，许多人一生的积蓄化为乌有。照片上，惊慌的人群涌入银行，争先恐后地提走存款，挤兑存款进一步加重了金融危机，美国陷入金融大恐慌。经济危机引起美国工业生产下降 46%，13 万家工矿企业倒闭，钢铁、机器制造、汽车制造、采煤业等重工业产量下降最高达 80%。工厂倒闭停产致使大量工人失业，愤怒的工人砸毁工厂玻璃，渴望找到工作机会。随着工厂倒闭，工业对农产品原料需求大幅减少，工人收入减少又使人们对农产品的购买力降低，大量农产品滞销使一百万农民破产。照片中，农民无奈地将滞销的牛奶倒入密西西比河，将河水染成了银白色。因为售出的收入不够交税和运费，农民无奈地将牲畜宰杀埋在山沟里、让棉花烂在地里、将咖啡倒入大海。金融、工业与农业的危机使失业人员达到创纪录的 1700 万，这一数字意味着 1/3 美国劳动力没有工作和收入，许多家庭无力偿还贷款而失去了房子、汽车，流落街头无家可归。照片中，失业人员在百老汇大街上排起长队，等待领取微薄的救济食品。恐慌、愤怒、无奈、饥饿笼罩着美国，人们将这一时期称为"大萧条时期"。

教师讲述：经济大危机在世界范围的表现。

危机始于美国，但波及整个资本主义世界，在主要资本主义国家中，德国危机仅次于美国，日本失业人口高达 300 万。各国经济危机到 1933 年达到高潮，人们长久看不到经济复苏的希望。生活恶化使各国掀起了工人运动、反饥饿运动，示威者与警察发生冲突，社会矛盾激化，美国纳粹党集会，法西斯组织趁机抬头。社会革命开始被谈及，成千上万的人认为，被剥夺者和饥饿的人们将反抗把他们带进这种绝望境地的政府和经济制度。工人运动频发，法西斯势力泛滥，资本主义制度受到冲击开始动摇，经济大危机开始引发政治危机。

4. 危机的成因

出示经济大危机成因示意图。

教师讲授：结合示意图，解释经济大危机爆发的主要成因。在正常状态下，市场生产出产品，民众购买产品，购买的钱用于投资再生产，产品产量与民众消费能力相当。生产、消费、投资再生产、再消费，从而形成良性循环，不会爆发经济危机。但随着工业革命、科技进步与科学的管理，美国 1920—1929 年间，生产效率提高了 55%。以汽车制造业为例，此前 14 小时只能制造 1 台汽车，而经济大危机爆发前，14 个小时能制造 84 台汽车，资本家看有利可图，蜂拥而上盲目投资生产，造成生产的产品越来越多，此时，只有相应提高工人工资，使其具备更高的购买力，才能消化掉这些产品，但美国资本家并没有因为生产效率提高而支付给工人更高的工资，支付给工人的工资只占创造效益的 2%。不仅汽车制造业，当时美国多个行业包括农业都存在生产过剩现象，工人的收入显得尤为不足，生产出来的产品远远大于民众购买能力，矛盾越来越突出，打破了市场的良性循环，最终形成了经济大危机。"生产相对过剩，消费能力不足"是形成经济大危机的主要原因。

出示材料：胡弗总统主要经济观点与政策。

提问学生：胡弗应对危机的措施主要是什么？

问题回应：胡弗认为最好的经济是完全自由的市场经济，最好的政府是不干预经济的政府。他的应对措施是自由放任，这是资本主义国家以往应对危机的一贯作法。危机过后，市场通过自我调节实现经济复苏。但他没有考虑这次危机的特点：时间长、范围广、破坏性大，市场无法自我调节，但他不顾现实，依然采用自由放任的政策，致使经济持续萧条。英国、法国同样沿用传统的自由放任政策，使得危机迟迟得不到缓解。

出示材料：德国希特勒上台执政、日本发动"九·一八"事变。

提问学生：德国和日本又是通过什么办法缓解经济危机的？

问题回应：德国和日本法西斯势力发展壮大，纷纷走上对外侵略扩张道路，通过对外侵略战争将危机转嫁给其他国家。

5. 思考罗斯福就任总统面临怎样的困境并完成学习任务一

出示学习任务一及其评价量规：罗斯福就任总统面临怎样的困境？评价量规（见前面表 8）引导学生阅读、使用评价量规进行讲述活动。

学生结合评价量规要求，讲述经济大危机的背景、原因、特点、表现与影响五部分。

教师依据评价量规要求，对学生的讲述内容进行点评，提出改进建议。

6. 帮罗斯福思考应对危机的措施并完成学习任务二

出示学习任务二及其评价量规：帮罗斯福思考应对危机的措施。评价量规（见前面表 9）引导学生阅读、使用评价量规，提出解除困境应对危机的具体措施。

学生回答：从危机成因及四方面表现入手，逐一寻找对策，并解释提出措施的理由及可行性。

教师指导：指导学生自己依据评价量规要求，对自己的发言内容进行点评，给出改进建议。

第二部分：实行新政

1. 金融方面

出示材料：政府颁布《紧急银行法》，拨款 30 亿美元资助 6000 多家大银行开业，清理淘汰 2000 多家无支付能力的小银行。国家为民众的银行存款进行担保，保障民众的小额存款安全，以恢复银行信用。出示罗斯福"炉边谈话"照片。

教师讲授：1933 年 3 月 12 日，在白宫壁炉前，罗斯福借助当时最普及的无线电广播，发表第一次"炉边谈话"，用热情感人的语调向民众解释他恢复银行信用的政策，向大家保证，把钱存在重新开业的银行里要比放在床褥子底下更安全！以后每逢新政推出，他都以这种亲民的方式与民众沟通。

2. 农业方面

出示材料：政府颁布《农业调整法》。

教师讲授：政府要求农民减少耕地，缩小耕地面积。屠宰 260 万头猪作为救济食品。控制农产品数量和牲畜饲养头数，由政府补贴农民的经济损失。

3. 工业方面

出示材料：政府颁布《全国工业复兴法》及蓝鹰标志图案。

教师讲授：工业是一国经济的重中之重，罗斯福政府颁布了《全国工业复兴法》，对工业进行干预指导。对企业规定了公平竞争的原则，企业原本自己决定的生产规模、产品价格、最低工资、最长工时等均由政府作出规定。强调禁用童工，改善工人工作条件与福利待遇。针对劳资矛盾激化，规定集体谈判、共同监督，保障工人工资待遇逐步得到提高，通过增加工人收入，增加工人对产品的购买力，刺激消费，保护市场良性循环。共同监督可以防止企业盲目竞争，出现生产过剩。结合经济危机发生的主要原因——"生产相对过剩，消费能力不足"，罗斯福新政对工业的计划和指导实际上是缓解经济危机的中心措施。凡是遵守《全国工业复兴法》的企业，政府会颁发一个蓝鹰标志。蓝鹰是美国政府的标志，蓝鹰一只爪子踩着齿轮，另一只踩着闪电，象征美国政府出面监管工业和能源。下面一行英文表达了美国企业遵守了《全国工业复兴法》。

4. 社会救济

出示材料：

表 11　政府颁布《联邦紧急救济法》及政府成立相关公共工程机关列表

成立政府部门	取得成果
民间资源保护队	招收 475 万青年
田纳西河流域管理局	大规模水利工程
公共工程管理局	33 亿美元工程
国民工程管理局	解决 426 万人工作
工程振兴局	解决 1000 万人工作

教师讲授：罗斯福政府拨款 5 亿美元购买救济食品，保障基本生活，同时，成立多个政府机构，为失业者创造工作机会，以此代替直接救济的赈灾措施，称之为"以工代赈"。民间资源保护队招收 475 万青年；成立田纳西河流域管理局，进行大规模水利工程建设；成立公共工程管理局，

投资 33 亿美元进行工程建设；成立国民工程管理局，解决 426 万人工作；成立工程振兴局，解决 1000 万人工作。其中最著名的成果是田纳西水利工程，涉及美国 7 个州，既是水利工程，水利发电为工业提供充足电力，又是灌溉工程，解决流经各州农田灌溉问题。工程实施与维护还解决了当地 350 万人就业问题，增加收入，刺激消费与生产，一举多得。

5. 归纳概括所学知识

提问学生：请你来归纳概括新政的具体措施。

问题回应：金融方面，贷款资助大银行，保障小额存款安全；农业方面，鼓励农民减产，政府付款补偿；工业方面，政府对工业生产调节控制，保障工人权益；社会救济方面，直接救济，以工代赈，刺激消费和生产。

提问学生：回顾经济危机的主要表现有哪些？

问题回应：从四个方面回顾经济危机的主要表现。

提问学生：措施有助于解决经济危机的表现有哪些呢？

问题回应：金融方面，措施解决了股票下跌、银行倒闭，给农业、工业贷款，解决农业与工业危机。农业方面，措施解决了产品积压跌价、农民破产，减少失业人员。工业方面，措施解决了生产下降、企业倒闭，减少失业人员，缓解已经激化的社会矛盾。大量失业问题解决和民众收入的增加，可以缓和社会矛盾，维护资本主义制度。

出示图片：

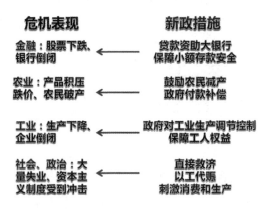

图 16　新政措施有利于解决的危机表现对应图

教师小结：并不是一项新政措施只能对应解决一种危机表现，每一项新政措施往往具有多种作用，如对工业的调整，既可以从危机产生的主要原因"生产过剩与消费不足"方面缓解危机，又可以恢复工业生产，解决部分失业问题，要注意多角度分析问题。

第三部分：挽救危局

过渡语言：以上是同学们对新政措施能够缓解经济危机作用的推断，是否符合史实呢？通过一组材料来印证答案。

1. 罗斯福新政的作用

出示漫画：《紧急银行法》颁布之后。

教师讲述：民众将钱又存回了银行。只过了3天，美国有574家银行开业，回收了3亿美元黄金。不到7天，就有13500多家银行（占全国银行总数的3/4）恢复营业。不到11天，股票价格上涨15%。说明新政起到了促使银行开业、股票上涨的作用。

出示数据：美国生产恢复、失业率下降、国民收入增加、企业利润增长的四幅柱状图数据。

教师讲述：美国工业生产恢复，工人失业减少，国民收入增长，企业利润增长，说明新政起到了促使工业生产复苏的作用。

出示材料：农业收入增加、农产品购买力增加材料。

教师讲述：农业收入由新政实施前的40亿美元上升到1935年的70亿美元，民众对农产品的购买力也从最低点的53%回升到88%，说明农业收入提高与农产品购买力的提高。

出示图片：罗斯福在火车上的照片——幸福的日子又回来了。

教师讲述：从总体来看，罗斯福新政缓解了经济危机，美国民众感到幸福的日子又回来了。

2. 对罗斯福新政作出全面、客观的评价并完成学习任务三

出示学习任务三及其评价量规，引导学生运用评价量规（见前面表10）学习全面、客观地评价罗斯福新政的过程与方法，独立地对罗斯福新政做出评价。

学生回答：尝试按照评价量规要求评价罗斯福新政。

教师指导：依据学生发言情况与评价量规要求作出点评，由于此任务难度较高，教师示范如何依据评价量规评价罗斯福新政的过程。

历史的评价就是将罗斯福新政放在它所处的时代中，与之前胡弗政策进行比较，观察罗斯福新政与它的不同之处，认识罗斯福新政的特点。罗斯福新政所处时代是什么时期？经济大危机时期。胡弗的政策又是什么政策？胡弗政府采取放任自由的政策应对危机，没有触动资本主义制度，无法缓解危机。罗斯福采取了什么政策？加强国家对经济的干预和指导，对资本主义制度进行了调整和完善，缓解了危机。两者的不同之处是什么？开创资本主义国家干预指导经济的先河。

辩证的评价就是结合罗斯福新政当时产生的作用，及对之后的历史产生的影响，进行总体评价。新政当时起到的作用有：缓解经济危机、改善人民生活、巩固资本主义统治。之后，国家干预经济的作法被许多资本主义国家借鉴，政府纷纷加强对经济的宏观调控与管理，国家干预经济成为普遍认同的原则。德日等国走上法西斯道路，造成第二次世界大战爆发，美国成为反法西斯的一员。经济危机后，工业恢复、社会安定，有了对法西斯作战的政治经济基础。这是罗斯福新政发挥的积极影响。但是，我们也看到，以后美国及资本主义世界的经济危机还是不断爆发，距离我们最近的一次是美国次贷危机，说明罗斯福新政只能缓解经济危机而不能根除，新政是资产阶级对资本主义制度的改良与完善，并没有动摇资本主义制度生产资料私有的这一根本，因此不能从根本上消除经济危机。简单来说，新政影响：为资本主义国家干预经济提供范例，为美国参加反法西斯的二战奠定基础。由于不动摇资本主义制度，不能从根本上消除经济危机。

【教学小结】

教师小结：在美国现代历史的危难关头，罗斯福政府放弃了传统的自由放任的经济原则，开创了国家干预指导经济的先河。在当时，罗斯福新政从一定程度上缓解了经济危机、改善了人民生活，巩固了资产阶级统治。从长远来看，罗斯福新政开创了国家干预经济的先例，完善发展了资本主义制度，为其他国家提供了可借鉴的经验，并为美国参加反法西斯的第二次世界大战奠定了政治和经济基础。但是，改革不动摇资本主义制度，只能缓解经济危机，不能从根本上消除经济危机。总的来说，罗斯福新政是美国历史上一次富有创新意义和深远影响的重要改革，顺应历史潮流，具有进步意义。

四、教学体会与反思

评价量规并不是教学中的新鲜事物，它已经被教师广泛应用于综合社会实践活动的评价中，但在日常课堂教学中使用评价量规，却是一种新颖的尝试。新课程改革与新课程标准都在力图探索考试评价的新体系与新方法，以促进学生发展为目标，将评价作为教学活动的一部分，关注、重视学习的过程。这些新理念的提出，促使笔者思考、探索将评价量规这一学习与评价的工具引入课堂教学，利用评价量规中各个评价维度、维度划分水平及其标准，指导学生自主参与学习过程、从过程中掌握学习方法，引导学生学会独立、自主思考。在本课的教学设计中，笔者尝试设计讲述历史事件、历史理解、评价历史事件三方面的评价量规，并运用评价量规对学生历史叙述、历史理解与评价能力形成的过程与方法进行指导，取得了一定效果，现将教学体会与反思总结如下：

1. 评价量规的设计

在构思本课设计时，教学目标确定为课程标准要求的"知道经济大危机，了解罗斯福新政，理解国家干预政策对西方经济发展的影响"。课程标准的要求可概括为经济大危机、罗斯福新政措施、罗斯福新政影响三点，如何以这三个知识点为依托，采用评价量规的形式，发挥培养学生历史学科核心素养的作用呢？

首先，针对三个知识点，设计相应的学习任务。学习任务一："讲述罗斯福面临怎样的困境"；学习任务二："帮罗斯福思考应对危机的措施"；学习任务三："对罗斯福新政作出全面、客观的评价"。然后，结合三个具体学习任务，设计与之配合的学习任务评价量规，分别从侧重讲述、理解与评价能力的过程与方法来编制评价维度，为每个维度划分水平，确定每个维度的评价标准。最后，指导学生运用评价量规完成三个学习任务，指导学生依据评价量规，对他人和自己的任务完成情况进行点评、打分，找到自己与最高标准之间的差距，然后尝试弥补不足，最终实现掌握知识、提升能力、培养学科素养的目标。

2.评价量规的实施

在课堂教学实施过程中，笔者发现学生还是能够主动尝试运用评价量规评价标准，来规范自己的思维过程与思考方法的。在第一个学习任务中，学生按照评价量规评价标准，对讲述经济大危机要求的五个方面进行全面讲述，完成过程认真，实际效果是三个评价量规中最快速、最有效的。而且，在依据评价量规要求对他人发言进行点评的环节，能够发现自己讲述的不足，并借鉴别人完善自己的讲述，体现了评价量规指导学习过程与方法、促进学生发展的作用，与课程标准理念吻合。在第二个学习任务中，学生按照评价量规评价标准，对罗斯福新政的措施及作用进行了分析、推断，完成过程比讲述略慢，但通过评价量规对分析推断过程的引导，还是能够大体完成任务，并在使用量规的过程中了解了分析推断的思维过程，在互相点评答案的环节中，发现自己的不足并予以纠正，也发挥了评价量规指导思维过程、引导学生独立思考的促进作用。在第三个学习任务中，学生力图按照评价量规评价标准，对罗斯福新政作出评价，但对历史地评价和辩证地评价理解比较困难，尽管在评价量规中教师给出了方法与过程，实践起来还是比较困难，需要教师一步步示范讲解，才能有所理解。这并不能否定评价量规对培养评价能力与理解和阐释素养的作用，这种不太理想的状况可能和学生年龄决定的逻辑思维水平、评价量规的科学性与评价阐释本身的难度都有关系，需要在今后的教学中继续探索。

3.评价量规的优势

从本课的教学实践来看，评价量规运用于课堂教学是比较符合课程标准关于学习评价的基本精神与理念的，评价量规具有非常广泛的使用范围，展现出许多白描式提问无法比拟的优势。如引导学习过程、指导学习方法、培养独立自主思考习惯、促进学生发展等多方面优势，这些优势都对培养学生历史核心素养发挥着交替互补的作用。

第四章
学习评价

第四章 学习评价

第一节 学习评价及其设计

《义务教育历史课程标准（2011 年版）》（以下简称"课程标准"）对学生的学习评价提出了详细、具体的建议，在第四部分"实施建议"中分别提出了：教学建议、学习评价建议、教材编写建议、课程资源开发与利用建议。学习评价在四方面建议中是篇幅最长的，凸显学习评价在教学改革中的分量。

一、学习评价的作用与形式

课程标准对初中生历史学习评价建议进行了大篇幅的阐述，从评价的设计、实施、结果解释与反馈，多角度、详细进行了解释与分析，显示出教学改革要突破学习评价这一滞后瓶颈的坚定决心，同时也给了笔者很多的启发与感悟。长期以来，学习评价改革的脚步落后于教学改革的总体步伐，这也是学习评价的系统化、常规化在课程标准中被大篇幅强调的原因。

课程标准所认定的学习评价，是基于确保学习目标有效达成，而对学习过程中的重要环节以及学习成果所设计的评价方式和手段。学习评价能帮助学生明确努力方向，了解自己学习目标的完成程度，唤起新的认知需要和成就需要，从而引导学生朝着正确的方向发展，激发内在动力。学习评价能帮助学生开启思维的闸门，提高学习的兴趣、信心和勇气。正确的学习评价能满足学生自尊的需要，引起学生积极的情绪体验，促进学生将内在的需求外化为积极的行动。学习评价也能使学生有意识地认识、克服自身的不足。它能引发学生意识到自己与他人的差距，进而产生完善自我的心理，去努力追求更好的发展。

在一线教学中，教师该如何落实课程标准的要求呢？首先，了解评价目标的选择和确定。其次，设计实施学习评价，合理设计诊断性评价、过程性评价与终结性评价的方式，评价的重心或者说初衷是促进学生的全面发展，并且能够与日常教学有机结合。再次，就是评价要有始有终，评价结束后还要及时采集评价信息，分析评价结果，掌握有效信息，促进教师改进教学，促进学生自主学习，真正发挥出评价的正确导向作用。

  课程标准评价建议倡导的学习评价与传统的学习评价存在一定差异。由于历史高考及各地中考或选考的制度，决定了历史学习评价的原则和具体方式。教师为适应考试的需要，比较偏重于具有诊断性评价与终结性评价特点的纸笔测试，评价方式相对单一。虽然大部分老师也将历史作业、手抄报、小论文、资料袋、综合实践作业等形式融入了学习评价测试，但这些依然没有形成规模、没有发挥重要作用。纸笔测试这种诊断性、终结性评价还是最主要的测试方式，能够反映学生学习过程的过程性评价（或形成性评价）还没有凸显出作用。

  学习评价应包括诊断性评价、过程性评价与终结性评价，它们的作用与优势各不相同。诊断性评价是以判断学生状态为目的而进行的，是一种比较常用的教学测试反馈，主要形式有纸笔测试、问卷调查、提问回答等。如为了对学生学科能力水平进行测试，制定专门的针对性调查问卷，调查学生能力水平，或是课堂上对学生进行提问，从学生反馈的答案判断学生对知识的掌握情况以及能力水平状况。其主要优势是可以有效、快速地对学生状况做出判断。

  过程性评价则是以促进学生学习为目的而进行的，是将一系列教学过程分解为若干彼此相联系的单元，然后以单元为基础进行综合性评价，主要形式有学期测试、单元测试、课时测试等，强调瞄准一个阶段的目标进行测试，通过一系列的测试结果对学习总体做出判断。其优势在于通过多个测试结果积累终结性评价的依据，快速反馈学习效果，强化正确学习行为，调整学习进度，倡导教育活动中的过程性成果，修正教育活动的自体轨道，使教育活动中各阶段的指导、学习和课题目标明确起来。

  终结性评价是以对整个学习成果进行全面研究、以形成完整的学习效果判断为目的而进行的，主要形式有纸笔测试、综合社会实践活动报告等，如期末全区统一测试、历史中考、高考都属于终结性评价，最突出的功能是对学生知识、能力与情感态度价值观做出评判，通过分数认定教学效果、学习成绩、位次排名等。其优势是从整体上反馈教学信息，为下一步学习提出修正意见，为教师、学生提供数据分析，以利于思考下一步的改进方向，这也是教师格外重视期末成绩分析的原因之一。

从以上三种学习评价来看，纸笔测试仍然是目前学习评价的最重要手段。由于测试题目由专家或教师针对课程标准目标要求精准设计，具有较高的信度和效度，能够比较全面地考查学生知识的掌握状况和学科能力水平，一定程度上也考查了情感态度价值观，从而能够比较客观地对学生的学业成绩做出评价。《义务教育历史课程标准（2011年版）》强调学习评价的系统化、常规化，倡导多种评价方式相结合，发挥学习评价激励学生学习、促进学业进步和全面发展、改善教师教学和提升教学质量的积极作用，单一的纸笔测试显然不能完全胜任，需要教师深入了解学习评价，并在实践中探索新的方式方法。

二、学习评价的目的与功能

传统历史学习评价的功能强调甄别与选拔，评价功能单一，评价项目单一，评价方法单一。通过纸笔测试的方式，用分数将学生进行不同层次的甄别、选拔，筛选出所谓适合进入某一类学校的学生。这样的评价过分强调甄别与选择功能，忽视了评价激励、改进教学与学习的功能。教学改革则强调评价促进发展的功能和多样化功能，用多种评价方法促进学生的学习效果提升。强调评价项目的多元化、综合化，尽可能评价整个学习过程中一切可以观察和测量的因素，既包括传统的测试成绩，更包括体现过程与方法的学习作品，这与课程标准的理念一致。

课程标准对学习评价的目的做出了明确的说明："全面了解学生学习历史的过程和结果，激励学生学习，促进学生的学业进步和全面发展，改善老师的教学和提高教学质量。"强调学习评价的目的是多元的，要以激励、指导学习为目的。这提示教师不仅要关注学生的学习结果，更要关注学生在学习过程中的发展和变化；既要注重评价学生的学业成就，如历史知识、能力、方法与情感态度价值观等，还要考虑到学习的其他变化，如对学习内容的情感倾向、对学习方式的效果领悟，以及与相关学科的迁移等情况，特别是学生在历史认识上的变化。由此可见，课程标准与课程改革都主张将评价促进发展的功能作为学习评价改革的突破口、核心目标。

在"历史教育硕士丛书"中，由黄牧航主编的《高中历史科学业评价体系研究》一书，提出学习评价的六大功能：鉴定功能、导向功能、激励功能、诊断功能、反馈功能及选拔功能，比较全面地概括了学习评价的主要功能。

鉴定功能是对学生学习结果的评价，也是对学生掌握知识程度、能力水平及历史认识的鉴定。通过评价认定学生是否合格或达到某种程度水平，鉴定结果可作为选拔、升学的重要依据。导向功能是使学生在学习时间、学习精力和学习专注程度等分配上，通过评价标准和测试内容引导评价对象向预定目标努力，如每年高考试题一出，教师与学生都要对其考查的知识点分配、能力类型进行精细研究，从而进一步改进教学与学习的趋势与方向，体现了评价引导学生向预定目标努力的导向功能。激励功能是通过评价激发学生的学习动力，提高学生的学习积极性与创新力，这也是教学改革与新课程标准所强调的。诊断功能是通过学期、学年的各种测验对学生学习状况做出诊断，教师可以了解学生在知识、能力与认识水平上的发展状况，并从中分析学生学习中存在的种种问题，从而进一步改进教学。反馈功能是通过对学生学习状况进行有目的、系统地收集，并将状况反馈给学生，学生在收到反馈的信息后对学习状况进行调整改进，教师再对新状况进行评判并继续把结果反馈给学生，经过多次反复的信息反馈，推动师生双向对教与学进行修正、调整与改进。选拔功能是评价最基本的一种功能，通过分数甄别、选拔学生进入事先划分好层次的各类学校，把学生按照分数界定的水平进行分层筛选，由于它在社会需求中的重要性，甚至被误认为是评价的唯一功能。笔者认为，评价功能除了上述六种之外，还应包括教学功能。评价本身就是教学的延伸，教学过程中所进行的各种学习活动都会在评价中体现出来，甚至，好的评价本身就能引导学生以各种方式展开学习，如高考试题中经常出现考查学习过程与方法的试题，就能够引导学生掌握一定的学习方法或重视学习过程。可见，评价在训练学生掌握学习方法、培养学科能力方面显示出一定功能，因此也就具有教学功能。

总体来看，教学改革与课程标准都主张突出评价促进学生发展、促进教学改进的功能，主张评价应以促进学生全面、和谐和可持续发展为目的。

每个学生都是富有独特个性的独立个体，有发展自己特长和兴趣的需求。而学生的发展需要目标、导向与激励，学习评价应起到为学生确定发展目标的作用。从评价反馈的信息中分析学生各自的具体情况，分别对各自的优势与不足做出判断，并提出相应的改进措施与建议，以促进学生进一步发展，让评价回归促进学生发展的目的与初衷。2018 年的北京中考制度改革就体现了这一评价变化趋势，中考除了三大主科之处，物理、化学、生物、历史、地理与政治都成为选考科目，考试科目可以文理兼具自由组合，分数计算优势学科多计，劣势学科少计，体现了评价促进学生个性发展的目的与功能。从考试制度改革来看，学习评价不再一味追求给学生做出精准的层次评判与分数评价，也不是拿来排名，更多地体现出对学生个性发展的关注，力图通过评价促进学生在达到基础教育目标后，继续发挥潜能、特长与优势，帮助学生进一步找到学习的方向，进一步激发学习的信心与追求。

三、学习评价的设计

系统的学习评价是一个复杂的过程，包含确立评价目标、评价内容、评价标准、评价方法、评价反馈等一系列的活动。评价目标和评价内容是后续的基础，如果目标与内容的确定随意随机，就会影响后续的方法选择、评价准确与反馈效果，评价也就失去了应有的意义，因此要首先明确评价目标与评价内容。

1. 评价目标

评价是教学的延续，教学需要清晰的教学目标，评价也一样需要清晰的目标，以保障评价的有效性。教学目标制定主要是依据课程标准要求，学习评价目标也应遵循课程目标的要求。课程标准将课程目标设定为"知识与能力""过程与方法""情感态度与价值观"三部分，在确定评价标准与评价内容时，主要依据这三部分要求，以课程内容的具体知识为依托，针对每个知识点，对知识、能力、过程与方法、情感态度与价值观进行有机整合评价。这里除了关注历史基础知识掌握程度的评价外，还要关注对历史学科能力的评价，如归纳、概括、比较、解释、评价、叙述、考证、阐述、探究等能力水平，同时也要关注对学生历史认识的评价。过程与方法由于教师理解不透彻，在实际操作中不容易被单独检查，常被忽视或误认为不能被评价。对过程与方法的评价，如果与知识、能力结合起来，是可以看出学生对历史的感知、理解、运用与探究学习过程的发展变化的，同样也可以观察到学生对历史学习方法的掌握运用程度的变化，同时还可通过评价过程促进学生进一步掌握学习过程与方法，激励学生在学习中不断进步。

2. 评价方法

从上述评价目标与内容来看，课程标准倡导评价目标与内容的多元化，不仅是传统意义上对知识的评价，还包括对能力、学习过程与方法、情感认识的评价，这是促进学生全面发展、个性化发展的必然要求。评价目标与内容的多元化也使教师不可能用一种评价方法精准达成所有评价目标，也就是说，评价目标与内容的多元化决定了评价方法的多样化。

根据评价功能的不同，评价可分为诊断性评价、过程性评价和终结性评价三类，三种类型又包括了多种多样的评价方法。如最常见的纸笔测试，还有历史习作、历史制作、资料袋、综合实践作业、教师观察、学生及他人评定等。纸笔测试是目前历史学习评价最主要的方法，在测试目标上会依据课程标准制定全面的考查目标与内容，有闭卷、开卷与半开半闭三种形式。尽管纸笔测试主要功能是甄别选拔，但在各地中高考中已经开始通过增强试题的开放性、探究性与过程性来体现评价促进发展、激励学习、引发教学的多种功能。

综合实践活动既是一种学习方法，也是一种学习评价方法，而且，在2018年北京历史选考中已经将综合社会实践活动评价纳入中考总成绩，可见教育部门对综合实践活动的关注程度。这一举动提示教师，在教学中，可结合课程标准的目标与要求以及学生实际情况，为学生精心设计、合理安排必要的实践活动机会，组织博物馆学习、文物古迹考察、社会调查等有意义的活动，给予学生过程性的科学评价，帮助学生从多种资源、多种角度学习历史，在评价学生学习状况的同时，激发学生兴趣、培养综合运用知识、善于发现问题、勇于解决问题的实践能力，以及拉近学生与历史的距离。

历史习作也逐渐成为教师综合考查学生知识、能力与情感态度价值观的常见方法之一，包括撰写历史作业、历史论文、读（观）后感、编写历史剧本等。这类评价方法侧重于对学生收集整理信息、历史思维、语言文字表达能力的考查，能够引导学生主动参与评价过程。

教师观察的评价方法，可能会被误认为是不太重要的评价方法，因为它主观性大，甚至有些教师认为自己从来都不会使用这种评价方法。其实，教师观察是非常必要而常用的评价方法之一，学生综合素质评价系统中有各科教师对学生评语式的评价，中考体育评价中也有教师对学生日常从事体育活动的表现评价分数。历史学科的教师评价是通过观察学生在历史学习过程中的行为表现、对其参与学习活动状况、进展与成效作出记录，教师长期的观察可作为期末学生综合素质评价的依据，在日常教学中也可对学生课堂细微表现做出观察评判，如学生归纳概括的能力表现如何，学生对某个历史事件影响的分析如何，特别是对纸笔测试中容易偏差的情感态度价值观的真实表现，教师观察效果要比纸笔测试更真实。

学生自评同教师观察相似，其作用也经常被忽视，其实，学生自评在综合素养评价系统中已经应用多年，与教师评价、同学评价共同构成了综合素养评价体系的三个重要评价主体。学生自评是学生对自己的学习态度、策略、方法和效果等方面进行评价，以便清楚地了解自身的学习特长与不足，并从中学会调控自己的学习习惯、学习态度，提高自主学习的能力。同时，学生自评也包括学生互相评价，学生间的相处时间要比任课老师长，对对方的学习态度、习惯、方法、策略和效果等方面甚至比教师更加了解。学生互评有利于学生互相学习与互相帮助。

历史制作同综合社会实践活动相似，既是一种学习活动，也是一种评价方法。虽然目前没有纳入中考评价系统，但在一线教学中经常被教师使用，主要活动形式有历史模型小制作、绘制历史时间轴年代尺、设计历史知识思维导图、制作历史课件等多种形式。评价这类活动时并不是完全以作品的质量来评判的，教师应侧重将制作过程中的学习、收获及感悟等元素纳入评价范围，从而从促进学生历史学习的角度，进行科学、合理评价。

3. 评价标准

要作出评价判断就要有评价标准，标准不确定就无法进行后续的学习评价实施活动，也就不能对学生学习状况作出有效的评价判断，因此确定评价标准至关重要。评价标准是依据一定目的原则对学生学习状况进行衡量的准则，大体包括评价维度、表现水平的规定、不同表现水平的实际样例等主要内容。一般来说，初中学习评价标准的制定主要依据课程标准的内容要求，课程标准提供了学习期望。以其为依据制定的评价标准，可以反映出学生学习的实际状况与课程标准要求的差距，有利于师生进一步改善、调整教与学。当然，评价标准还要考虑学生的年龄水平，过度超越学生年龄水平的评价标准不仅有失公允，也发挥不了评价的功效。评价标准确定之后，还要选择重要的评价内容作为评价的维度，为每一个维度划分水平，确定每个评价维度各水平的判定依据，并用清晰、简要的语言进行描述。从课程标准对学习评价的简述可以发现，评价标准是针对多种评价方法提出的，并不拘泥于纸笔测试这一种评价方法，从这一角度也可以再次看到课程标准强调过程性评价，强调评价对学生发展的促进作用。

随着课程改革的深化推进，对学生进行多元评价的呼声越来越高，对评价体系的改革与尝试也在不断进行中，力图创建评价项目多元化、评价方式多样化的评价体系新构架。下表是为学生历史课本剧表演制定的评价标准（见表12）。从表格中可以看到评价内容、评价维度、评价维度水平标准，这种评价标准只针对某一种评价方法而专门设计，其特点是评价标准全面细致，体现了课程标准倡导的评价理念。

表12　历史课本剧表演评价量规

评价项目	评分标准	评委打分	学生自评	组员互评
知识能力（30分）	了解课本剧相关历史，能够表演这段历史，并讲述对这段历史的看法（30分，每项10分）			
台风台貌（20分）	表演自然大方，与观众有目光交流（20分，每项10分）			
语言表达（20分）	表达清晰，富有情感（20分，每项10分）			
参与活动（30分）	积极主动参加排演，将历史知识融入表演，主动承担剧务工作（30分，每项10分）			
总体评分（100分）				
结合评价项目给自己参与活动的全程表现写评语：				

第二节　学习评价的具体实践：试题及其命制

　　纸笔测试是学习评价的重要方法之一。随着北京中考制度改革，历史在2018年已成为中考选考科目。"考试一小步，教学一大步"，考试这根"指挥棒"影响并引导教学，考试制度改革势必给初中历史教学带来一系列变化。其中，比较突出的一点变化就是更多初中教师开始由应对期末全区统一考试的"猜题""押题"，变为关注日常教学中的试题设计，希望通过设计有针对性的习题，来引导学生夯实知识基础、提升能力素质、适应中考。于是，"设计什么样的试题""怎样设计试题"以更加符合教育教学改革新形势的要求，就成了教师普遍关注的现实问题。

一、新形势下设计什么样的试题

　　设计试题首先需要知道试题的标准，也就是设计什么样的试题。由于北京首次实行中考选考，教师没有可以描摹与效仿的样板，不像高考有历届考题可以研究与借鉴，就更加需要明确设计试题的标准。设计什么样的试题才符合新形势的要求？才能与中考准确对接？一味从习题入手难免一叶障目和钻牛角尖，不妨多换几个角度重新审视试题设计。

1. 从课程标准的要求来看

　　《义务教育历史课程标准（2011年版）》在课程设计思路中明确提出："从培养学生的历史素养和人文素养出发，遵循历史教育规律，充分发挥历史教育功能，使学生掌握中外历史基础知识，初步学会学习历史的方法，提高历史学习能力，逐步形成对历史的正确认识，并提高正确认识现实的能力。"

　　由此可见，课标对学生的要求落在了掌握分析和解决历史问题的能力上。在初中历史《学科能力标准与教学指南》中，将课标各部分涉及的学科能力整体描述如下（见表13），其中的历史理解与阐释能力领域中的"分析、概括、归纳、比较、阐明、评述"，经常出现在历史综合题中。

表 13　初中历史学科能力标准的不同水平描述

能力领域	具体描述	行为动词
历史感知	水平 1：知道重要的历史事件、历史人物及历史现象	知道、了解、观察、复述、列举
	水平 2：初步形成历史概念	
	水平 3：了解历史的时序，初步掌握历史发展的基本线索	
历史理解	水平 1：能够阅读多种历史材料，获取历史信息，形成合理的历史想象	想象、说明、讲述、认识、分析、概括、归纳
	水平 2：认识历史事物的原因和结果	
	水平 3：认识历史事物的性质与特点、影响与意义等	
历史阐释	水平 1：运用历史证据对历史事物进行解释	比较、解释、阐明、探讨、评述、论证
	水平 2：在新的情境下从多个角度解释或评价历史事物	
	水平 3：反思历史，合理把握历史与现实的联系	

2. 从历史教学改革角度来看

习题是教学的延伸，设计习题必定要把历史教学的思想理念贯彻进去。新中考背景下历史教学改革提出六个关注点：一是拓展，用"考宽"撬动"教宽"，"教宽"引导"学宽"；二是对接，注重与综合社会实践活动的关联；三是精选，贴近学生日常生活的素材；四是减负，单纯记忆性知识减少；五是强化学科思维能力和方法；六是训练获取信息，探究问题，阐释历史。这几个关注点应贯彻习题设计始终，前三点涉及习题选材与形式，预示中考历史入题的材料选择广泛、信息含量丰富、时代性与生活气息浓郁，以引导教学关注人文素养、关注历史与现实的联系；在题型上会更加注重多样性、实用性、趣味性、开放性，除了常规的材料辨析题，可能会将社会实践活动中常见的博物馆学习、撰写考察报告、设计历史小报等学习形式引入，甚至可能在少量题目上允许学生选择性答题，答案也将更具开放性，以引导学生积极实践、创新思维。历史教学改革的后三点则更多涉及试题考查内容，"减负"预示减少死记硬背的知识性内容的考查，而"强化学科思维能力和方法""训练获取信息、探究问题与阐释历史"这些要求基本上都属于学科能力，预示着会增强对学科能力以及学习过程、方法的考查。基于对新中考背景下历史教学改革的分析，笔者认为应基于学科能力设计习题，尤其是在综合题中更要突显对学科能力的考查。

3. 从《新编初中总复习·历史》中的试题来看

2017年，为初三历史选考复习备考用的《新编初中总复习·历史》下发，这是由北京教育科学研究院基础教育教学研究中心编写的。本书的编写说明指出，着眼于学生能力的培养和提高，帮助学生进行必要的适应性训练，以使复习取得更好的效果。研究其中试题有助于把握设计习题的方向。笔者从中随机抽取了几道思考与探究题，仔细观察、分析后不难发现，书中非常注重对学科能力的考查与培养。作为复习备考的重要书籍，它为我们复习备考及习题设计指明了方向，即牢牢抓住学科能力这一关键之处。

【例题】往事风云

三国时代历史虽短暂，但影响深远，每个同学都可以说出很多三国人物和故事。

（1）"青梅煮酒论英雄"，比一比谁知道的三国人物最多。

（2）你学习和认识三国的途径除了历史课外，还有哪些？（可多选）
（   ）

        A. 史书《三国志》   B. 小说《三国演义》

        C. 游戏"三国杀"   D. 电视剧《三国演义》

        E. 戏曲   F. 听书《品三国》

        G. 其他

（3）不知你是否发现，小说《三国演义》和史书《三国志》记载有哪些不同。（   ）

（4）曹操在历史上是一位很有争议的人物，京剧中是以白脸（白色表示奸诈）出现。结合所学历史知识，为曹操做一张名片。

从这道例题来看，第一问是考查学生记忆的历史人物基本史实；第二问是考查学生考证能力与史料实证素养，辨别史料的可信度；第三问则是考查学生的比较与考证能力，需要学生辨别两本书籍的可信度，并比较书中相同内容的不同记述；第四问则是考查学生的评价与建构能力，需要学生按照一定的逻辑关系将曹操的相关史实建构成一张人物名片，其中包括对人物客观全面的评价。每一个问题都明确指向考查某种学科能力，显示历史纸笔测试评价中侧重对学生能力水平的考查。这就提示教师，在教学中应设计针对性的习题，引导学生掌握基础知识、提升能力。

4. 从北京近年中考命题取向上来看

2018 年开始，历史学科成为北京中考选考科目。2021 年，北京开始实施初中学业水平考试，历史学科也由选考变为全学全考。无论是中考选考还是学业水平考试，试题命制都遵循课程标准的理念与要求，在命题取向上侧重对学科能力的考查，可以说"得能力者得天下"。这是因为中考或学业水平考试主要衡量学生达到国家规定学习要求的程度，试题命制以课程标准的要求为评价学生的依据，准确评价学生达到课程标准要求的程度。课程标准在课程设计思路中明确提出："从培养学生的历史素养和人文素养出发，遵循历史教育规律，充分发挥历史教育功能，使学生掌握中外历史基础知识，初步学会学习历史的方法，提高历史学习能力，逐步形成对历史的正确认识，并提高正确认识现实的能力。"课程标准对学生的要求落在了掌握分析和解决历史问题的能力上。课程标准作为国家对初中历史课程的基本规范与质量要求，相应地历年来北京中考命题都会凸显能力立意。例如 2021 年学业水平考试第 5 题"以下两组图片共同反映的主题是( )A.政治制度完备 B.农业技术进步 C.海外贸易发达 D.文学艺术繁荣"，本题选用了统编教科书中的典型插图或变形图"骨耜""曲辕犁""筒车"，考查学生从具体史实中概括主题的能力；第 20 题，采用"绘制示意图梳理知识结构"的学习情境，引导学生为"第二次工业革命""凡尔赛—华盛顿体系""第二次世界大战""冷战后的世界"四个核心主题选择正确的知识结构示意图，考查学生对主题之下相关知识的概括能力。除却 2021 年学业水平考试，历年北京历史中考试题也都保持着突出能力立意的特点，力图减少学生对知识的死记硬背，引导教师在日常教学与评价学生中避免知识的简单重复，注重多种形式培养能力与素养。

二、基于学科能力设计开发试题

（一）历史学科能力的定位

从上述分析不难看出，北京中考侧重学科能力考查取向，教师也应基于能力的培养来设计习题，引导学生夯实知识基础、提升能力素养、适应中考。为了有针对性地采取应对措施，还要进一步明确历史学科能力的分类、要素与表现。北京师范大学未来教育高精尖课题项目将历史学科能力作了界定（见第一章第三节：历史学科能力表现的指标体系）。在初中历史《学科能力标准与教学指南》中，对课程标准各部分涉及的学科能力进行了整体描述（参见表13）。虽然两者的描述略有差异，但都对学科能力进行了由低到高三个层级的划分：第一层级学科能力主要为记忆，第二层级学科能力主要为理解，第三层级学科能力主要为运用与创新。虽然在层级划分上略有不同，但都涵盖了概括、解释、比较、评价、叙述、论证、探究等能力要素，可见，这几项能力要素十分必要。明确了必要的学科能力要素，下面就围绕这几种能力设计习题，并利用这些试题有针对性地进行能力培养。

1. 第一能力层级

历史学科的特点是"论从史出，以史为证"，就是运用既定的史实来说明、解释、阐释、探究问题。高级能力都是基于对史实的掌握并运用的基础上实现的，只有掌握必要、准确的史实，才能进一步展开其他学习活动，因此，记忆是历史学科的第一能力层级。这里的记忆不仅仅是记住重要的历史事件、历史人物、历史现象及概念等机械性记忆，还要能够将重要的史实与其所处时间、空间对应；确定史实在历史知识结构中的位置；能用文字或图示说明已学过的历史概念，将历史名词术语和其指代的史实对应；将历史观点、结论与其依据的史实证据对应的理解性记忆。简单来说，就是不能死记硬背，要理解性记忆。首先，要了解历史的时序，初步掌握历史发展的基本线索，厘清各个史实之间的因果关系，构建知识体系、形成知识网络，从而加深对历史的总体认识。其次，还要能够从具体材料中提炼要点，概括其中心思想；从具体史实中抽象出本质特征；将学过的史实按一定标准归类，抓住历史事件或现象的特点进行归纳概括，从其特征、特点提纲挈领地掌握史实。

2. 第二能力层级

按照认知规律，能力的第二层级是在记忆的基础上理解历史。理解层级的能力应能够阅读多种历史材料，获取历史信息，形成合理的历史想象；认识历史事物的原因和结果；认识历史事物的性质与特点、影响与意义等。

具体能力要素表现为：比较两种以上史实或观点的异同；看出史实或观点在不同时期的变化与延续；分析、推断历史事件和历史现象发生的原因，对当时和后世可能产生的作用和影响；推测、判断历史当事人作出某种决策或行为的目的；预测事态的后续发展；根据标准对历史人物、事件、制度作出价值判断，评价其在历史进程中的地位。简单来说，就是从起因、过程、性质、特点及影响等多个方面，全面、准确地理解历史。首先，要能够分析历史事件或现象产生的背景、原因、条件，知道历史事件或现象为什么产生。其次，要能够从历史事件或现象的发展过程中，认识其特点、性质，特别是通过与同类事物比较，抓住并认识其特点、特征、性质。最后，要能够推断历史事件的作用，分析对当时及后世的影响，总结历史经验教训，形成历史启示，进一步实现历史的、辩证的评价及认识历史事件或现象。

3. 第三能力层级

能力的第三层级是运用与创新。运用与创新层级的能力是能够运用历史证据，对历史事物进行解释，在新的情境下，从多个角度解释或评价历史事物、反思历史，合理把握历史与现实的联系。具体能力要素表现为：从已知的零散素材中准确选择适当材料，按照时序、因果关系等规则，通过合理想象构建对历史事实的完整叙述；建立多个历史事实、概念间的关系，再现某个时段历史过程全貌；围绕论点，运用史实展开论述；对陌生材料进行鉴别，判断其可信度、适用性，并说明理由；从多种材料中选择可靠证据，证实历史结论，或得出历史结论。能从历史材料中发现问题，并运用相关史实证据、理论进行阐释；面对不同的历史观点，能够说明导致这些不同观点的原因并加以评析；对于现实问题能从历史视角分析，运用历史知识加以解释。简单来说，就是能够运用各种材料，独立探究甚至是研究历史问题。首先，要能够运用各种材料并按照一定的逻辑或规则叙述历史。其次，要具备一定的历史考证意识与方法，对史料文献等作出判断并得出自己的结论。最后，能够运用各种材料独立研究历史问题。

（二）从能力角度设计开发试题

既然历史中考侧重学科能力的考查，教学、习题命制及备考就要在夯实史实的基础上，以学科能力的培养为主。这也给习题命制和设计提供了依据与角度，可以从学科能力培养的角度开发试题，并利用试题提升学生的学科能力。

历史习题大体可分为选择与综合两类：选择题形式固定，考查内容多是基础知识、基本技能；综合题相对来说比较容易设计。综合题题型多种多样，考查高级别学科能力与综合素养，设计习题虽然比选择题困难，但考查能力更准确，命制空间更大，设计性更强。下面就以能力层级较高的概括、比较、解释、评价、建构、考证与探究能力为例，探讨如何从学科能力角度设计习题，并开发利用习题培养学科能力。

1. 概括

概括的能力表现为：能从具体材料中提炼要点，概括其中心思想；从具体史实中抽象出本质特征；将学过的史实按一定标准归类。在初中课程标准中对概括也有一定的要求："经过分析、综合、概括、比较等思维过程，形成历史概念，进而认识历史发展的时代特征和历史发展的基本趋势。"课程标准要求学生掌握概括的思维过程与方法。依据概括能力表现，教师在设计习题时，可聚焦以下方面：概括历史事物的性质或特征、归纳主题、总结历史阶段特征、分类归纳知识等。例如，"从历史展板的图片或材料中归纳展板主题""按照政治、经济、文化与军事等方面分类""从时间轴、年代尺或大事年表上概括历史发展的阶段特征或发展趋势"等。通过引导学生完成这类习题，帮助学生掌握归纳概括的过程与方法，进而提升归纳概括的能力。

【例题一】

17—18世纪，欧美一些国家相继发生资产阶级革命，推动欧美向资本主义社会转型。下方大事年表，概括世界历史的发展趋势。

年份	事件
1640 年	英国资产阶级革命爆发
1689 年	英国议会通过《权利法案》
1775 年	美国独立战争爆发
1787 年	美国制定《1787 年宪法》
1789 年	法国大革命爆发
1804 年	法国公布实行《拿破仑法典》

本题的答案是"资本主义制度初步确立"。要从大事年表中概括出这一发展趋势，首先，要读懂大事年表，大事年表主要记录了英、美、法资产阶级革命中的重大事件。然后，分类归纳史实，英国资产阶级革命爆发、美国独立战争爆发、法国大革命爆发都是资产阶级革命开始的标志；而英国议会通过《权利法案》、美国制定《1787年宪法》、法国公布实行《拿破仑法典》都是通过立法的形式，将资产阶级革命成果确立下来。最后，结合史实概括结论：资产阶级革命纷纷爆发、资本主义制度通过立法形式确立下来，主要资本主义国家还会通过改革或二次革命，进一步完善资本主义制度。因此，大事年表可概括为资本主义制度初步确立。解答本题的基本过程可概括为：读懂材料—分类归纳知识—概括结论。

【例题二】

文物承载着历史，某班同学制作史前文物展板，展出下列出土于河姆渡与半坡遗址的文物，该展板的主题是（　　　）

骨耜

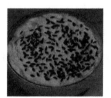
碳化稻谷

陶器上的稻穗纹

粟和贮粟陶罐

A.贫富分化　　B.采集渔猎　　C.原始农耕　　D.氏族生活

本题的答案是C选项"原始农耕"。要准确概括出史前文物展板的主题，首先，要能够准确识读图片是什么，并能够将图片与其反映的史实联系起来，也就是从图片中提取有效信息。如骨耜是原始农耕中使用的一种农具，碳化稻谷说明已经开始种植水稻，陶器上的稻穗纹也说明当时已经开始种植水稻，粟和贮粟陶罐说明当时已经开始种植并储藏水稻。然后，直接概括结论，原始农具、原始农作物都与原始农耕有关，因此，史前文物展板的主题是"原始农耕"。解答本题的基本过程可概括为：识读图片—提取有效信息—概括结论。

【例题三】

尧、舜、禹是通过禅让制被推举为部落联盟首领的，尧生活俭朴，克己爱民；舜宽厚待人，以身作则；禹治理洪水三过家门而不入，从他们的

事迹可以概括出，禅让制推举首领的原则是（　　　）

　　A.只看才能　　　B.只看贡献　　　C.血缘亲近　　　D.选贤任能

　　本题的答案是 D 选项"选贤任能"。要准确概括出禅让制推举首领的原则，首先，要能够读懂材料，并从材料中提取有效信息，"尧生活俭朴，克己爱民"是说他作为部落首领具有美好的道德品质；"舜宽厚待人，以身作则"同样是说他作为部落首领具有优秀的道德品质；"禹治理洪水三过家门而不入"既说明他具有优秀的品质，同样还包含有治水的才能与才干。然后，从上述材料中可以直接概括出结论，禅让制推举首领的原则是"选贤任能"。解答本题的基本过程可概括为：读懂材料—提取有效信息—概括结论。

　　从这三个例题可以看到，概括能力适合在综合或选择等多种题型中进行考查，无论综合题还是选择题，只要教师在解题思路上加以引导，都可以促进学生提升概括能力水平，其中比较关键的是帮助学生掌握概括的过程与基本方法。三个例题的解题过程，"读懂材料—分类归纳知识—概括结论""识读图片—提取有效信息—概括结论""读懂材料—提取有效信息—概括结论"，基本都遵循了"识读材料—获取信息—得出结论"的过程。这就提示教师，在利用试题培养学生概括能力时，要注意设计并在讲解时依据这三个环节来展开，帮助学生形成概括的过程与方法，从而达到培养概括能力的目的。

2.比较

　　比较的能力表现为：比较两种以上史实或观点的异同；看出史实或观点在不同时期的变化与延续。在初中课程标准中，对比较也有一定的要求："经过分析、综合、概括、比较等思维过程，形成历史概念，进而认识历史发展的时代特征和历史发展的基本趋势。"课程标准要求学生掌握比较的思维过程与方法。依据比较能力的表现，教师可以设计同类史实、史料或观点比较异同的试题，或者设计观察比较同类历史事物在不同时期变化的试题。例如，"比较史料中对同一事物的不同看法""比较北京人与山顶洞人体貌特征的差异""比较日本明治维新与中国戊戌变法的异同"等。然后，利用试题，引导学生学习掌握比较的过程与方法，从而提升比较的能力。下面就以"比较对远古传说的不同叙述"等题为例，加以说明。

【例题一】阅读材料，回答问题。

材料一：舜逼尧，禹逼舜，汤放桀，武王伐纣，此四王者，人臣弑其君者也。

——《韩非子·说疑》

材料二：古者舜耕于历山，陶河滨，渔雷泽，尧得之服泽之阳，举以为天子，与接天下之政，治天下之民。

——《墨子·尚贤》

传说尧、舜、禹通过禅让制传递部落联盟首领的位置。上述材料与禅让制有关，比较两种观点的不同之处。

要比较两则材料的异同，首先要读懂材料。材料一大意是说古代所谓圣明君主，并不是父子兄弟依次传授王位的，往往存在着威逼和杀害君主谋求大利的现象。舜逼迫尧，禹逼迫舜，汤放逐桀，武王讨伐纣。这四个王，都是作为臣子而杀了自己的君主取得了天下。考察四个王的思想，是出于贪得天下的野心；衡量他们的行为，是使用了暴乱的武力。材料二大意是说舜亲自耕田、打鱼、制陶，是一个有才能、有贤德的人，深受大家爱戴。尧得知舜德才兼备，将部落联盟首领的位置禅让给他。

读懂材料之后，比较两本古籍中记述的不同，可以从多个角度进行比较，如材料来源性质、部落联盟首领更替的方式和对首领品质的记述方式。材料一来源于《韩非子·说疑》属于文献古籍记载、记述部落联盟首领更替方式为"舜逼尧，禹逼舜"，也就是暴力夺取，记述首领品质为"人臣弑其君者"，也就是杀害君主的叛逆。材料二来源于《墨子·尚贤》属于文献古籍记载、记述部落联盟首领更替方式为"举以为天子"，也就是推举贤能的禅让方式，记述首领品质为"耕于历山，陶河滨，渔雷泽"，亲自耕田、打鱼、制陶，是有贤能才德的王。接下来，从这几个角度比较不同之处：首先，两则材料都来源于文献古籍中对古史传说的记述，对部落联盟首领的更替方式两则材料持不同观点；材料一认为部落联盟首领的更替存在暴力现象，而材料二认为部落联盟首领的更替是选贤任能。对首领品质记述不同：材料一认为尧舜禹是弑其君者的叛逆；而材料二则认为他们是古圣贤王。解答本题的基本过程可概括为：读懂材料—确定比较角度—比较异同—得出结论。

【例题二】观察图片回答问题。

虽然北京人与山顶洞人都曾经生活在北京周口店龙骨山的洞穴中，但体质特征却存在差异。山顶洞人外貌和现代人基本相同，与山顶洞人相比较，北京人外貌有哪些明显的不同之处？

图 17　北京人头部复原图　　　图 18　山顶洞人头部复原图

要比较北京人与山顶洞人外貌的不同，首先要对北京人、山顶洞人的头部复原图进行观察，观察图片的顺序要一致，由上而下，从局部到整体，逐一观察。然后确定比较角度，可以设计一张表格（见表 14），用列表的方式将相同部位的特征记录下来，便于下一步准确比较。再次比较异同，北京人脑容量平均 1000 多毫升，与现代人尚有差距，所以前额低平狭窄、眉骨粗大、颧骨凸出、鼻子扁平、嘴巴前伸、牙齿粗壮、下颌短浅。山顶洞人脑容量平均 1300 多毫升，与现代人相似，所以前额饱满较宽、眉骨细而低平、颧骨略低平、鼻子挺拔、嘴巴比较平伏、牙齿变细小、下颌凸出变尖。最后得出结论：北京人与山顶洞人在头部体貌特征存在明显差异，北京人前额低平、眉骨粗大、鼻子扁平、嘴巴前伸，保留有猿的特征，而山顶洞人与现代人的体貌特征基本相同。解答本题的基本过程可概括为：识读图片—确定比较角度—比较异同—得出结论。

表 14　北京人与山顶洞人头部特征比较

名称	时间	前额	眉骨	颧骨	鼻子	嘴巴	牙齿	下颌	体貌特征
北京人	距今约 70 万—20 万年								保留着猿的某些特征
山顶洞人	距今约 3 万年								与现代人基本相同

【例题三】　"比较法"是我们常用的思维方法。完成"日本明治维新"

与"中国戊戌变法"的比较。

（1）列出"日本明治维新"的相关方面内容

表15　"日本明治维新"与"中国戊戌变法"相关内容比较

比较	日本明治维新	中国戊戌变法
背景		经过两次鸦片战争，已经沦为半殖民地半封建社会，民族危机深重
领导者和手段		改良派没有武装，寄希望于没有实权的皇帝，虽颁布一系列改革措施，但无法实施
结果		戊戌变法失败，中国仍为半殖民地半封建社会，民族危机进一步加深

（2）通过对比，说明"日本明治维新"与"中国戊戌变法"的异同

本题是日本明治维新与中国戊戌变法异同的比较，题目中已经为学生列出了比较角度与中国戊戌变法的具体内容，学生只要回忆并准确填写日本明治维新的具体内容即可。如，背景：幕府统治危机，资本主义经济发展，民族危机加剧。领导者和手段：中下级武士为主力的改革派通过武装倒幕，使天皇掌握实权，实行自上而下的改革。结果：明治维新获得成功，日本摆脱了民族危机，走上了资本主义发展的道路。然后比较两者异同，从背景来看，都面临着严重的民族危机；从领导者和手段来看，日本拥有改革派的武装，而中国依靠没有实权的皇帝；从结果来看，日本成功，中国失败。最后得出结论，两者既有相同之处又有不同之处：相同点是都是在面临严重的民族危机的状况下进行的改革；不同点是日本由于有支持改革的武装力量而取得成功，而中国的改革派没有实权最终失败。解答本题的基本过程可概括为：确定比较角度—比较异同—得出结论。

通过这三个例题可以看到，比较能力适合在多种题型中进行考查，比较存在一定的过程与方法，教师抓住比较的过程与方法设计习题，并引导学生完成相应的习题，可以促进学生比较能力的提升。比较首先要在读懂材料的前提下进行，比较角度准确与合理的确定，是完成比较的关键环节。就例一中的两则远古传说的比较来看，我们可以从材料来源、首领更替方式的记述、首领品质的记述三个角度来比较。确定比较角度之后，才能比较它们的相同或不同之处，才能发现两则材料来源于不同的文献古籍、对

部落联盟首领更替的方式记述不同、对首领品质的记述不同。这就提示教师，在利用试题培养学生比较能力时，需注意设计习题或讲解习题时要依据比较的过程方法，多环节呈现，帮助学生形成比较的过程与方法，从而达到培养比较能力的目的。

3. 解释

解释能力表现为："分析、推断历史事件和历史现象发生的原因，对当时和后世可能产生的作用和影响；推测、判断历史当事人作出某种决策或行为的目的；预测事态的后续发展。"初中课程标准对解释能力也提出了相应的要求："在学习历史事实的基础上，逐步学会运用时序与地域、原因与结果、动机与后果、延续与变迁、联系与综合等概念，对历史事实进行理解和判断。"据此，教师可以围绕分析发生原因或影响、推断作用、目的或后续发展，相应设计试题，如"推断河姆渡居民、半坡居民房屋的不同作用""分析北京人群居生活的原因""推断北魏孝文帝改革措施的作用或罗斯福新政的作用"等。通过引导学生完成这类习题，帮助学生掌握分析、推断的过程与方法，进而提升解释的能力。

【例题一】阅读材料回答问题，依据上述材料，结合所学知识，分析北京人聚群而居、共同劳动、共同分享劳动成果的原因。

材料一：上古之世，人民少而禽兽众，人民不胜禽兽虫蛇。

——《韩非子·五蠹》

材料二：与北京直立人伴生的动物化石达115种，称为周口店动物群。其中有中国鬣狗、肿骨鹿、梅氏犀、水獭、剑齿虎、三门马、李氏野猪、硕猕猴、葛氏斑鹿、德氏水牛、居氏大河狸、转角羚羊和豪猪等……

——白寿彝《中国通史》

材料三：

图 19 北京人使用的打制石器

本题主要是分析北京人过群居生活的原因。首先，还是要读懂材料，《韩非子》中记载："上古之世，人民少而禽兽众，人民不胜禽兽虫蛇。"意思是说远古时期，人口数量非常少，而飞禽走兽的数量远远超过人类，人的力量不敌猛兽虫蛇。在北京人遗址的考古发现也印证了这一说法，与北京人伴生的动物化石达115种，称为周口店动物群，其中有中国鬣狗、肿骨鹿、梅氏犀、水獭、剑齿虎、三门马、李氏野猪、硕猕猴、葛氏斑鹿、德氏水牛、居氏大河狸、转角羚羊和豪猪等。根据这些考古发现，科学家推测那时周口店一带，气候温暖湿润，植物生长繁茂，动物种类多样，常有剑齿虎这样的凶猛野兽出没，对北京人的生存构成极大威胁。由此可见，北京人生活环境险恶，寿命普遍不长。材料三的图片是北京人使用的打制石器，根据这些石器不同的特征，可以明确识别出砍砸器、尖状器、刮削器。同学们根据石器形状特征，判断一下它们的用途分别是什么？砍砸器是北京人砍伐木柴和棍棒的工具，类似今天的斧头，多次使用后刃口变钝。尖状器最能反映北京人加工石器技术水平，首先从石块上打下石片，然后将石片一头打制成尖状，可以用于切割兽皮、剔挖筋肉或挖取树虫等多种用途。刮削器是北京人最常用的工具，大刮削器可以刮削木棒，小刮削器可当作小刀使用，如切割猎物的肉。北京人就是利用石器等工具采集植物，狩猎动物。同学们注意观察这两张图片（采集、狩猎），妇女用尖状器挖掘植物的根茎、采集果子、树籽，这些食物收获有限，不同季节收获也会不同。男子用砍砸器追赶砍砸猎物，成功率很低，往往十天半月也捕获不到猎物，狩猎获取的食物比采集更加不稳定。打制石器是相对落后的生产工具，使用这种生产工具采集狩猎，使得北京人的食物比较匮乏。在解读材料之后，第二步从材料中提取有效信息，材料一有效信息为"生活环境险恶，原始人类不敌猛兽虫蛇"；材料二有效信息为"生活环境险恶"；材料三有效信息为"生产工具落后、生产力低下"。最后，根据从上述材料提取的有效信息，推断并得出结论，并进行总结提升：北京人由于生产工具落后、生产力水平低下，获得的食物非常有限，同时，险恶的自然环境时刻威胁生命安全，单独个体无法在这种状况下生存，他们必须十几个或几十个人结成群体，共同劳动、分享食物、驱赶猛兽，过着原始的群居生活。解答本题的基本过程可概括为：读懂材料—提取有效信息—推断结论一总结提升。

【例题二】阅读材料回答问题。

材料一：轩辕乃修德振兵……以与炎帝战于阪泉之野。三战，然后得其志。蚩尤作乱，不用帝命。于是黄帝乃征师诸侯，与蚩尤战于涿鹿之野，遂禽杀蚩尤。而诸侯咸尊轩辕为天子，代神农氏，是为黄帝。

——《史记·五帝本纪》

材料二：传说中黄帝对中华文明的贡献

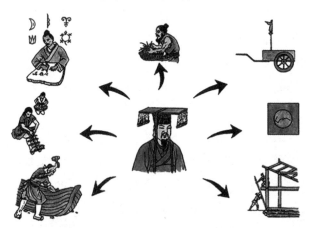

图20 传说中黄帝对中华文明的贡献

依据上述材料结合所学知识，分析黄帝（轩辕）被尊奉为华夏始祖的原因？

本题要求分析黄帝被尊奉为华夏始祖的原因。首先，还是要读懂材料及图片传达的信息，《史记》中关于黄帝的记载："轩辕乃修德振兵……以与炎帝战于阪泉之野。三战，然后得其志。蚩尤作乱，不用帝命。于是黄帝乃征师诸侯，与蚩尤战于涿鹿之野，遂禽杀蚩尤。而诸侯咸尊轩辕为天子，代神农氏，是为黄帝。"是说黄帝所进行的一系列战争。材料二图片是说黄帝发明了衣裳、舟车、宫室、挖井等对中华文明的贡献。然后，从二则材料中提取有效信息，黄帝主要有两方面贡献：一方面，是发动了一系列战争；另一方面，是有许多发明创造。第三步，通过有效信息推断结论：第一，黄帝所进行的一系列战争，打破了氏族之间狭隘的界限，促进了相互间的交流和融合，为华夏族的形成奠定了基础。第二，他开启了中华民族五千年文明史，相传发明了衣裳、舟车、宫室、挖井等，为后世的衣食住行奠定了基础。第四步，在结论的基础上进一步总结、提升观点：后人认为，他对中华早期物质文明和精神文明的缔造做出了卓越的贡献，因此称他为中华民族的"人文初祖"。解答本题的基本过程可概括为：读懂材料—提取有效信息—推断结论—总结提升。

【例题三】观察图片，回答问题。

（1）观察中国原始农业区域分布示意图，找到河姆渡与半坡居民所处流域位置，结合流域位置说明河姆渡与半坡居民所处自然环境的特点。

（2）观察河姆渡房屋遗址的考古发现与"干栏式房屋"想象复原图，说明河姆渡居民房屋的建造材料与结构特点。

（3）综合考虑河姆渡居民房屋的建造材料、结构特点及其所处位置的自然环境特点，推测河姆渡居民房屋的作用。

图 21　河姆渡居民房屋遗址　　　　图 22　"干栏式房屋"想象复原图

本题虽然设计了三个问题，但最终目的是引导学生推断河姆渡居民房屋的作用。推断河姆渡居民房屋作用需要了解其所处的自然环境、房屋建筑材料及结构特点，综合考虑这些因素才能完整、准确地推断作用。

第一问"观察地图，找到河姆渡居民所处位置，说明自然环境特点"，目的是引导学生结合自然环境特点分析河姆渡居民房屋作用，长江下游自然环境为"低洼多雨、炎热潮湿、虫兽出没"。第二问"说明河姆渡居民房屋的建造材料与结构特点"，目的是引导学生思考房屋建筑材料及结构特点，房屋材料与结构特点是"架空木桩、草木尖顶"，学生会在第一问的基础上自然建立两问之间的关系。第三问"综合考虑河姆渡居民房屋的建造材料、结构特点及其所处位置的自然环境特点，推测河姆渡居民房屋的作用"，引导学生将前两问联系起来，思考自然环境特点与房屋建筑结构特点之间的关系，通过综合考虑可以推断出：架空木桩可以通风防潮、躲避虫兽；草木尖顶也可以通风防潮、让雨水迅速流下，进而推断河姆渡房屋作用为通风防潮、躲避虫兽。通过三个问题的设计，引导学生沿着推断的思维过程逐步得出正确结论，从而帮助学生掌握分析、推断的过程与方法，实现提升解释能力的目的。解答本题的基本过程可概括为：识读图片—提取有效信息—推断结论—总结提升。

通过这三个例题可以看到，解释能力适合设计的习题题型多种多样，材料分析、识图等题型普遍适用。解释也存在一定的过程与方法，教师抓住解释的过程与方法设计习题，并引导学生完成相应的习题，可以促进学生提升解释的能力。解释的过程与方法，就是首先要读懂材料，在读懂材料的前提下，从材料中提取有效信息，然后从有效信息中推断、分析并得出结论，最后对结论进行总结提升，基本都遵循"读懂材料—提取有效信息—推断结论—总结提升"的过程与方法。这就提示教师，在利用试题培养学生比较能力时，需注意设计习题或讲解习题时要依据解释的过程方法呈现的几个环节来展开，帮助学生掌握解释的过程与方法，从而达到培养解释能力的目的。

4. 评价

评价能力表现为"根据标准对历史人物、事件、制度作出价值判断，评价其在历史进程中的地位"。初中课程标准对评价能力也有相应的要求："在了解史实的基础上，逐步学会发现问题、提出问题，初步理解历史问题的价值和意义，并尝试体验探究历史问题的过程，通过搜集资料、掌握证据和独立思考，初步学会对历史事物进行分析和评价，并在探究历史的过程中尝试反思历史，汲取历史的经验教训。"教师可以相应设计评价历史人物、事件或制度的试题，如"评价黄帝""如何看待北魏孝文帝改革""如何看待罗斯福新政"等。通过引导学生完成这类习题，帮助学生掌握评价历史人物、事件的过程与方法，进而提升评价的能力。

【例题一】观察图片，回答问题。

（1）下列人物在社会主义建设中做出了贡献，填写他们的姓名与荣誉称号的选项字母。

姓名、称号：_____

姓名、称号：_____

姓名、称号：_____

姓名、称号：_____

A. 党的好干部　　　B. 平凡而伟大的战士　　　C. 铁人　　　D. 两弹元勋

（2）说说他们的哪些精神或品质值得后人学习与敬仰？

本题考查的是学生对中国现代史中社会主义建设的英雄模范人物的评价。第一问，"填写他们的姓名、称号"，目的是引导学生回忆王进喜、邓稼先、焦裕禄、雷锋这些英雄模范和先进人物的基本概况；第二问，"说说他们的哪些精神或品质值得后人学习与敬仰"，目的是要求学生从他们的先进事迹入手，对他们的崇高精神或优秀品质作出评价。学生结合第一问，回顾人物基本情况，可以联系他们的优秀事迹：王进喜在艰苦条件下为大庆油田建设作出了卓越贡献；邓稼先是我国核武器理论研究工作的奠基者和开拓者、是研制和发射核武器的主要技术领导人之一；焦裕禄在担任河南省兰考县县委书记期间，率领全县干部群众治理风沙、改变兰考落后面貌；雷锋在平凡的岗位上默默奉献。最后，依据他们的优秀事迹对人物作出正确评价：王进喜艰苦创业与勤俭创业的精神、邓稼先为社会主义科学事业奋斗的精神、焦裕禄密切联系群众、全心全意为人民服务的精神；雷锋爱国主义与为人民服务的精神，他们的这些精神值得后人学习与敬仰。从本题的问题设计与解答的基本过程来看，完成人物评价的过程方法可概括为：了解人物概况—掌握主要事迹—依据事迹作出评价。

【例题二】阅读材料回答问题。

材料一：在晚期猿人（世界范围）的材料中，北京人化石最为丰富完整，迄今已发现40多人的骨化石，其中包括6个头盖骨，定年在约四五十万年前。

——周启迪《世界上古史》

材料二：在蓝田人产地发现的石制品仅三十四件……（北京人遗址）前后发现了六个比较完整的人头盖骨化石以及大量的头骨碎片、肢骨和牙齿化石等，代表四十多个不同年岁和性别的个体。同出的石器和石制品数以万计，还有大量的烧骨，成堆的灰烬，被烧过的石头和朴树子等，伴出的动物化石多达一百多种。这个被称为"北京人之家"的周口店第一地点，至今仍是我国发现资料最丰富的旧石器时代早期遗址。

北京人被称为"古人类历史中最有意义、最动人的考古发现"，依据材料说说你对北京人考古发现重要意义的认识。

本题是考查对北京人考古发现价值的正确评价。要完成本题，首先要读懂两则材料：材料一是说在世界范围同类遗址的考古发现中，北京人遗址的特点。北京人化石极其完整、丰富，特别是随后又发现数以万计的石器和大量用火遗迹，可以断定北京人已经具备了人的特征，如直立行走、制造并使用工具，从而使专家学者肯定了直立人的存在。以丰富的考古实物资料，填补了人类进化序列上考古发现的空白，为"从猿到人"的伟大学说提供了有力的证据支撑。材料二是说在国内同类遗址的考古发现中，北京人遗址的特点。北京人遗址出土的远古人类遗骨和遗迹最丰富，包括分属于40多个个体的人体骨骼化石、数以万计的石器、多处用火痕迹、100多种伴生动物化石。考古发现数量众多、门类齐全、内涵丰富、成果典型，在史前历史没有文字可考的情况下，可以通过这些实物资料，推测复原那一时期古人类的体貌特征及生产生活状况，为人类研究古人类演化及发展提供了重要的实物依据。然后，从材料的有效信息中，掌握对北京人考古发现的主要重大贡献：第一，在世界范围内，填补了考古发现的空白，使科学家第一次对早期人类文化有了较全面认识；第二，在中国境内两类遗址中，出土古人类化石数量多，动植物化石门类齐全，内涵丰富，考古发掘成果具有代表性，为研究古人类演化及发展提供了重要的实物证据。最后，依据其贡献对北京人考古发现的价值作出正确评价：与国内外同类远古人类遗址相比，北京人遗址人体骨骼化石丰富、石器数量巨大、多处用火遗迹、伴生动物化石丰富。这些考古发现为直立人的存在提供了有力证据，使科学家第一次对猿人文化有了较全面认识。从本题的解题过程来看，评价历史事物的基本过程可概括为：了解事物概况——掌握主要特点或贡献——依据特点或贡献等作出评价。

【例题三】黄帝在华夏文明的形成中发挥了重要作用，某同学为黄帝制作了一个档案卡片，请你帮他补充完整。

黄帝档案卡片

人物名称	轩辕黄帝	
主要事迹		
人物评价		

本题设计为黄帝制作档案卡片，通过档案卡片中的重要项目——黄帝姓名、主要事迹、人物评价，实际上为学生评价历史人物指明了过程：了解人物概况、掌握主要事迹、依据事迹作出评价。

黄帝又名轩辕氏，古史传说中他的主要事迹有哪些呢？联合炎帝部落打败蚩尤；教给人们建房制衣、造舟造车。而他的妻子与部下则发明了纺织、文字、编乐谱等。接下来，遵从古史传说中人们广泛认同的事迹，并将这些事迹放在当时的历史背景中进行考察。打败蚩尤这一历史事件在原始社会末期有什么历史作用？原始社会末期，黄河流域与长江流域有众多的氏族部落，相互之间不断爆发战争。黄帝联合炎帝打败蚩尤，打破了氏族部落之间狭隘的界限，促进了氏族部落相互交融，为华夏族的形成奠定了基础。建房制衣、造舟造车以及他的妻子与部下发明了纺织、文字、编乐谱有什么作用？黄帝所处的原始社会末期正是由史前时期向文明社会过渡的时期，我国早期的舟车、房屋、衣裳、文字、音律、医药、算数、兵器等发明创造，大多始于这一时期。由此推论，黄帝及他的妻子与部下的一系列发明创造改善了人们衣食住行等生活条件，增进了文明程度。有了上述事迹及作用的分析，最后我们可以对黄帝作出总述性评价：由于他打破了氏族界限，为华夏族的形成奠定了基础，他和他的妻子、部下的一系列发明创造，为后世衣食住行等物质文明与精神文明的缔造做出卓越贡献，他被尊为华夏族的先祖、中华民族的"人文初祖"。最后，教师可在学生完成试题后，进一步总结评价历史人物的原则与方法：掌握帝王的主要事迹，以事实为依据做出评价；把帝王事迹放在其所处的历史条件和社会环境中去观察，历史地辩证地评价；当然还要注意为政以德。在以后的教学中，可以引导学生制作秦始皇、汉武帝、唐太宗等历史人物档案卡片，在多次实践的基础上形成评价历史人物的能力。解答这一类人物评价的试题，基本过程可概括为：了解人物概况—掌握主要事迹—依据事迹作出评价。

通过以上例题可以看到，适合评价能力的题型设计偏向于比较复杂的综合题，如材料分析、识图、制作表格等题型。综合题比较选择题更能够考查学生评价历史人物、历史事件的过程与方法，因此，评价类习题比较适用于综合题的设计。同时，从例题中也看到评价存在一定的过程与方法，教师抓住评价的过程与方法设计习题，并引导学生完成相应的习题，可以促进学生提升评价的能力。评价的过程与方法，就是首先要读懂材料，在读懂材料的前提下，从材料中提取有效信息；然后，从有效信息中掌握人物事迹或事件特点；最后，依据人物事迹或事件特点对其作出正确评价，基本都遵循"读懂材料—掌握主要事迹或特点—依据事迹或特点作出评价"的过程与方法。这就提示教师，在利用试题培养学生评价能力时，需注意在设计习题或讲解习题时要依据评价的过程方法呈现的几个环节来展开，帮助学生掌握评价的过程与方法，从而达到培养评价能力的目的。

5. 建构

建构能力表现为：从已知的零散素材中准确选择适当材料，按照时序、因果关系等规则，通过合理想象构建对历史事实的完整叙述；建立多个历史事实、概念间的关系，再现某个时段历史过程全貌；围绕论点运用史实展开论述。建构的能力表面看似乎没有深层次的思维过程，往往会被认为是对知识的简单复述，被错误划归到第一能力层级识记中。实际上，建构能力要求要远远高于复述，因为建构需要学生在掌握史实的基础上遵循一定的时序、因果等逻辑关系或规则方法，进行创造性地重组，带有创新性运用的特点。因此，建构属于第三能力层级，是一种比较高的能力要求。在初中课程标准中对建构也有明确的要求：学会用口头、书面等方式陈述历史，提高表达与交流的能力。在试题设计上，教师可以给学生某些素材，让学生依托零散素材讲述或论述，如"出示半坡居民考古发现，讲述半坡居民的生产生活""出示经济危机、罗斯福新政、国家干预指导经济等关键词，讲述罗斯福新政的背景、主要内容及影响"等。

【例题一】下列图片是依据北京人遗址中的考古发现而绘制的想象图，请依据这些图片讲述北京人的一天是怎样生活的。

复原图 1

复原图 2

复原图 3

复原图 4

图 23　北京人生活场景复原图（1—4）

本题意在考查学生建构北京人生活的概况。解答本题，首先要引导学生观察并识读图片，五张图片分别传达了不同的信息，并且给予学生不同的答题提示。第一张"中国远古人类遗址分布图"上，标明了北京人遗址的地点，提示学生在答题时要注意历史学科特有的时空要素，就是要建构出北京人生活的时间与地点，北京人总体生活于距今约 70 万—20 万年的北京周口店龙骨山周围。

复原图 1 提示学生在建构时注意北京人的生产与生活方式，他们过着原始群居生活，妇女利用简单的石器挖取植物的根茎、采集植物的种子果实，哺育下一代。复原图 2 提示学生建构时注意北京人的生产方式，男子使用木棒、石器，集体外出狩猎。复原图 3 提示学生北京人已经会使用并管理天然火，利用火来烤熟食物、驱赶野兽、获得温暖，大大增加了北京人抵御自然的生存能力。复原图 4 提示学生注意北京人的生产方式，他们能够打制石器，根据这些石器不同的特征，可以明确识别出砍砸器、尖状器、刮削器。砍砸器是北京人砍伐木柴和棍棒的工具，类似今天的斧头；尖状器最能反映北京人加工石器技术水平，首先从石块上打下石片，然后将石片一头打制成尖状，可以用于切割兽皮、剔挖筋肉或挖取树虫等多种用途；刮削器是北京人最常用的工具，大刮削器可以刮削木棒，制作木制工具，小刮削器可当作小刀使用，如切割猎物的肉。从这些发现可以推测北京人的生产方式是什么呢？采集狩猎，利用简单的工具从自然中获取有限的食物。

在识读了全部图片后，第二步就要结合图片信息确定建构的关键要素。从全部图片的有效信息来分析，建构北京人生活要抓住时空要素、生产方式、生活方式这三个关键要素。第三步从这三个关键要素入手，有条理地、简洁叙述具体内容，做到全面叙述：距今约 70 万—20 万年，北京人生活在北京周口店龙骨山的山洞中，过着原始的群居生活。一部分青壮年男子去附近打猎，一部分男子去附近河滩打制石器，留下的妇女和老人照顾孩子、采摘野果。傍晚，人们围坐火堆，烤制食物、取暖，共同分享一天的劳动成果。这只是建构北京人生活概况的基本框架，学生在实际答题时可以在这一框架下增加其他细节性描述，从而使建构既具有条理性，又不失生动性。

从本题的思考过程来看，完成建构一类的试题，基本过程可概括为：识读材料或图片—按照一定逻辑关系确定建构的要素或角度—依据建构要素或角度具体建构。

【例题二】运用下列关键词和句子，结合所学知识，说明古代罗马的文化成就。要求：按照时序、语言准确、逻辑清晰。

局势安定，经济繁荣；公元前 27 年，屋大维统治时期；罗马文化传播到帝国广大地区；罗马的建筑风格庄严、厚重；2 世纪，帝国达到最大规模；石柱和拱形结构；建筑高架引水渠；拉丁语成为官方语言；罗马法；基督教诞生并发展；对外和平交往。

本题虽然在题干中使用的是"说明古代罗马文化成就"，实际意在考查学生运用提供的材料建构古代罗马文化成就。解答本题要注意题干中已经明确给出了建构要求"按照时序、语言准确、逻辑清晰"，同时也给出了古罗马文化成就的具体内容，学生需要阅读材料将材料内容分类归纳，然后确定建构的要素或角度，最后再依据建构要素或角度重新排列组合材料。

第一步，阅读材料分类归纳，"公元前 27 年，屋大维统治时期""2 世纪，帝国达到最大规模"是建构的时序性；"局势安定，经济繁荣""罗马文化传播到帝国广大地区""对外和平交往"是古罗马取得文化成就的条件；"罗马的建筑风格庄严、厚重""石柱和拱形结构""建筑高架引水渠""拉丁语成为官方语言""罗马法""基督教诞生并发展"全都是古罗马文化成就具体表现，这些表现可分为建筑方面、语言方面、法律方面、宗教思想方面。

第二步，确定建构的要素或角度，从本题题干要求与材料分类综合考虑，建构要从时序性、取得文化成就的条件和文化成就在建筑方面、语言方面、法律方面及宗教思想方面具体表现这几个角度加以建构。

第三步，依据建构的几个角度重新排列组合材料完成建构，古罗马在公元前 27 年，屋大维统治时期，至公元 2 世纪，帝国达到最大规模期间，局势安定，经济繁荣，罗马文化传播到帝国广大地区，对外和平交往，因此在文化上取得了许多突出成就。建筑方面，罗马的建筑风格庄严、厚重，石柱和拱形结构特点，高架引水渠非常具有代表性；语言方面，拉丁语成为官方语言；法律方面，《罗马法》对后世影响深远；宗教思想方面，基督教诞生并发展成为世界三大宗教，影响深远。从本题的思考过程来看，完成建构一类的试题，基本过程可概括为：识读材料—按照一定逻辑关系确定建构的要素或角度—依据建构要素或角度具体建构。

【例题三】下列图片是半坡人遗址中的考古发现，请依据这些考古发现，写一篇半坡村落考查报告，要求：时空定位准确、从生产生活角度叙述、语言简洁。

半坡遗址复原图

纺轮

粟和贮粟陶罐

骨制箭头
渔叉和渔钩

各种磨制石器

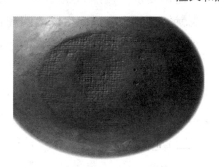
底部有纺织印痕的陶器

图24　半坡人遗址考古发现

本题题干要求写半坡村落考查报告，实际上就是要求学生运用材料，建构半坡居民生活概况。解答本题，首先要引导学生观察并识读图片，不同图片分别传达了不同的信息，并且给予学生不同的答题提示。

第一张"半坡遗址复原图"完整的村落遗址，提示半坡居民生活方式为氏族生活；第二张"纺轮"提示半坡居民生产方式中已经出现原始纺织；第三张"粟和贮粟陶罐"提示半坡居民生产方式上已经出现原始农耕，种植粟这一粮食作物；第四张"骨制箭头、渔叉和渔钩"提示半坡居民依然保留有渔猎的生产方式；第五张"各种磨制石器"提示半坡居民在生产上已经使用精制的磨制石器；第六张"底部有纺织印痕的陶器"提示半坡居民在生产上能够制陶、原始纺织。

第二步，就要结合图片提供的有效信息与题干要求来确定建构的要素，本题建构要素要注意时空要素、生产情况及生活情况。

第三步，依据建构的要素，结合图片提供生产、生活方面的零散素材，从时空、生产、生活三个方面合理组织运用素材建构。基本框架可建构为：半坡居民生活在约6千年前的黄河流域中游，即现在的陕西西安半坡村一带。他们已经开始过上农耕定居的生活，以氏族村落为单位定居，居住在防风保暖的"半地穴式"房屋中，能够制造并使用精细的磨制石器，在北方相对干旱的土地中种植粟等农作物，同时还通过狩猎捕鱼来补充食物来源。他们还会用麻织布，烧制出样式各异的彩陶作为日常生活的主要器具。

从本题的思考过程来看，完成建构一类的试题，基本过程可概括为：识读材料或图片—按照一定逻辑关系确定建构的要素或角度—依据建构要素或角度具体建构。

通过这三个例题可以看到，建构能力适合设计的习题题型偏向于比较复杂的综合题，如运用材料、识图或表格等题型。综合题比选择题更能够考查学生建构历史的过程与方法，因此建构类习题比较适用于综合题的设计。同时，从例题中也看到，建构存在一定的过程与方法，教师抓住建构的过程与方法设计习题，并引导学生完成相应的习题，可以促进学生提升建构能力。建构的过程与方法，就是首先要识读材料或图片，在读懂材料的前提下，按照一定逻辑关系，确定建构的要素或角度，最后依据建构要素或角度具体建构。建构的过程基本都遵循"识读材料或图片—按照一定逻辑关系确定建构的要素或角度—依据建构要素或角度具体建构"的过程与方法。这就提示教师，在利用试题培养学生建构能力时，要注意设计习题或讲解习题时，要依据建构的过程方法呈现的几个环节来展开，帮助学生掌握建构的过程与方法，从而达到培养建构能力的目的。

6. 考证

考证能力是极具历史学科特色的能力，表现为"对陌生材料进行鉴别，判断其可信度、适用性，并说明理由；从多种材料中选择可靠证据，证实历史结论，或做出历史结论"，最新的高中生历史学科素养也明确提出了史料实证的要求。初中课程标准也明确提出了"了解以历史材料为依据来解释历史的重要性；初步形成重证据的历史意识和处理信息的能力"，都显示出要求学生在史学研究中运用史料解释历史问题的倾向。相应地，教师可以设计材料鉴别、材料适用性判断、史料可信度判断等试题，如"判断反映北京人材料的适用性""判断古籍中反映史前历史的材料的可信度"等。

【例题一】考古发现是了解史前社会历史的重要依据，观察下列北京人遗址的考古发现，判断反映北京人材料的适用性，并说明理由。

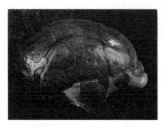
北京人头盖骨化石（复制）

烧骨化石

用火灰烬层

打制石器

伴生动物化石

图 25　北京人遗址考古发现

本题要求学生仿照史学研究的方式，判断考古发现适于研究北京人的哪些方面。解答本题，第一步，要能够识读考古发现的材料，并从材料中提取有效信息。

从"北京人头盖骨化石"中可以获取北京人的主要信息是：前额低平，眉脊骨粗壮，颧骨高突，嘴部前伸，没有明显下颏，脑容量约 1000 毫升，只有现代人的 2/3。获取的这些信息可以概括为北京人的体貌特征。

从"烧骨化石与用火灰烬层"中可以获取的信息是：灰烬层厚实，内含烧过的朴树籽、木炭、石块、鹿角、各种动物骨骼。北京人利用雷电等天然发生的火取来火种，在洞内燃起篝火，不断添加树枝等燃料，使火种长期燃烧，并利用火来烤熟食物。从灰烬层中烧过的朴树籽、木炭、石块、鹿角、各种动物骨骼，可推测北京人生活的自然环境植被繁茂，有肿骨鹿这类草食动物可以狩猎，他们通过采集植物、狩猎动物来维持生存。从中获取的有效信息可以概括为：北京人使用并管理天然火，以采集、狩猎为生。

从"打制石器"的不同特征，可以明确识别出砍砸器、尖状器、刮削器。砍砸器是北京人砍伐木柴和棍棒的工具，类似今天的斧头。尖状器，首先从石块上打下石片，然后将石片一头打制成尖状，可以用于切割兽皮、剔挖筋肉或挖取树虫等多种用途。刮削器可以刮削木棒或当作小刀来切割猎物的肉。考古学家推测北京人就是利用石器等工具采集植物、狩猎动物来维持生存的。由于生产力非常低下，单独个体无法生存，他们过着原始群居生活。从这些打制石器获取北京人的信息可以概括为：制造与使用石器，以采集、狩猎为生，过着原始群居生活。

从"伴生动物化石"中，可以联想到在北京人猿人洞遗址有厚达40多米的堆积物，在堆积物中还发现了100多种哺乳动物化石，其中有肿骨鹿这类草食动物，也有变种狼、剑齿虎这些凶猛动物，威胁北京人的生存。结合北京人十分低下的生产力状况，可以推测他们必须团结起来共同生存。从中获取北京人的有效信息可以概括为：生存环境状况、原始群居生活。

在完成第一步识读材料提取信息后，接下来第二步，依据提取的有效信息，判断考古发现材料适用于研究哪些方面。"北京人头盖骨化石"适用于研究北京人的体貌特征；"烧骨化石与用火灰烬层"适用于研究北京人的生产方式、生活环境；"打制石器"适用于研究北京人的生产与生活方式；"伴生动物化石"适于研究北京人的生活环境、生活方式。

最后是第三步，结合有效信息说明适合研究哪些方面的理由：通过复原头盖骨可以复原北京人样貌与脑容量等信息，因此适用于研究北京人的体貌特征；从大量石器中获取北京人的信息可以概括为石器的制造与使用、采集狩猎为生、原始群居生活，因此适用于研究北京人的生产与生活方式；从用火灰烬层与烧骨中可以获取北京人的有效信息可以概括为使用并管理天然火、生活环境状况、采集狩猎为生、原始群居生活，因此适用于研究北京人的生产方式、生活环境。从伴生动物植物中可以获取北京人的有效信息可以概括为生活环境状况、原始群居生活，因此适用于研究北京人的生活环境、生活方式。

从本题的思考过程来看，完成考证这类的试题，基本过程可概括为：识读材料或图片—归纳概括有效信息—依据有效信息判断材料的适用性—总结论述理由。

【例题二】观察下列河姆渡遗址考古发现，判断这些考古发现的适用性，并说明理由。

骨耜

炭化稻谷

房屋遗址

刻猪纹黑陶钵

图 26　河姆渡遗址考古发现

本题要求学生仿照史学研究的方式，判断考古发现适于研究河姆渡居民的哪些方面。解答本题，第一步，要能够识读考古发现的材料，并从材料中提取有效信息。

"骨耜"的发现，可以推断它是用水牛等动物的肩胛骨制成，正中有两个孔，用来捆绑木柄，专家推测这是当时人们在水田中使用的翻地农具。

"炭化稻谷"的发现，结合骨耜的发现，可以获取河姆渡居民的主要信息是：开始使用骨耜等农具，大量人工种植水稻，出现了原始农耕。获取的有效信息可以概括为：原始农耕生产方式。

"房屋遗址"可以复原出河姆渡居民建造的房屋样式、村落结构，其中一幢保存较好的长屋遗址，搭建在成排的木桩上，内部分隔成若干小房间，显然是一个大家族共同居住的房屋，可以推测当时处于氏族社会阶段，结合原始农耕出现，推测他们过着农耕定居的生活。这些有效信息可以概括为：氏族社会组织、农耕定居生活方式。

"刻猪纹黑陶钵"，可以获取的主要信息是河姆渡居民能够烧制黑陶、原始手工业出现；黑陶钵上刻有猪纹，猪头低垂、长嘴圆眼、鬃毛直竖，形象介于家猪和野猪之间，是野猪正在向家猪转化的初始阶段。可以获取的信息是：定居生活阶段开始驯化野猪，原始畜牧业萌芽。这些信息可以概括为：生产方式的发展进步。

在完成第一步识读材料提取信息后，接下来第二步，依据提取的有效信息，判断考古发现材料适用于研究哪些方面。"骨耜"与"炭化稻谷"适用于研究生产方式；"房屋遗址"适用于研究社会组织与生活方式；"刻猪纹黑陶钵"适用于研究生产方式。

最后是第三步，结合有效信息说明适合研究的理由：通过骨耜、炭化稻谷，可以了解河姆渡居民如何进行原始农耕的状况，适用于研究生产方式。通过房屋遗址，可以了解河姆渡居民氏族社会组织、农耕定居生活的状况，适用于研究社会组织与生活方式。通过猪纹黑陶钵，可以了解河姆渡居民原始手工业、原始畜牧业发展状况，适用于研究生产方式。

从本题的思考过程来看，完成考证这类的试题，基本过程可概括为：识读材料或图片—归纳概括有效信息—依据有效信息判断材料的适用性—总结论述理由。

【例题三】阅读材料，回答问题。

材料一：蚩尤起兵攻打黄帝，黄帝派应龙在冀州与蚩尤作战。应龙准备大量水气攻打蚩尤。蚩尤请来风神和雨神，用大风和暴雨打败应龙。黄帝派天女魃助战，风雨停止，打败蚩尤。

——《山海经·大荒北经》译文

材料二：大水泛上天际，鲧偷窃了天帝的能够生长的土用来堵塞洪水，却没有经过天帝的同意。天帝便让祝融在羽郊杀死鲧。鲧腹中生下禹，于是天帝最终让禹布施土壤用来平定九州的洪水。

——《山海经·海内经》译文

材料三：蚩尤作乱，不用帝命。于是黄帝乃征师诸侯，与蚩尤战于涿鹿之野，遂禽杀蚩尤。而诸侯咸尊轩辕为天子，代神农氏，是为黄帝。

——《史记·五帝本纪》

材料四：当帝尧之时，洪水滔天，浩浩怀山襄陵，下民其忧。尧求能治水者……（大禹治水）居外十三年，过家门不敢入。

——《史记·夏本纪》

（1）去除材料中的神话色彩，概括材料一与材料二所反映的历史事件。

（2）材料三与材料四分别能够印证材料一与材料二中的哪些历史信息?

（3）判断《山海经》记载的史前历史的可信度，并说明理由。

本题设计意图在于考查学生判断史料可信度的能力，但如果只出示材料一与材料二，直接判断《山海经》作为古籍的可信度，学生难免就事论事。因此，本题通过三个问题引导学生判断的过程与方法。

第一问，是引导学生首先要从材料中获取有效信息：材料一讲述了黄帝在天女帮助下打败风神和雨神帮助下的蚩尤，如果去除天女、风神和雨神这些神话色彩，这则材料可概括为黄帝打败蚩尤的战争。材料二讲述了禹的父亲鲧偷窃天帝能够生长的土，治理洪水被杀，禹继父业平定洪水。如果去除能够生长的土、天帝、鲧腹生禹这些神话色彩，这则材料可概括为大禹平定洪水。

第二问，是引导学生将《山海经》与其他古籍中相似历史事件的记载相互印证，并进一步确定信息的可信度，如两本古籍都反映了黄帝打败蚩尤与大禹治水的历史事件。前两个问题为学生完成第三问，论证《山海经》中史前历史材料的可信度做好铺垫，准备了论述的素材，最后可以得出结论：《山海经》"黄帝打败蚩尤的战争"与"大禹平定洪水"的信息是可信的，因为在《史记》中这些事件也有记载；同时《山海经》中也包含了许多讲述与记载者神话夸张的主观成分，主要是远古时期没有文字记载，人类发展的重大历史事件、杰出英雄的事件就由一代代人口耳相传，在传播的过程中被不断地加工整理，越来越艺术化、神化。在学生完成试题的基础上，教师还应进一步总结考证古籍的基本方法：肯定古籍历史价值，古籍中对史前历史的记载有夸张的神话传说成分，也包含了一些反映当时人类历史的有价值的信息；辩证分析古籍内容，去除其中神话与夸张的成分提取有效信息；与考古发掘等其他材料互相印证，然后具体分析哪些是可信的史实。

从本题的思考过程来看，完成这类的试题，基本过程可概括为：识读材料或图片—概括有效信息—将有效信息与其他材料互相印证做出判断或判断其适用性—说明判断理由。

通过这三个例题可以看到，考证能力适合设计的题型多样，选择题与各种形式的综合题具有各自不同的优势。选择题难度较低，适用于考查文物或材料的适用性；综合题比选择题更能够考查学生考证能力的过程与方法，因此，考证类习题适用各种题型灵活多变的设计。同时，从例题中也看到考证存在一定的过程与方法，教师抓住考证的过程与方法设计习题，并引导学生完成相应的习题，可以促进学生提升考证的能力与史料实证的意识。考证的过程与方法，就是首先要识读材料或图片，在读懂材料的前提下提取并归纳概括有效信息，结合有效信息对材料的适用性或真伪作出判断，最后就自己的判断论述理由。考证的过程基本都遵循"识读材料或图片—概括有效信息—将有效信息与其他材料互相印证作出判断—说明判断理由"的过程与方法。这就提示教师，利用试题培养学生考证能力，在设计习题或讲解习题时，要依据考证的过程方法呈现的几个环节来展开，帮助学生掌握考证的过程与方法，从而达到培养考证能力的目的。

7. 探究

探究是最高级别的学科能力，表现为："能从历史材料中发现问题，并运用相关史实证据、理论进行阐释；面对不同的历史观点，能够说明导致这些不同观点的原因并加以评析；对于现实问题能从历史视角分析，运用历史知识加以解释。"初中课程标准对评价能力也有相应的要求："在了解史实的基础上，逐步学会发现问题、提出问题，初步理解历史问题的价值和意义，并尝试体验探究历史问题的过程，通过搜集资料、掌握证据和独立思考，初步学会对历史事物进行分析和评价，并在探究历史的过程中尝试反思历史，汲取历史的经验教训。""学会与教师、同学共同对历史问题进行探究与讨论，能够积极汲取他人的见解，善于与他人合作，交流学习心得和经验。"综合多种观点，可以发现探究能力比较明显的特点是学生能够自己发现问题并解决问题，针对这一特点，教师可以设计由学生表述观点并运用材料阐释、评析、论述观点的试题，或是撰写研究报告、社会实践考查报告等创新性试题。如"提出对远古传说的看法""依据材料，提出对中国远古人类遗址分布的看法""设计秦汉时期历史的研究方案"等。

【例题一】

关于北京人遗址，存在多种材料，如果你来研究北京人的历史，你将怎样展开研究？请你设计一个"北京人研究方案"。

本题要求设计"北京人研究方案"，题意并不是要考查学生对北京人具体史实的掌握状况，而是要考查学生是否掌握独立研究历史问题的过程与方法。解答本题，就是要对研究活动进行规划和设计，通过对研究活动的规划设计，来保证更全面、更客观、更有效地达成研究目标。

尝试对北京人展开研究可以分为三个阶段。

第一步，要搜集材料、整理材料。研究某个历史问题，不能进行空说或直接采用别人的观点，先要掌握研究对象的大量史实材料，在史实材料的基础上展开研究。对于北京人来说，由于远古时期没有文字记载的史料，我们主要搜集北京人遗址考古发掘材料，从遗迹、化石等考古文物来研究北京人的概况及考古发现的作用与价值。搜集材料的途径多种多样，有条件的同学，可以实地考察猿人遗址博物馆以便掌握大量直观材料；没有条件的同学，也可以从书籍、网络中查找。多种途径搜集来的材料是纷繁复杂的，为了便于研究，接下来要将这些材料分类归纳整理，可以按观点、出处、时序等多种分类方法归纳整理。

第二步，在充足材料基础上展开研究。首先要对材料分析印证，因为材料来源途径多样，博物馆考查相当可靠，对来自网络的材料就需要进行印证。在分析印证材料的过程中，同学可能已经对这些材料有了一些想法与感悟，接下就依据整理印证后的材料，提炼自己的看法、观点。有了看法、观点后还不能轻易下结论，这就进入第三阶段，总结研究成果。

第三步，总结研究成果。同学们提出的关于北京人的某种看法、观点，需要从前面搜集整理的材料中寻找证据，用证据解释论证观点的合理性，最终形成观点合理、依据史实、论证严密的研究成果。

最后，将研究活动方案以表格形式呈现出来（见表16）。

从本题的思考过程来看，完成探究或研究历史问题这类的试题，基本过程可概括为：搜集材料、整理材料—在材料基础上展开研究—总结研究成果。

表16 "北京人"研究方案

第一阶段	搜集材料	通过多种途径搜集与北京人相关的材料
	整理材料	将搜集的材料分类归纳整理
第二阶段	印证材料	结合考古发掘与文献印证材料
	提出观点	依据整理印证后的材料提出自己的观点
第三阶段	论证观点	运用整理印证后的材料论证自己的观点

【例题二】观察地图，依据地图，提出对中国远古人类遗址分布的看法。

本题要求"依据材料，提出对中国远古人类遗址分布的看法"，考查学生从历史材料中发现问题并运用相关史实证据、理论进行阐释，也属于探究能力的一种。要想解答本题，可以通过观察地图、提取信息、提出看法、解释论证四个步骤来完成任务。

第一步，观察地图。拿到一张地图，首先要阅读地图名称，了解地图主题，然后阅读图例，了解地图上不同图例表达的意思，在掌握基本信息后，再全面观察地图获取有效信息。按照这个顺序，先看这张地图名称：中国境内主要远古人类遗址分布示意图，地图反映的是目前我国境内已知远古人类遗址的分布情况；然后阅读图例，大小紫色圆点是远古人类遗址的标志，图中使用的国界线是现在中国的国界线，河流和地名都是今天使用的名称。国界线、河流和地名在不同历史时期存在变化。

第二步，提取信息。读懂地图之后，从地图上可以发现：远古人类遗址在东北、西北、中部、西南、东南广袤的土地上分布，可以说天南海北都有发现远古人类活动的足迹。虽然分布广泛，但是相对密集分布在大江、大河流域，如黄河中下游地区、长江中下游地区，包括它们的支流所在地区。总体来看，东部多于西部、中原多于其他地方。

第三步，提出看法。结合地图中提取的信息，可以提出很多看法：看法一，遗址分布与地理环境相关；看法二，从南到北广泛分布；看法三，相对集中于黄河和长江中下游这样的大江大河流域；看法四，东部多于西部、中原多于其他地区；看法五，遗址分布多元化而且发展不平衡；看法六，综合以上看法及其他合理看法，提出更加全面的看法。

第四步，解释论证。提出看法之后，还要依据地图材料、结合所学知识寻找证据，对自己提出的观点进行解释论证。远古人类遗址分布状况主要与中国的地理环境密切相关：西部和北部高寒少雨，史前人类较难生存和发展，更难以与外界发生交往；中东部的黄河中下游和长江中下游气候适宜、地势平坦、土壤肥沃、水源充足、动植物资源丰富，利于采集、狩猎与原始农耕，符合远古人类生产生活的需求，为他们生存、繁衍与发展提供了适宜的环境。

从本题的思考过程来看，对某一历史事物提出看法并论证看法的这类探究题，基本过程可概括为四个步骤：观察地图或识读材料—提取信息—提出看法—解释论证。

【例题三】阅读材料，回答问题。

材料一：在中国古代的神话传说中，黄帝发明了指南车，造舟车，筑宫室，挖水井，制衣裳，命人创文字。

——中国民间传说

材料二：有不少学者讲述过五帝之事，但五帝的时代久远……各家学派讲述黄帝不少，但内容荒诞不经，有身份有头脑的人是不会相信那些话的。

——《史记》译文

材料三：在文字发明之前，口耳相传的神话传说，是先民们对上古洪荒时代历史的一种夸张的记述，只要加以科学分析，便不难发现其中蕴含的可考的历史资料。考古发现已日渐清晰地揭示出古史传说中的"三皇""五帝"的活动背景，为复原传说时代的历史提供了条件。

——《国史概要》

（1）依据材料，提出对远古传说的看法。

（2）寻找证据，论证自己的看法。

本题意图考查学生从材料中发现问题并运用证据阐释问题的探究能力，通过两个问题的设计，引导学生按照问题引导，掌握探究的方法步骤。

第一步，要阅读材料，从中提取有效信息，结合有效信息提出对远古传说的看法：第一种，远古传说比较夸张，不能轻信；第二种，远古传说蕴含着一些历史信息；第三种，要辩证地看待远古传说，既有夸张的成分，又蕴含着一些有价值的历史信息。

第二步，要从材料中或其他可靠途径寻找证据，对自己的看法进行合理解释。如果持第一种看法，可以在材料记载中寻找证据，材料一将众多的发明创造都归功于黄帝一人，如此杰出的贡献集于一人带有明显的夸张成分。材料二中，史学家司马迁就认为远古时期时代久远，各家各派记载虽多但内容荒诞，不能轻易相信。因此，远古传说比较夸张，不能轻信。如果持第二种看法，也可以在材料中寻找证据加以解释。材料三提到远古传说蕴含着可考的历史资料，《山海经》《韩非子》《墨子》等众多的古籍都有对远古传说的记载。"三皇""五帝"的传说有很多内容在古籍中可以得到印证。因此，在没有文字记载可以考证的情况下，远古传说在一定程度上为我们了解文字记载之前的社会状况与历史发展提供了线索与资料，是蕴含着大量历史信息的。如果持第三种看法，就是将前两种看法结合起来，辩证看待远古传说，既有夸张的成分，又蕴含着一些有价值的历史信息。支持该看法的证据是，材料三《国史概要》中提出上古洪荒时代的夸张记述，只要科学分析就能发现蕴含历史资料，或者使用前两种看法的证据，把前两种看法的证据结合起来，也能证明第三种看法。在学生完成试题的基础上，教师还应进一步总结探究的过程与方法：首先要提出看法或观点，然后寻找证据解释、论证观点，最后还要对观点进行总结提升。

通过这三个例题可以看出，综合题能够考查学生探究问题的思维过程与操作方法，比较适合培养探究能力。选择题无法展示完整的探究思路与过程，不适合设计为探究题。从例题中也能看出，探究的过程与方法是要首先识读材料或图片，在读懂材料的前提下提取并归纳有效信息，然后总结观点，最后寻找证据对这些观点进行论述。教师要抓住探究的过程与方法设计习题并引导学生完成，帮助学生探究能力的提升。当然，探究能力属于能力层级中最高水平，学生独立完成这类试题的难度较大，教师可以通过设计不同梯度的问题实现引导过程、降低难度，激发学生的探究兴趣。

探究的过程基本遵循"观察地图或识读材料—提取信息—提出看法—解释论证"的过程与方法。这就提示教师在利用试题培养学生探究能力时，要注意设计习题或讲解习题，要依据探究的过程与方法呈现的几个环节来展开，要帮助学生掌握探究的过程与方法，从而达到培养探究能力的目的。

三、试题命制中的几个关注点

1.关注基础知识与学科能力

在习题设计中，首先应该关注的是基础知识与学科能力。尽管历史教学改革在多方面强调学科能力的重要性，但基础知识依然在历史教学中占据不可动摇的基石地位。只有以基础知识为依托，掌握必要的史实，才能游刃有余地完成各种学习任务，才能正常发挥能力水平。因此，掌握必要史实是历史学科必备的基础。

习题设计相应地要注重对主干知识的考查。在每节课、单元与阶段测试习题中，对基础知识的考查尽量做到全覆盖。这一点从每年北京各区县统一测试中可以看到，试卷考查范围基本覆盖一个学期所学课程标准中要求的主干知识。一张好的试卷必定要关注考点分布的全面性与整体性，注重考查学生对基础知识和基本技能的掌握程度，这也是北京历史中考的指导思想，足以证明基础知识的重要性。因此，习题设计在不断创新的同时，不能放弃抓基础、抓主干的大方向。

历史课程标准提出，"发挥历史学科的教育功能，以培养和提高学生的历史素养为宗旨"。历史素养就是通过日常教学和自我积累而获得的历史知识、能力、意识以及情感态度价值观的有机构成与综合反映，或者说，历史素养包括知识、能力与情感态度价值观，是这些要素的有机构成与综合反映，表现出来就是能够从历史和历史学的角度发现问题、思考问题及解决问题的富有个性的心理品质。

从历史素养"能够从历史和历史学的角度发现问题、思考问题及解决问题的富有个性的心理品质"这一角度来看，学科能力的高低，决定着历史素养的程度。因此，习题设计中要关注对学科能力的考查与培养。基于学科能力的习题不仅能够提升学生的学科能力，同时也能够促进学科素养的全面发展。

如何在习题设计中做到基础知识与学科能力的兼顾呢？下面以两个例题为例进一步分析探讨。

【例题一】阅读材料，回答问题。

春秋战国时期是中国社会的大变革时期，思想空前活跃，涌现出孔子等一大批杰出思想家，形成许多学派。战国时期，这些学派纷纷著书立说，阐发自己的观点，互相辩驳，出现了"百家争鸣"的学术繁荣局面。

（1）使用表格归纳整理"诸子百家"相关知识，将空缺处补充完整。

表17　"诸子百家"相关知识表

时间	代表人物	学派	思想主张
春秋时期			一切事物都有对立面，对立双方可以互相转化（或朴素辩证法）；无为而治
		创立儒家学派	"仁"的学说、"克己复礼"、为政以德、有教无类等
战国时期			"兼爱""非攻"、提倡节俭
		儒学重要奠基人	"仁政"、民贵君轻（或注重人民力量）、强调个人品质修养
			变法改革、建立中央集权制度、实行法治

（2）选取两位你最熟习的思想家，谈谈他们的思想主张对后世产生的影响；或者谈谈"百家争鸣"对当时及后世产生的影响。（两个问题选择一个回答即可）

本题意在考查学生对春秋战国时期诸子百家及其对后世的影响。

第一问"使用表格归纳整理'诸子百家'相关知识，将空缺处补充完整"，通过填表的方式引导学生从时期、代表人物、学派及思想主张四方面全面回顾了史实性基础知识，为完成第二问"选取两位你最熟习的思想家，谈谈他们的思想主张对后世产生的影响；或者谈谈'百家争鸣'对当时及后世产生的影响"做好了铺垫。

第二问具有一定的开放性，学生可以有选择性地回答问题，对于初中生来说，还是有一定难度的。为了便于学生完成此问，第一问中已经给学生列出了诸子百家的思想主张，学生可以依据他们的思想主张分析对后世产生的影响：①对后世文化学术的发展产生极大影响，是中华民族传统文化的基础；②儒家思想孕育我国传统文化中的政治理想和道德准则，是传统文化的核心；③道家思想是构成了2000多年传统思想的哲学基础；④法家思想中的变革精神，成为历代进步思想家、政治改革家的理论武器；⑤墨家思想主张平等兼爱、反对侵略战争、提倡节俭，至今影响道德观念。

总体来看，本题相对完整地考查了诸子百家的主干知识，体现了抓基础、抓主干的大方向，同时在基础知识的基础上兼顾考查分析、推断的学科能力。

【例题二】阅读材料，回答问题。

材料一：奖励一家一户男耕女织的生产方式，有利于封建生产力、封建生产关系的发展。这种以一家一户为单位的小农经济，是封建政治的经济基础……官爵的提升是跟斩首敌首级的军功相称的。对没有军功的宗室子弟，一律废除他们的名位……把许多乡、邑、聚（村落）合并为县，建置了四十一个县，设县令、县丞等官，还设有县尉。县令是县之长……"平斗桶（斛）、权衡、丈尺"。传世有已颁布的商鞅方升。这件珍贵的文物，应是商鞅为统一度量衡而作的标准量器。

——白寿彝《中国通史》

材料二：及秦孝公用商君，坏井田，开阡陌，急耕战之赏……倾邻国而雄诸侯……至于始皇，遂并天下。

——《汉书·食货志上》

材料三：（秦孝公任用商鞅变法后）民以殷盛，国以富强，百姓乐用，诸侯亲服，获楚、魏之师，举地千里，至今治强。

——《史记》

（1）依据材料一、材料二内容，归纳概括商鞅变法主要内容。

（2）任意选取三项变法内容，逐一分析变法内容起到的作用。

（3）汉朝思想家王充说"商鞅相孝公，为秦开帝业"。意思是商鞅变法为秦国统一六国奠定基础，结合材料三的内容，谈谈你对这一观点的看法。

本题意在考查商鞅变法的主干知识，包括商鞅变法的内容、作用及总体评价。

第一问"依据材料一、材料二内容，归纳概括商鞅变法主要内容"，给学生两则材料作为依托，从材料中归纳概括商鞅变法的主要内容有：土地私有、奖励耕织、奖励军功、推行县制、统一度量衡。虽然问题涉及归纳概括能力，但从材料中提取有效信息，还是能够比较容易找到答案，考查侧重的还是基础知识。

第二问"任意选取三项变法内容，逐一分析变法内容起到的作用"，学生在第一问的基础上，分析推断变法内容起到的作用，如土地私有，促进生产力发展，是秦国政治、经济发展的基础；奖励耕织，提升农民生产积极性，促进经济发展；奖励军功，废除贵族特权，提升军队战斗力；推行县制，由国君直接派官吏管理地方，加强中央集权；统一度量衡，促进经济发展、促进统一。学生的推论分析言之有理即可。从学生的回答中可以看出是否真正理解商鞅变法。

第三问"结合材料三的内容，谈谈你对王充的观点的看法"，是考查学生对商鞅变法提出观点并运用史料论证观点的阐释能力。学生如果同意这一观点，就要用第二问中商鞅变法的作用"使秦国封建制度确立，经济得到发展，军队战斗力加强，国君对地方的管辖加强，发展成为战国后期最富强的封建国家"来加以论证。

总体来看，本题相对完整地考查了商鞅变法的主干知识。第一问对应考查变法内容基础知识，第二问对应考查变法作用，第三问对应考查对变法的总体认识。体现了注重基础知识，在夯实基础的前提下提升解释、评价能力的考查意向。

2. 关注综合社会实践活动

在北京 2018 年历史中考中，有 10% 的社会实践分数，这提示教师，命制习题时应关注习题与综合社会实践活动的对接。初中历史课程标准倡导转变教学方式与学习方式，改变学生被动、死记硬背的学习方式。综合社会实践活动为转变教学方式与学习方式提供了很好的途径。

课程标准在课程资源开发利用建议中明确提出："多方面开发和利用校外历史课程资源。一是利用历史遗迹、遗址，以及博物馆、纪念馆、展览馆、档案馆、爱国主义教育基地等，组织学生参观，增强直观的历史感受。"在北京市中小学生综合社会实践活动平台上，提供了 20 多种社会实践活动方式；同时，北京市"四个一工程"也为学生开展综合社会实践活动提供了国家博物馆、首都博物馆、天安门、抗日战争纪念馆等充足的活动资源。

每个区县依据自身条件也有丰富的活动资源。如丰台区的大葆台西汉墓博物馆、水关遗址、卢沟桥、抗日战争纪念馆与雕塑园、二七纪念馆、园博园、世界公园等众多的活动资源，其中一些资源单位如大葆台西汉墓博物馆，已经与学校合作开展了到馆类综合实践活动与送展到校的实践活动。通过开发利用这些活动资源，引导学生积极主动地参与学习过程，在广阔、直观与新颖的学习环境中激发学习兴趣、尝试提出问题、学会独立探究或研究问题。综合社会实践活动不断深入开展，成为学生自主学习的一个重要平台，也为考试提供了新的角度与情境，成为中考题中的一个亮点。可以预期，博物馆学习、遗址考察、撰写考察报告等与综合社会实践活动对接的习题将成为备考必备的素材。

这类与综合社会实践活动对接的习题，大多具备如下特点：

第一，探究性学习的性质。这类习题除了考查少量的基础知识之外，更侧重于考查学生探究性学习的能力，往往给出学生实践活动中搜集的材料，引导学生整理材料，并从中发现问题，然后寻找证据解释、认证自己的观点。简单地说，就是看学生是否具备提出问题并解决问题的能力。

第二，实践活动的方式。这类习题在出题时特别注重采用实践活动中使用的方式入题，如填写实践活动任务单、补充某遗址考察报告，或是撰写历史问题研究报告等。这就提示教师，要扎实开展综合社会实践活动，不要流于形式，否则在考试中学生很难适应实践活动的考查。

第三，与本地实践活动资源对接。北京有十分丰富的实践活动资源，北京中考相应地就要与这些活动资源对接，体现学以致用。因此，教师在习题设计时可以将这些本地区的资源作为素材引入，帮助学生更加熟习并适应这类综合实践性试题。

第四，与教材相关知识对接。将综合实践活动入题的同时也不会完全抛开课程标准与教材内容。这类试题往往会巧妙地选取既与教材建立联系，又能体现实践活动特色的知识点加以考查，如北京猿人遗址考查的试题就会与北京人的知识建立联系，抗日战争纪念馆考查的试题就会与抗日战争建立联系。实践活动的考查形式最终还是要回归课程标准与课堂教学的知识、能力与素养目标。

第五，突出对学生自主学习的引导。综合社会实践活动的一大特色就是学生自主学习，因此这一特色也会在试题中体现出来，试题每个问题的设计都不会是随意问一些识记类的内容，而是一步步引导学生自主学习或探究问题，给学生创设自主学习的情境，帮助学生独立自主地寻找证据解决问题。

如何在习题设计中做到与综合社会实践活动对接？如何在习题中体现综合社会实践活动的优势与特色？下面用两个例题进一步分析、探讨。

【例题一】某班学生开展了"探秘北京人"的历史考察活动，请你参与活动并完成考察报告。

考察时间：2017 年 10 月 25 日

考察对象：周口店遗址博物馆

考察内容：北京人生产生活状况

考察地址：北京市房山区周口店大街 1 号

拍摄照片：

用火灰烬

各类伴生动物化石

居住的猿人洞

使用的打制石器

图 27　某班学生"探秘北京人"活动拍摄照片

讲解记录：

在北京人遗址中，陆续发现了六个比较完整的人头盖骨化石以及大量的头骨碎片、肢骨和牙齿化石等，代表四十多个不同年龄和性别的个体。同出的石器和石制品数以万计，还有大量的烧骨，成堆的灰烬，被烧过的石头和朴树子等，伴出的动物化石多达一百多种。这个被称为"北京人之家"的周口店第一地点猿人洞,至今仍是我国发现资料最丰富的旧石器时代早期遗址。在世界范围内,晚期猿人的考古发现中,北京人化石也是最为丰富完整的。

通过对考古发现的研究,可以推测"北京人"生活在大约70万—20万年前,外貌虽然具有猿的特征,但能够直立行走、能够制造并使用打制石器、能够使用管理火,表明"北京人"已经学会使用原始的工具从事劳动,这是人和猿的根本区别所在。这些考古发现为人类进化理论提供了实证,解决了19世纪以来的关于"直立人"是猿还是人的争论,为科学家全面认识直立人提供了有力证据。

考查结论:

(1)讲述北京人的生产与生活状况。(提示:从时空要素、生产状况、生活状况三个角度简要讲述,字数为100字左右。)

(2)谈谈你对北京人考古发现重要意义的认识。(提示:首先提出你对北京人考古发现的看法或观点,然后用讲解记录中的材料进行论证。)

本题是个典型的与综合实践活动对接的习题。习题选取了北京猿人遗址博物馆开展"探秘北京人"的实践活动方式,与北京特色实践活动资源对接,具有鲜明的地方文化特色。整个习题从题干到问题的设置方式都是依照考察报告的形式展开,将实践活动的方式引入习题。通过"讲解记录"给学生提供了探究性学习的素材,并与教材内容实现对接。问题设置"讲述北京人的生产与生活状况""谈谈你对北京人考古发现重要意义的认识"突出引导学生自主探究学习的特点。

学生要解答第一个问题,必须仔细阅读"讲解记录"内容,从中提取有效信息,然后按照问题要求,从"时空要素、生产状况、生活状况"三个角度简要讲述,对提取的有效信息进行重构,然后形成答案:"北京人生活在约70万—20万年前的周口店龙骨山一带,过着原始的群居生活。白天,一部分青壮年男子去附近打猎,一部分男子去附近河滩打制石器,留下的妇女和老人照顾孩子、采摘野果。傍晚,人们围坐火堆,烤制食物、取暖,共同分享一天的劳动成果。"

解答第二个问题,同样需要仔细阅读"讲解记录"内容,从中提取有效信息,然后提出自己的观点,并运用有效信息独立论证自己的观点:这些考古发现为直立人的存在提供了有力证据;使科学家第一次对猿人文化有了比较全面的认识。材料论证，与国内外同类远古人类遗址相比，北京人遗址人体骨骼化石丰富、石器数量巨大、多处用火遗迹、伴生动物化石丰富，从而证明了直立人的存在，为研究直立人提供了充足的材料。

总的来看，本题体现了综合社会实践试题应具备的探究性学习的性质、实践活动的方式、与本地实践活动资源对接、与教材相关知识对接、突出对学生自主学习的引导等几个特点，代表了综合实践试题的考查意向。

【例题二】文物是记录历史的载体之一，某校初一年级去首都博物馆参观，参观后要求同学们选择一件商周时期青铜器展品，撰写一篇题为"最具史料价值青铜文物"的推荐报告。下面是某位同学未完成的文物推荐报告，请你帮他补充完整。

"最具史料价值青铜文物"推荐报告

推荐对象：克盉（hé）

拍摄照片：

图28 克盉

文物简介：克盉出土于北京房山琉璃河西周燕都遗址，是一种盛酒水的青铜容器，距今约三千年。西周初期分封诸侯，北京地区是燕国封地。在克盉内壁铸刻着43字铭文，大意是说："周成王分封功德极高的召公到燕国做诸侯，由于召公要辅佐周成王，就由他的长子克去燕国就封，因此克是燕国第一代诸侯。克进驻燕国，接收土地，平息动乱，管理羌族、驭族等多个部族。"铭文内容与《史记》所载"召公封燕"的史实相互印证，说明燕国是西周的从属诸侯国，分封制使西周能够有效地管理燕地。

推荐理由：（要求仿照下方示例，从克盉铭文能够印证的史实、分封制的作用这两方面史论结合地阐述推荐理由。100字左右。）

示例：铭文中"克进驻燕国，接收土地""管理羌族、驭族等多个部族"的记载能够证明分封制中周天子授予诸侯土地和臣民的内容确实存在，因此克盉具有较高史料价值，推荐它为"最具史料价值青铜文物"。

请在此方框中撰写推荐理由

本题也是个典型的与综合实践活动对接的习题。习题选取了去首都博物馆参观并撰写一篇题为"最具史料价值青铜文物"的推荐报告，以此为实践活动方式。该题在习题资源上与北京特色实践活动资源对接，具有鲜明的地方文化特色。习题从题型到问题的设计都体现了实践活动的形式——补充完整"最具史料价值青铜文物"的推荐报告。这种灵活新颖的方式不仅具有实用性，同时还能与教材中西周的分封制教学内容对接，体现了学以致用。

其中，"文物简介"与"示例"给学生提供了探究性学习的素材，将西周分封制的基础知识巧妙融入了习题。问题设置"要求仿照下方示例，从克盉铭文能够印证的史实、分封制的作用这两方面，史论结合地阐述推荐理由"突出引导学生自主探究学习的特点。学生要解答这个问题，必须仔细阅读"文物简介"与"示例"，从"文物简介"中提取撰写推荐理由的有效信息，从"示例"中理解撰写推荐理由的方法，然后在理解的基础上提出自己的观点，并将"文物简介"中提取的有效信息作为认证的证据，最终形成推荐理由："铭文与《史记》相关记载互相印证，说明'召公封燕'确有其事；铭文中'周成王分封功德极高的召公到燕国做诸侯'证明西周分封制确实存在；而'克进驻燕国，接收土地''管理羌族、驭族等多个部族'的记载，能够证明分封制中周天子授予诸侯土地和臣民的内容确实存在；'平息动乱，管理羌族、驭族等多个部族'的记载，能够说明分封制起到了巩固西周统治、拓展疆土的作用。因此克盉具有极高史料价值，推荐它为'最具史料价值青铜文物'。"

学生思考解答的过程，就是实践探究的过程，从习题答案情况就可以看出学生的思维过程与能力水平。总的来看，本题体现了综合社会实践试题应具备的探究性学习的性质、实践活动的方式、与本地实践活动资源对接、与教材相关知识对接、突出学生自主学习的引导等特点，体现了综合实践试题的考查意向。

3. 关注历史与现实生活的联系

初中历史课程标准在课程性质中指出历史课程具有"综合性：注重历史与现实的联系，使学生逐步学会综合运用所学知识和方法对历史和社会进行全面的认识"。也就是说学习历史不仅是掌握基础知识、提升学科能力，还要注重培养历史素养与良好的综合素质，引导学生关注人类社会、关注具体国情以及面向世界的视野和意识，并且能够运用历史知识理性思考现实问题、解决实际问题，建立历史与现实之间的联系，激发关注现实的意识与强烈的历史使命感。同时历史学科特色之一就是关注现实，引导学生有意识地关注当代世界和中国发展、社会进步的发展趋势，体现了历史学科特有的学科价值。课程标准的倾向与历史学科特色都强调历史与现实的联系，体现学以致用、古为今用的学习目的。因此，在习题命制中也要相应体现考查历史与现实生活联系性，以某一历史知识为中心，以现实生活、时事热点、时代特色、重大社会问题为素材来设计习题，将历史与现实用习题联系起来，引导学生关注现实生活、站在历史的角度思考、解决现实问题。突显历史与现实联系的习题，如"一带一路"可以和古代陆上与海上丝绸之路的历史知识建立联系、当今中国的改革可以和中国古代改革变法建立联系、古代文明的交融可以和今天的对外开放建立联系，因此这类习题取材广泛、内容灵活多变、适合多种题型。

这一类习题大多具备如下特点：第一，以时事热点入题。这些时事热点知识并不是学生特别陌生的内容，都是平时教学中应当重点关注的重点内容，如北京奥运会、抗日战争胜利纪念、红军长征胜利80周年纪念、"一带一路"、"社会主义核心价值观"等内容。学生在平时生活与学习中频繁接触、亲身参与过其中的某些活动、比较了解时事热点宣传内容、留下了比较深刻的印象，这类时事热点往往会作为试题的切入点或试题的材料呈现，虽然不是课程标准要求的知识，但从公民素养角度看学生应知应会，在各类试题中出现也不会陌生，反而比较有亲切感；第二，关注现实的同时会以某一历史知识作为习题背景或依托。历史学习除了要让学生感受到历史的现实价值与人文价值，同时更要注重历史基础知识，关注历史与现实联系性的试题总会以某一重要历史知识作为依托，体现历史味道、历史特色，完全脱离历史知识的试题就不再属于历史考查的范畴，因此这类试题往往呈现由时事热点切入试题然后回归历史知识、能力及态度价值观的考查，在分析试题现实意义的同时，将历史价值与其现实意义结合或重组，引导学生体会历史学习的价值，感受历史学习的博大精深与深刻内涵；第三，体现学以致用的导向。这类试题在设问时往往落到运用历史知识解决现实问题上，突出学习历史的目的是学以致用、服务现实，引导学生从历史中汲取经验、教训、智慧，立足于解决现实中的问题，从而激发学生的历史责任感及关注现实与人类命运的思想意识，特别是在中国与国际社会合作越来越密切的今天，历史责任感与关注人类、民族、国家命运的历史意识显得尤为重要，试题中经常出现"对今天某些方面有何借鉴意义"的设问就体现了这一特征；第四，引导学生感受生活中的历史。无论是历史学术界还是课程标准都开始注意社会史的研究及教学，教材中"两宋的社会生活"、"近代社会生活的变迁"都体现了社会史在教学中的重要性。学生通过社会史感受到了历史除了政治、经济这些相对枯燥的内容还有芸芸众生的大千世界，同时也可从社会生活变迁的轨迹发现历史的变化趋势，因此将现实社会生活纳入命题范围也是一种探索和亮点。这就提示教师在命题时从现实生活的小着眼点入手来说明大的历史发展变化，使试题更具生活气息，也引导学生更加关注去感受生活中的历史。这类试题命题素材丰富多彩，如改革开放后粮票退出经济舞台、改革开放后不同时期家庭四大件的变化、从家谱或姓氏看历史变迁、从家庭收藏的照片、图片、实物及长辈回忆中看历史的变迁等，这些不同层面和多种角度的历史素材和见解，都会在不同程度上有助于学生的历史学习。

如何在习题设计中做到关注历史与现实生活的联系？如何在习题中体现历史重要功能之一的"以史为鉴"特色？下面以两个例题进一步分析、探讨。

【例题一】"一带一路"战略构想提出后，中国与世界众多国家将展开更加密切的合作交流，世界历史上各文明之间的碰撞与交融成为研究热点，以"探究人类文明的交融"为主题展开研究活动。

探究报告

步骤一：收集资料

（1）如果想探究人类文明的交融，可以从哪些途径获取研究资料？（至少三个）

获取资料途径：_____

步骤二：展开研究

（2）古代文明交融的方式之一：_____

列举典型交融事例：①_____ ②_____ ③_____

古代文明交融的方式之二：_____

列举典型交融事例：①_____ ②_____ ③_____

步骤三：研究总结

（3）怎样看待两种文明交融方式？对今天中国对外交往有何借鉴意义？

本题是比较典型的关注历史与现实联系性的试题，意在考查古代世界文明交融的同时，考查学生对人类文明交融对中国改革开放的今天的借鉴意义的认识。在题干中以当前时事热点"一带一路"战略构想作为切入点，"一带一路"提出后中国与世界众多国家将展开更加密切的合作交流，由此引导学生思考世界历史上古代文明交融碰撞与当今中国对外交往的联系及可借鉴之处。第一问，考查学生史学方法上获取资料的途径，学生可结合实际情况回答并判断各种途径获取材料的真实性；第二问，考查学生古代文明交融方式的分类与基本史实的回顾，掌握知识扎实的情况下回答没有什么难度；主要是第三问，"怎样看待两种文明交融方式？对今天中国对外交往有何借鉴意义"。学生要运用古代文明交融的史实来解决当今的现实问题，学生从第一、二两问中可以看到古代文明交融中和平交往是常态，促进了各地区经济、文化交往与社会进步，战争作为一种交往的特殊形式虽然能够快速、深层次促进交融，但给各地人民带来灾难是不可取的，因此古代文明交融史给今天改革开放的借鉴意义是互相尊重、和平交往、互惠互利、共同发展，历史与现实的联系自然建立起来。这道试题带给我们的启示是通过恰当设问将历史与现实联系起来，运用试题发挥历史教育的重要功能"以史为鉴、古为今用、学以致用"。从总体来看，本题比较符合历史与现实联系类试题的特点，以时事热点入题、关注现实的同时以某一历史知识作为习题背景或依托、体现学以致用的导向。这也提示教师在历史教学中应当站在历史的高度，关注历史与现实的联系性与借鉴性，将历史与现实结合起来，帮助学生感受历史虽然是过去发生的事情却依然具有现实意义。

【例题二】出示"一带一路"图片，回答问题。

（1）观察地图上"一带一路"所走线路，说明这一战略构想的历史背景是什么？

（2）"一带一路"途径60多国，各国的文明各具特色，对待这些文明我们应持什么样的态度？

（3）从古代丝绸之路的繁荣到现在"一带一路"战略构想的提出，人们普遍认同的文明交融方式是哪一种方式？这种交融方式的作用是什么？

本题也是一道比较典型的考查历史与现实联系的试题，以当前时事热点"一带一路"为切入点，以古代丝绸之路作为背景历史知识依托，意在考查古代世界文明交融的基础知识与运用古代文明交融知识解决当今对外交流的实际问题。第一问，观察"一带一路"路线并说明这一战略构想的历史背景，实际上已经开始引导学生关注历史与现实的联系，"一带一路"路线与古代陆上丝绸之路与海上丝绸之路比较吻合，说明这一战略构想提出的历史背景知识是古代陆上与海上丝绸之路，感受历史延伸至今的宝贵价值；第二问，"一带一路"途经60多国，各国的文明各具特色，对待这些文明我们应持什么样的态度？这是一个典型的运用历史知识解决现实问题的设问，学生要调动运用所学古代文明交融中如何看待各国古代文明的态度价值观来回答这一现实问题，即承认各国文明各具特色、互相尊重、互相借鉴、合作交流；第三问，从古代丝绸之路的繁荣到现在"一带一路"战略构想的提出，人们普遍认同的文明交融方式是哪一种方式？这种交融方式的作用是什么？这个问题的设置又将学生由时事热点拉回古代历史知识文明交融的方式与作用中，要求学生站在现实回望历史，贯通古今发现历史发展的规律，即和平交往是主流是常态，进而推断这种交融方式促进了各地区经济、文化交往与社会进步。本题比较突出的特色就是贯通古今、历史与现实的自然融合，本题由时事热点切入试题，由现实将学生引入历史情境，然后运用历史知识解决现实问题，古今贯通发现历史规律与趋势，引导学生在古今穿越中建立起历史与现实的联系。从总体来看，本题比较符合历史与现实联系类试题的特点，以时事热点入题、关注现实的同时以某一历史知识作为习题背景或依托解决相应的现实问题，体现学以致用的导向。

4. 关注地方文化特色

各地中考和高考试题都比较关注本地文化特色，往往将具有地方文化特色的素材引入试题，以彰显本地区厚重的历史文化底蕴。这就提示教师，在习题命制时要有意识地融入地方文化特色。课程改革提倡挖掘各地区的乡土资源，在课程标准的资源开发与利用建议中，明确提出"利用乡土教材和社区课程资源。乡土教材和社区课程资源对学生的历史学习和历史感情大有裨益"。

2018 年开始，北京历史中考与学业水平考试的最后一道压轴题都是考查北京地方史。北京作为首都，不仅是政治文化中心，同时还是中国历史悠久的城市和七大古都之一。北京古代称蓟，春秋、战国为燕国都，唐属幽州，辽时称燕京，金时称中都，元为大都，明清称京师，1928 年称北平，直至 1949 年设北京市。北京在历史上曾为五代都城，在从金朝起的 800 多年里，建造了许多宏伟壮丽的宫廷建筑，使北京成为我国拥有帝王宫殿、园林、庙坛和陵墓数量最多、内容最丰富的城市。京剧是地道的国粹，深受京城老百姓的喜爱。胡同是最具北京特色的民居之一，最早起源于元朝。四合院、北京小吃等都是极具北京特色的历史文化乡土资源。还有本地区的历史名人等杰出的非物质文化遗产。这些门类繁多、各具特色的北京历史文化特色乡土资源，为习题设计提供了充足的素材，同时也给学生带来了亲切的情感认同，把历史知识、地方特点有机结合，进而体现出北京中考的地方特色。

这类试题大多具备如下特点：

第一，选取极具地方文化特色的乡土资源入题。这类试题从切入点到素材都可以引用地方历史文化特色资源，北京语文中考中就曾经出现过京剧、北京小吃、北京的那些老理儿等乡土文化气息深厚的资源入题的做法。历史同样作为人文学科不可避免地要体现一定的地方文化特色，其他省市历史中考中或多或少都会涉及一些本地区历史文化特色事物入题。北京历史中考很有可能选用古迹、建筑、名人、非物质文化遗产等作为中考试题的切入点或素材，这就提示教师，在日常教学中要关注北京地方特色乡土资源，尽可能寻找北京地方特色与课程标准要求的基础知识之间的内在联系，在课堂教学中应用这些资源讲授新课，尽可能地拓宽学生眼界与认识。

第二，以课程标准要求的基础知识为依托。这类试题尽管强调地方文化特色，但依然要以课程标准要求的基础知识为依托，考查课程标准要求的应知应会的内容。简单地说，就是以地方文化特色资源，创设试题情境，最终回归考查课内知识，因循"新材料、新情境、旧知识"的习题命制思路。教学中或是解题时主要还是要抓住主干知识，地区文化特色只是外衣，考查的内里依然是基础知识与基本能力。

第三，用地区历史文化特色激发学生的人文感悟。选用北京地方历史文化特色资源入题的目的，除了考查学生的基础知识与基本能力，还有一个更深层的目的，就是使用亲切的本地区特色资源激发学生的人文感悟。教育家徐特立说："以研究乡土为出发点，进而认识本国，认识世界，认识宇宙。"利用亲切的乡土资源在调动学生积极性的同时，也激发了学生热爱家乡、热爱祖国的家国情怀，在感受本地区或恢弘厚重、或生趣盎然的特色文化中，自豪、敬畏与热爱的情感油然而生。

总的来看，选用具有地方历史文化特色的资源入题已经是一种习题命制的趋势，各地区、各学科都有这方面的尝试与探索，可以预见，今后各地历史中考还会出现这类试题。这就提示教师，要从日常课堂教学、综合社会实践活动、校本课程等多种途径为学生创设学习、接触地方文化特色资源的条件。

如何命制体现地方历史文化特色的习题？如何体现这类习题的基本特点？下面以例题来探讨。

【例题】中国四大发明对中国古代的政治、经济、文化的发展产生了巨大的推动作用，且这些发明经由各种途径传至西方，对世界文明发展也产生了很大的影响。观察下列这幅图片、阅读材料，回答下列问题。

材料一：2008年北京奥运会开幕式上出现的四个画面

①画卷中的白纸

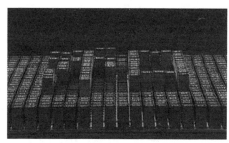
②凹凸变换的方块字

③鸟巢上空的烟花

④舞者高举的司南

图 29　2008 年北京奥运会开幕式四大发明展示画面

材料二：文字书写需要有好的载体。古代埃及人利用尼罗河的纸草来记述历史；在古代的欧洲，人们还长时间地利用动物的皮，比如羊皮来书写文字；在中国，汉朝以前，甲骨、竹简和绢帛是古代用来供书写、记载的材料。但是甲骨、竹简都比较笨重，秦始皇一天阅读的奏章，就装了整整一车；绢帛虽然轻便，但是成本非常昂贵，也不适于书写。

（1）按四个画面的先后顺序，写出它们代表着中国古代哪四项影响世界的发明创造？

（2）介绍第一项发明在两汉时期的发展变化。

（3）任选两项发明，介绍它们在两宋时期的发展变化。

（4）结合材料二，谈谈第一项发明及其对外传播的影响。

2008 年北京奥运会是北京发展史上一件盛事。本题就是以北京奥运会为背景与素材，也具有北京地方历史文化特色。

在材料一中出示了北京奥运会开幕式上的四幅图片，提问学生它们分别代表中国古代哪四项影响世界的发明创造？对于现在的初中生来说，对北京奥运盛事的印象不会很深刻，四幅图片将激起学生对北京这一盛事的探求，并在图片的引导下将奥运盛事与所学四大发明的历史知识联系起来：图①代表造纸术，图②代表活字印刷术，图③代表火药，图④代表指南针。学生在回答问题的同时重温奥运盛事，感受身为北京人的自豪与光荣。

此后的三个问题都是在北京奥运盛事这一大背景下逐一展开的，学生联系所学回答即可。试题表面看上去似乎与北京地方特色没有什么内在必然联系，但四大发明是中国古代科学技术成就的代表，推动了世界向先进文明迈进，展示了古代中国科技高峰。在试题立意上，古代科技高峰与前面的北京奥运盛事遥相呼应，都突出了中国在世界上的重要地位。

本题比较突出的特点就是利用北京发展史上的盛事入题，奥运会虽然不是历史名胜古迹，也不是历史色彩特别深厚的非物质文化遗产，但却是北京发展历史上的鸿篇巨制，体现了北京精神、中国风貌，以此入题，在试题立意上并不比其他地方文化特色的素材逊色。学生通过试题重温北京发展历史上的辉煌时刻，感受四大发明为代表的中国古代科技成就高峰，自然会激发出对国家、民族与生活地区的自豪感，形成积极向上的人文感悟。

总的来看，本题具备一定的地方历史文化特色，选取北京奥运盛事入题，以课程标准要求的四大发明基础知识为依托，用地区历史文化特色激发学生的人文感悟。

5. 关注过程与方法

课程标准在"课程目标"中，明确提出了"知识与能力""过程与方法""情感态度价值观"的三维目标。在习题命制中，教师都十分关注知识与能力目标的落实，但对过程与方法的考查就不是特别清晰了。然而，过程与方法作为课程标准的三维目标之一，对其进行考查检测又十分必要。

在教学中，教师已经普遍有意识地关注学科能力的培养，将过程与方法的培养作为教学重点。在北京历史中考中，也体现出了对过程与方法的考查。学生获得历史知识的途径，除教材外，还有网络、历史书籍、影视作品等，因此，对学生来说，只学习历史知识是远远不能满足终身学习的需求的。帮助学生掌握学习知识的方法，注重培养能力过程，最终帮助他们学会独立学习，能对来自各种途径的知识作出判断，能灵活运用历史知识，解决历史问题与现实问题，这才是有意义的历史教学。从课程标准的要求、中考近期目标与学生长远发展目标三方面来看，过程与方法的考查都是必要的。

虽然教学中强调过程与方法，但试题中往往检测不出过程与方法的实际效果。在习题命制时，知识、能力与态度价值观都是可以检测的，只有过程与方法检测比较困难，主要问题是不清楚过程与方法如何考查，习题中怎样体现过程与方法。笔者认为，过程与方法是完全可以检测的，而且由于它是在课程标准的三维目标之下，因此，在习题命制中更应得到体现。

要想精准、有针对性地检测过程与方法，要先厘清过程与方法的内涵。按照课程标准的表述，过程主要指分析、综合、概括、比较、解释、判断及探究历史问题学科能力的生成或思维过程；方法主要指学习历史的基本方法（包括计算历史年代、阅读历史读物、识别和运用历史地图和图表、查找和收集历史信息、运用材料具体分析历史问题等）与解释历史问题的方法（包括叙述、推论、合作探究与学习等）。从过程与方法的内涵来看，适合选择与综合题各种题型，比较简单的如年代换算、地图识别；比较复杂的如推论作用、评价意义、叙述事件、考证真伪、探究历史问题等习题。

考查过程与方法的试题大多具备如下特点：第一，将学习方法或研究方法引入试题，给学生各种相关材料创设学习情境，要求学生在研习各种材料的基础上，运用学习方法或历史研究方法解决问题，试题整体设计往往带有探究性学习的性质。第二，试题设问体现学习过程或能力培养过程，特别是在综合题的问题设计上更能体现这一特点，通过多个问题完整呈现一种学习的过程或方法，如识读地图的过程，会将识图的基本规律融入问题设计。学生在问题引导下完成试题的过程，也是学习的过程或能力培养的过程。第三，注重引导学生学会学习或掌握解决问题的思路，这类试题不仅是测试学生过程与方法的掌握状况，同时兼具了引导学生学会学习与掌握解决问题方法的功能，也提示教师在课堂教学中，可以借鉴试题对过程与方法的考查思路，对学生学习方法、能力培养过程与解决问题的思路进行有意识地强化。总的来看，掌握知识与培养能力需要一定的过程、学习方法或史学方法，如何将培养能力的过程、步骤细化、分解，融入习题的问题设置，如何将学习方法或史学方法与习题整体设计融会贯通，能体现出对过程与方法的检测与考查。

过程与方法是能够检测的，那么，又应该如何进行精准地、有针对性地检测？下面，笔者结合两个例题，对过程与方法的检测进行分析、探讨。

【例题一】出示"北魏孝文帝迁都路线"图片，阅读材料，回答问题。

（1）观察地图，哪个政权统一了黄河流域？哪个政权控制了长江流域？阅读图例，说出两个政权的都城名称。

（2）阅读图例，地图上箭头代表了什么？与箭头相关的历史事件与哪次重大改革有关？

（3）通过以上对地图的观察，请你给地图确定一个合理、准确的名称。

本题具备检测识图能力的过程与方法的基本特征。虽然总体难度不大，但依托北魏孝文帝改革这一历史事件，对学生识读历史地图的能力进行了考查、引导与培养。

第一问，"哪个政权统一了黄河流域？哪个政权控制了长江流域？阅读图例，说出两个政权的都城名称。"有意识地引导学生观察阅读地图，抓住地图上重点内容，同时还引导学生阅读图例，从图例中获取信息，两个圆圈的图例代表都城。即便学生不记得南朝北齐的都城是建康，只要能够看懂图例，就可以准确回答问题，减少了学生死记硬背史实性知识。通过有意识地引导学生观察地图、关注图例，培养学生良好的识读历史地图的意识与能力。

第二问，"阅读图例，地图上箭头代表了什么？与箭头相关的历史事件与哪次重大改革有关？"同第一问一样，这一问注重引导学生阅读图例，从图例观察中获取箭头的信息为"迁都路线"，联系课堂学习北魏孝文帝改革迁都洛阳的史实，就可以顺利地回答问题，同时再次强化学生识读历史地图时关注图例的意识与方法。

第三问，"通过以上对地图的观察，请你给地图确定一个合理、准确的名称。"要求学生通过全面观察地图，确认地图表达的重点是迁都路线，结合课堂所学北魏孝文帝改革的背景知识，从而顺利给地图确定名称为："北魏孝文帝迁都路线示意图。"总体来看，本题很好地体现了考查过程与方法类试题的特点，将学习方法或研究方法引入试题，试题设问体现学习过程或能力培养过程，注重引导学生学会学习或掌握解决问题的思路。

【例题二】阅读材料，回答问题。

材料一：关东有义士，兴兵讨群凶……铠甲生虮虱，万姓以死亡。白骨露于野，千里无鸡鸣。生民百遗一，念之断人肠。

——曹操《蒿里行》

材料二：楚越之地，地广人稀，饭稻羹鱼，或火耕水耨……不待贾（商人）而足……无积聚而多贫。是故江淮以南，无冻饿之人，亦无千金之家。

——司马迁《史记》

材料三：江南之为国盛矣……地广野丰，民勤本业，一岁或稔，则数郡忘饥……丝绵布帛之饶，覆衣天下。

——南朝《宋书》

（1）依据材料一，分析从东汉末年开始，大量北方人远离家乡来到江南的主要原因。

（2）依据材料二、材料三，比较南朝时的江南相较西汉时发生了哪些变化？（提示：从人口、农业、手工业等多方面进行比较）

（3）依据材料一，结合所学，分析江南发生巨大变化的主要原因是什么？

本题以魏晋南北朝时江南经济的发展作为背景知识，意在考查学生分析、比较能力，特别是对比较的过程与方法进行了引导。

第一问："依据材料一，分析从东汉末年开始，大量北方人远离家乡来到江南的主要原因。"，通过曹操诗歌为学生提供分析的史料素材和创设分析情境，引导学生从诗中"兴兵讨群凶""万姓以死亡""白骨露于野"等词句，分析出原因："北方战乱，人民生活困苦，于是逃到南方"。

第二问："南朝时的江南相较西汉时发生了哪些变化？"，学生在比较时往往抓不住重点、缺乏条理，试题针对学生比较能力中普遍存在的问题给出了提示——"从人口、农业、手工业等多方面进行比较"。一方面给出比较项目，降低比较难度；另一方面也引导学生在比较同类问题时首先要确定比较项或比较角度，然后逐一对比，最后才能准确、全面地发现异同或变化，这样既可以帮助学生顺利完成解题，找到答案："南朝时江南比起西汉时的变化：人口大量增加、农业方面耕地与粮食产量增加，手工业方面纺织业发展，丝织品产量很大，总体来看经济发展，人民丰衣足食。"又可以对学生比较能力进行培养。

第三问："依据材料一，结合所学，分析江南发生巨大变化的主要原因是什么？"在问题中给学生答案提示，依托材料一同时结合所学，从材料一只能分析出北人南迁的原因，得不出江南发生变化的原因，还要从北人南迁联系所学知识进行一定的推论，才能将答案补充全面："北方人口南迁，增加了劳动力，带来先进生产经验与工具，带来北方农作物品种，促进了江南经济发展。"为帮助学生能够联想到北人南迁进而推论原因，在问题设计中加入了"依据材料一，结合所学"，给予学生一定思考方向的提示。

总体来看，本题一定程度上体现了考查过程与方法类试题的特点，将学习方法及能力培养过程引入试题，试题设问体现出关注学习过程或能力培养过程，注重引导学生学会学习或掌握解决问题的思路。

6. 关注历史发展过程与趋势

课程标准在课程设计思路中提出："依照历史发展的时序，在每个板块内容设计上，采用'点—线'结合的呈现方式。'点'是具体、生动的历史事实；'线'是历史发展的基本线索。通过'点'与'点'之间的联系来理解'线'，使学生在掌握历史事实的基础上理解历史发展的过程。"这一课程设计思路反映在习题设计上，提示教师在考查基础知识"点"的同时，还要关注历史发展过程与趋势的"线"。

首先，从学生掌握历史知识的角度来看，每个历史知识是相对零散的"点"，如果抓不住各"点"之间的联系，孤立分散地死记硬背每个知识"点"是非常枯燥与困难的，然而每个历史知识"点"构成了试题考查的基础知识，又是学生应知应会的。如何帮助学生顺理成章地掌握分散的知识"点"？比较理想的方式就是建立各"点"之间的联系，用各种"线"将"点"串联起来，形成整体认识。这里用"线"串联"点"就是构建知识体系，可以通过时间轴、表格、知识网络等多种形式从时序上纵向串联，或从政治、经济等分类上横向串联，使知识结构化、线索化、网络化，学生抓住知识体系的线索就会找到知识的内在联系，通过掌握由"点"—"线"—"面"的完整知识体系，实现对分散知识的整体记忆。

然后，从学生认识历史发展规律与趋势的角度来看，学习历史不仅是掌握基础知识，还要能够从分散的基础知识中认识历史发展规律与趋势。比如，从世界近代史纵向的时间轴或大事年表中，学生看到英国资产阶级革命、《权利法案》通过、美国独立战争、《独立宣言》发表、法国大革命、《人权宣言》发表，从中找到这一时期历史发展的趋势是资产阶级革命爆发及资本主义制度的初步确立；从世界近代史时间线索上看到工业革命、美国南北战争、俄国 1861 年改革、日本明治维新、马克思主义的诞生，运用历史唯物主义观点发现经济基础决定政治、思想文化等上层建筑，经济、政治的变化又影响着思想文化的演变，这是历史发展的基本规律。

最后，从提升学生能力的角度来看，关注历史发展过程与趋势也是非常必要的，虽然教学与考试都反复强调学科能力的重要性，但能力是建立在掌握扎实的基础知识的前提条件下的，是对基础知识的更高层级要求。如果学生掌握历史发展过程与趋势、形成完整的知识体系，那么就能站在知识的高点上，更加通透地掌握分散的基础知识，用时能信手拈来、挥洒自如。学生在设计制作时间轴、大事年表时，按照政治、经济、文化等整理知识，可以明显地提升整理材料、归纳知识的能力；通过寻找一定历史时期的阶段特征、发展趋势，能够明显地提升归纳、概括能力；通过动手绘制知识结构图、知识网络等建构知识体系，可以帮助学生掌握学习方法、提升学生自主学习能力。总的来看，梳理历史发展过程与概括历史发展趋势对于学生益处多多，无论是教学还是考试都应当充分关注，而且，对这方面的考查已经在各地区历史中考中表现出来，提示教师在相应的习题命制中要高度重视这一现象。

体现历史发展过程与趋势的试题大多具备如下基本特点：

第一，使用时间轴、年代尺或大事年表、知识结构图、知识网络、思维导图等作为素材。给学生出具上述材料，让学生补充完整其中空缺的知识点，同时引导学生思考各个知识间的内在关系，在此基础上提问学生某一历史时期发展趋势、时代特征或直接问学生各知识点间内在关系。在这类题型中，时间轴、知识结构图等发挥着关键作用，它能够将分散的知识以一定的时序或特定的内在逻辑关系整合为一个统一的整体，为学生进一步思考深层次的内在关系或发展趋势提供平台和依托，这就提示教师，在日常课堂教学中应当有意识地引入这类图示或表格，引导学生适时归纳、概括，这样，在完成这类试题时就会游刃有余。这也符合课程标准中"经过分析、综合、概括、比较等思维过程，形成历史概念，进而认识历史发展的时代特征和历史发展的基本趋势"的要求。

第二，问题设计大多落到考查历史发展基本趋势或概括时代特征上。这类试题可以有多种设问方式，如补充完整图示或表格、自行设计图示或表格、归纳概括历史发展趋势、寻找知识点内在逻辑关系等，但要想使试题立意更高、更具能力考查性，就要将问题最终落实到归纳、概括历史发展趋势或时代特征上，从而形成一个相对完整的思维过程。

第三，注重考查学生归纳、概括能力。这类试题考查能力倾向比较集中于归纳、概括能力层次，主要目的是引导学生从各种图示、表格中，归纳、概括历史发展趋势、历史规律，掌握归纳、概括的过程与方法。

第四，会涉及考查学生运用历史唯物主义的观点或方法认识问题的能力。大多数情况下，这类试题侧重归纳、概括能力的考查，但也不排除考查更高层次的运用唯物史观认识问题、解决问题的能力，如认识某一历史时期经济、政治、思想文化之间的辩证关系，这对于初中生来说具有一定难度。尽管运用唯物史观认识问题、解决问题对于初中生难度较高，但试题可以通过多种手段降低难度系数，具备一定的考查可能性，提示教师在教学中注重运用唯物史观，指导学生观察历史，逐步形成唯物史观的历史素养。

既然考查历史发展过程与趋势是十分必要的，那么，又该如何进行精准地、有针对性地检测与习题设计呢？下面笔者就结合例题，对考查历史发展过程与趋势的试题进行分析。

【例题】历史学习小组探究"我国古代政治制度"，请依据材料回答问题。

材料一：

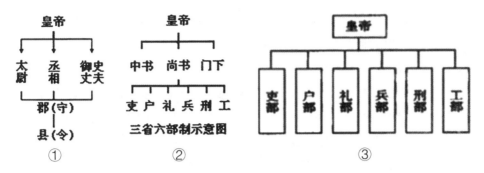

图 30 "我国古代制度"材料示例

材料二:

表 18 军机处一天办事程序一览表

序号	程序
1	发折:奏事处将官员奏折下发军机处
2	接折:军机章京将奏折送军机大臣阅
3	见面:军机大臣将奏折送皇帝处请旨
4	述旨:将皇帝旨意拟成谕旨再交皇帝预览
5	过砂:皇帝砂笔改写奏折
6	交发:将谕旨下发有关衙门实施
7	开面:谕旨以年月日为序抄录备案
8	交折:将原奏折交内奏事处
9	月折:将奏折复本每月一编
10	随手:将谕旨、奏折重点二季一编
11	封柜:将月折、随手档收柜题封

（1）图 30（①－③）分别是哪个朝代的政治制度?

（2）下列内容依据材料二得出的正确表述填"A"，违背了材料二的填"B"，材料二没有涉及的填"C"。

①军机大臣将自己的意见拟成谕旨后再交皇帝预览。（　　　）

②军机大臣中常有二三人同时担任大学士。（　　　）

③军机大臣最主要的职责是记录皇帝旨意，拟写谕旨。（　　　）

（3）上述材料反映我国君主专制中央集权制度有何发展趋势？

本题具有一定的考查历史发展过程与趋势的特点，主要是两组材料与第三个问题的设计，体现了这一考查取向。

材料一给出了我国君主专制中央集权的三幅示意图，分别是秦朝、唐朝与明朝，学生依据每幅示意图提供信息，判断其所属朝代，完成第一个问题。这看似是考查学生的识记能力，但学生在观察作答的同时，也能从中感受到皇权直接管辖的越来越多，皇权不断加强，在三个发展的朝代中，君主专制呈现逐步加强的发展趋势。

材料二给出的是清朝军机处一天办事程序，学生从表格内容概括出军机大臣最主要的职责是记录皇帝旨意，拟写谕旨。皇帝一人独掌大权，君主专制在清朝达到了顶峰。这样，材料二与材料一在传达的有效信息上从君主专制这一角度达到了统一，给学生呈现出君主专制发展的几个重要时期的发展变化，就为学生完成第三问"上述材料反映我国君主专制中央集权制度有何发展趋势"再次做好铺垫。

第三问是本题的最终落脚点，考查君主专制政治体制发展趋势，即呈逐步加强趋势。从本题总体来看，虽然没有使用时间轴、知识结构图等展现历史发展变化过程的图示，但本题通过两组材料依次呈现出了君主专制在不同时期的发展变化，与时间轴等图示有异曲同工之处，在问题设计上虽然有三问，但每一问都为最终落实考查历史发展基本趋势做好了铺垫，同时也注重考查学生归纳、概括能力，比较符合考查历史发展过程与趋势的特点。

7. 关注试题的开放性与可选性

开放性试题在近年历史高考与各地中考中逐渐出现，并有题量加大、分值增长的趋势，提示教师对这类试题应充分重视。什么是开放性试题？通过多元的材料引导学生探究历史事件或现象，表现出材料多元、解题思维结构开放、试题结论开放的特点，侧重考查学生获取有效信息、阐释、论证和探究的创新思维能力，甚至有一些开放性试题还留给学生选择性完成的空间，具有答案的可选性。

这类试题之所以会逐渐增长，首先是与课程标准中"掌握证据和独立思考，初步学会对历史事物进行分析和评价""初步掌握解释历史问题的方法，力求在表达自己见解时能够言而有据、推论得当"的要求相适应。简单来说，课程标准要求学生具备一定的探究与创新能力，反应到试题上就要相应考查这些能力的实际水平。而传统的问答或材料解析，明确提问某一事件的影响、意义或看法很难检测学生探究创新能力的真实水平，学生有可能是在课堂学习中已经背记了这些内容，因此，实际考查的是学生的识记能力。针对这种现象，开放性试题不再直接提问学生某一历史事件的影响、意义，而是给学生出具多元的材料，引导学生阅读，然后要求学生评析某一事件、现象或观点。这里的评析具有两重含义：首先，要针对某一事件、现象或观点提出自己的看法，看法可以是赞同或否定，也可以完全由学生自己提出多个看法，后者则更能体现学生探究、创新能力水平；其次，学生在提出看法后，寻找材料中有效信息或所学知识中的相关内容，作为论证自己看法的论据，对自己的观点加以论述。

这类试题的设问方式使答案不追求唯一性，相对开放，给学生充分思考、表达自己观点的空间，从学生对问题的不同回应能够看出学生不同的思维层次，因而能够更加精准地考查学生探究、创新能力所处水平层级。从这一角度来看，开放性试题在历史中考中应该占有一席之地。这就提示教师，应在日常课堂教学中注意引入多元材料丰富学生认识，尽量引导学生思考一些"你怎么看？""如何看待这一问题？""对这几个观点提出自己的看法"等开放性的问题，在潜移默化中帮助学生构建解答这类试题的思考过程、解决方法与完整模式，同时，在习题设计上也应尽量在综合题中融入这类试题，有针对性地进行训练。

这类试题还具有模式创新的优势。历史综合题曾经一味是材料解析、答案唯一的模式，似乎没有史料分析就不能体现历史学科特色，正确答案也只能有一个。学生这类习题做得多了，就生出了写八股文似的疲劳感，甚至影响对历史学习的兴趣。针对这一现象，教学改革提出了要出一些学生感兴趣的、愿意做的试题，要给学生一定的做题选择性，促使教师去思考开放性试题的命制，打破固定的思维模式。从全国高考与各地历史中考试题中可以看到，各地在开放性试题命制方面都在不断探究，可以发现，"你是否同意这一观点？"之类的设问越来越少，问题设计角度更加多元，多层次的试题呈现增多趋势。

再有，这类试题还具有区分度更精确的优势，人文学科试题答案不同于理科试题具有唯一性，人文学科提倡思维的深度、广度与效度，试题同样也应体现这一特色。开放性试题答案具有多元、多层次性，对某一事物、现象或观点的看法可以是多个，如果能够找到多种论据支持其存在的合理性，就可以给分，这种巧妙的设问与答案的多元使得试题能够对学生进行多个能力层次水平的区分，试题的区分度更加精准。

总体来看，这种开放性习题为学生展示能力层次水平、创新性建构答题空间创造了条件，既可以考查学生探究、创新能力，又培养了学生实事求是的科学态度与理性思维，对学生学科素养的培养具有一定作用。

开放性试题大多具备如下几个特点：第一，材料多元、思维结构开放、结论开放。这类试题改变了传统的答案唯一的试题模式，通过多元的材料，为学生营造思考探究的情境；通过开放的问题，引导学生多角度思考问题与思维发散，找到多个不同层次的答案，最终能够运用论据论述自己观点的合理性。第二，这类试题侧重考查学生阐释、探究、创新等高层能力。试题通过开放性问题与多层次答案的设计，使试题答案不唯一、体现思维深度与广度，因而对学生能力水平能够分层区分，目的是鼓励学生大胆创新，自主思考判断，以提高学生的自主意识、转变被动学习的弊端。第三，这类试题有些问题具有可选择性。近年历史中高考题中出现的开放性试题，让学生选择其中某一问或某一方面作答，给了学生自主选择的权利，学生可以根据自己的优势选择性完成试题，这也是一种开放性的表现。

如何命制开放性试题？如何体现开放性试题的特点？通过下面例题来共同探讨、分析。

【例题】观察图片、阅读材料，回答问题。

（1）三国两晋南北朝时期，朝代更替频繁，完成下列朝代更替图，在历史长河中找到北魏的位置。

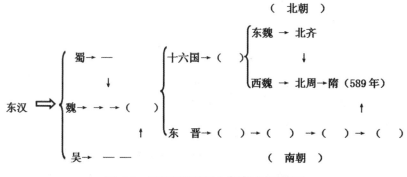

图31　三国两晋南北朝朝代更替图

（2）北魏孝文帝改革是北魏历史上的一件大事，当时北魏面临许多社会问题，孝文帝通过多措并举的改革解决了一定的社会问题。下方一列是北魏面临的社会问题，一列是孝文帝的改革措施，请你选取两项改革措施，解释这两项措施有利于解决哪些社会问题。

北魏主要社会问题　　　　　孝文帝改革措施

各族起义不断　　　　　　　均田制

人民流离失所　　　　　　　迁都洛阳

豪强控制地方　　　　　　　奉禄制

政治制度落后　　　　　　　崇尚儒学

民族压迫深重　　　　　　　说汉话等风俗改变

（3）结合孝文帝改革措施，谈谈你是怎样看待北魏孝文帝改革的。

本题是一道非常典型的开放性试题。首先，在第一问中，通过政权更替示意图为学生创建三国两晋南北朝时期国家分裂、民族融合的大时代背景，为学生解决下面两个开放性试题创设学习情境。第二问，具有明显的开放性，"下方一列是北魏面临的社会问题，一列是孝文帝的改革措施，请你选取两项改革措施，解释这两项措施有利于解决哪些社会问题。"试题设问开放，同时还赋予学生做题的选择性。说试题设问开放、思维结构开放，是因为每项改革措施发挥的作用不是唯一的，某项改革措施可以推论出多项作用，例如，均田制：分给农民土地、使他们有地耕种，从而有固定的生活居住之处，有利于解决起义问题、流离失所问题及民族压迫问题；再如，说汉话等风俗改变：说汉话、穿汉服、与汉族通婚等风俗，向汉族靠拢，促进民族交融，有利于解决各少数民族起义、民族压迫等问题，只要学生言之有理即可。说试题具有可选择性，是因为并不要求学生解释所有改革措施的作用，只要概括自己的理解，选择性回答即可。试题的第三问，同样具有明显的开放性，"结合孝文帝改革措施，谈谈你是怎样看待北魏孝文帝改革的？"这一设问给学生留出思考答题的空间，学生可以提出自己的看法或观点，再从改革措施中寻找证据，论证自己的观点，从而得出"北魏孝文帝改革不仅解决了一定的社会问题、巩固了北魏的统治，而且有利于北方经济的恢复和发展，推动了鲜卑等少数民族的社会进步，促进了各民族的交融，具有重要的历史意义"的结论。总体来看，本题第二、三两问思维结构开放，能够促使学生多角度思考问题，侧重考查学生推断、阐释等高层次能力，同时，问题具有可选择性，具有明显的开放性试题的特点。

8. 关注减轻学业负担

提到减轻学业负担，教师往往觉得是个非常矛盾的问题。历史纳入中考后，学校、家长与学生对历史教学期望值非常高，历史教师倍感压力。在这种情况下，历史教师从作业、练习、阶段检测等渠道落实知识，学生的作业量和检测量明显增多，在与学生的访谈中，明显能够感受到他们的心理负担加重，他们普遍认为作业与检测数量较以前增多，同时也认为历史课的趣味性下降、偏重于知识的落实。很显然，如果初中历史为了中考而重新走上应试教育老路，是不符合"深综改"精神与教育发展潮流的，也背离了教育改革的初衷。

一方面，社会、家长、学校要求出成绩，而出成绩难免会增加作业量、背记大量史实；另一方面，还不能给学生增加过重的学业负担，看起来两者似乎不可调和。课程标准在课程基本理念中提出"以普及历史常识为基础，使学生掌握中外历史的基本知识，初步具备学习历史的基本方法和基本技能，促进学生的全面发展""根据学生的心理特征和认知水平，以普及历史常识为主，引领学生掌握基本的、重要的历史知识和技能，逐步形成正确的历史意识，为学生进一步学习与发展打下基础"。由此可见，课程标准对学生的要求是普及性、基础性的应知应会内容，因此，在教学与检测中也不提倡增加难、繁、偏、旧的内容，相应地，试题及习题命制也应体现出减轻学生过重学业负担的意识。

那么，在习题命制中如何体现减负的意识呢？

首先，在考查范围上要严守课程标准的要求，习题命制时要认真领会课程标准的精神，准确掌握课程标准的三维目标要求，仔细核对每个考点是否符合课程标准要求的基本知识与基本能力，尽量考查学科主干知识、重大历史问题、国家发展历史，这样，从习题的数量、考查知识点的精准度上实现减负。

其次，减少试题单纯记忆性知识的提问，必要考查的内容也可以通过题干或多种材料创设答题情境，引导学生从中提取有效信息解决问题。在信息高度发达的今天，单纯记忆性知识对学生来说意义不大，学生如果想了解某一历史问题的具体细节，会有很多便捷的途径，寻找起来非常容易，相比之下，历史主干知识、发展趋势、能力、素养等就不是学生自己查找就可以轻易获得的，教学就应在夯实基础知识的前提下对这些内容有所侧重。那么，相应地，在习题命制中也应体现这一意识，减少单纯记忆性知识的考查，也就是相应减少学生死记硬背内容，达到减负的目的。遇到考查某一重大历史事件的影响或意义时，也可通过题干或材料创设答题情境、搭建答题平台，引导学生从材料中提取有效信息，再联系所学知识回答问题，尽量避免设计在没有任何材料依托的情况下，直接提问学生某一事件的影响的习题形式。因为，这种形式下学生的回答大多是对平时学习背记内容的反馈，没有思考过程，也体现不出能力水平层次，缺乏检测效度、信度。另外，在试题考查取向上侧重学科能力与情感、态度、价值观，也可以达到一定的减负目的。从课程标准与教学改革的角度看，倡导日常课堂教学通过培养学科能力、学科素养取代知识灌输的方式达到科学减负的目的，相应地，在习题设计中也可以增大对学科能力、素养的考查，减少死记硬背单纯知识的考查，能力与素养对于学生来说，一旦掌握，终身受益，更具考查意义。

具有减负性质的试题大多具备如下几个特点：

第一，基础性。试题侧重考查基础知识与基本能力，在考点上严格依据课程标准要求，不超出课程标准要求的考查范围，考点难题和易题的分布也依据课程标准能力水平层级中的基础、重点和难点各有侧重，不给学生增加额外负担，这就提示教师，在日常课堂教学中要注意抓住主干知识，对历史细节有所筛选。

第二，发展性。这类试题从学生长远发展的角度考虑，侧重考查能力、素养及学习过程、学习方法，往往给定充足材料，引导学生运用学习方法，凭借能力水平去发现、探讨、研究和解决问题。

第三，单纯记忆性知识减少。让学生能够直接背记默写出答案的试题越来越少，考查课程标准要求的主干知识，还要运用概括、比较、分析等才能得出答案，这就提示教师，在教学中不要刻意纠结于学生是否完整背记某些事件的影响或意义，要侧重对历史的理解以及能否在新材料与新情境下建立与旧知识的联系。

如何命制减负性试题？如何体现减负性试题的特点？通过下面例题来共同探讨、分析。

【例题】张骞两次出使西域，拓展了汉王朝的视野，引发了汉王朝与中亚、西亚各国相互贸易的强烈愿望，促成了西汉政府对丝绸之路的开辟和经营。观察图片，阅读材料，回答问题。

材料一：出示"丝绸之路"图片

材料二：丝绸之路开辟后的中西交往

从中国输入西方的物品和技术	从外国传入中国的物品和文化
①大量的丝和丝织品 ②凿井、冶铁	①中亚的葡萄、黄瓜、胡萝卜、大蒜等农作物 ②罗马的毛织品、玻璃等手工业品 ③罗马的杂技、印度的佛教

请回答：

（1）西汉丝绸之路开通后，假设一位长安僧人要去佛教发源地探求佛经，一位欧洲商人要来长安考查丝绸贸易，请你为他们设计合理的旅行路线。

（2）张骞通西域后，中国历朝都注重加强对西域（今新疆）的管辖，汉朝、唐朝和清朝分别设置了什么机构管辖这里？

（3)习近平主席提出共建"丝绸之路经济带"和"21世纪海上丝绸之路"

的战略构想,称为"一带一路",这一构想旨在借"丝绸之路"这一历史符号,沟通历史与未来,连接中国与世界。依据材料二及"一带一路"战略构想,说说古代丝绸之路对历史与现代的影响。

本题意在考查古代丝绸之路与中国历朝对西域的管辖,试题选择考点为课程标准要求的重点与时事热点,通过地图、表格材料创设答案情境与平台,设问侧重考查学生识图能力与分析能力,多种手段达到减负的目的,具有减负性试题的基本特点。

首先看第一问,"假设一位长安僧人要去佛教发源地探求佛经、一位欧洲商人要来长安考查丝绸贸易,请你为他们设计合理的旅行路线"。这个问题考查的是丝绸之路的路线,却并不需要学生死记硬背路线,地图为学生提供了寻找答案的依托,学生只要具备一定的识图能力,从地图中就可以寻找到僧人所走路线为,"长安—河西走廊—阳关、玉门关—西域—身毒(古代印度)";欧洲商人所走路线为,"大秦—安息—西域—阳关、玉门关—河西走廊—长安",这样就减少了对单纯知识的记忆与考查,侧重识图能力的考查。在历史学习中,历史地图是非常重要的学习材料,识图能力是课程标准要求学生必备的技能之一,学生掌握了这一技能,更换任何地图都可以从中提取信息、解决问题,可以说一通百通。

再看第二问,"中国历朝都注重加强对西域(今新疆)的管辖,汉朝、唐朝和清朝分别设置了什么机构管辖这里?"考查的知识点是课程标准要求的内容,学生需要识图寻找答案,同时,也要结合日常所学提取记忆中的知识。但这部分知识"唐朝管理西域的安西都护府、北庭都护府;清朝管理新疆的伊犁将军"是课程标准要求的重要知识,对其记忆的考查并不算增加学生过重的负担,总体来看还是侧重课程标准要求的基础知识。

最后看第三问,"依据材料二及'一带一路'战略构想,说说古代丝绸之路对历史与现代的影响"。这一问考查的是古代丝绸之路的作用与其对当今对外开放与经济发展的深远影响,要解答这个问题,从所学知识的记忆中并不容易找到答案,但是依据试题设问中的提示,结合材料二的内容就比较容易得出结论了。材料二通过表格的形式,展示了丝绸之路开辟后东西方物质与文化的交流互通,学生只要阅读表格内容基本都能够推断出"丝绸沟通了古代东西方,促进了东西方之间的经济文化交流",再结合第三问对"一带一路"战略构想的解释，将古代丝绸之路与现代中国对外开放联系起来，也能够分析出"古代丝绸之路在我国当今的对外经济文化交流中仍然发挥着重大的作用"。

总体来看，这一试题对单纯记忆性知识的考查比例非常小，侧重对基本的识图、推断、分析能力的考查，并且运用各种材料为学生思考、答题搭建了平台，体现了减负性试题的基本特点，具有一定的导向性。

四、试题设计中形成的几点启示

试题或习题是教学的延伸，在习题设计的过程中，笔者既有对习题的直观思考，同时也有对日常课堂教学的反思，形成了几点教学启示，深刻感受是：习题与教学的一脉相承，从习题命制的理念、遵从的原则、考查的内容、关注的热点都与历史教学互通互联、相辅相成。在命题的过程中，也使笔者重新认识了历史教学的许多方面，同时，也迫切希望将命题中领会的新课程改革的精神、理念，能力培养的过程、方法等内容融入教学，下面就几点启示进行探讨、分析。

1. 吃透课程标准

在习题命制的过程中，首先面临的问题就是习题要考查什么？以前命题多是教师凭借多年教学的经验，挑选常考的知识命题，没有特意去关注课程标准，包括在课堂教学中也总是凭借经验，将教学重点放在自己认为重要的知识上，忽略了课程标准的要求。2018 年，北京中考将历史列为选考科目之一，这就使得笔者在习题命制时，格外关注要考查的内容是否符合中考要求，由于没有看到考试说明、考试大纲之类的纲领性文件，就严格依据课程标准的三维目标要求来命制习题，进而对课程标准的重要性有了重新认识。

课程标准的地位是不容忽视的，它既是中考的依据，也是教师教学的重要依据，同时，也是考核习题是否科学合理的依据。教师要引领学生完成学业、迎接中考必须吃透课程标准，从而精准把握教学与中考的要求、趋势与大方向。只有吃透课程标准，才能领会习题命制的指导思想、抓住重要考点不偏离目标、保障习题形式符合教学改革要求、把握命题思路，并引导学生开展有效的学习与复习。

那么，要吃透课程标准的哪些内容呢？首先，要精准把握课程标准的宗旨，明确历史课程思想性、基础性、人文性、综合性的特性；其次，要理解历史课程标准的基本理念，特别是课程标准中对课程目标的表述；再次，达到理解历史教学三维目标要求并具体落实到日常教学、习题训练与试题检测中去，不仅教师要吃透课程标准，也应指导学生阅读领会课程标准中的课程目标与课程内容，让学生也明确自己的学习与复习目标，从而展开更有针对性的学习与复习，提高教学与复习的有效性。

笔者了解到，一些教师在日常教学及基本复习时，将课程标准的目标要求细目作为学习或复习目标印发给学生，不仅课上引导学生重点学习，还指导学生独立复习时依据课程标准细目展开，相当一部分学生期末考试成绩有所提升，可见这一做法有一定的可行性。

2. 夯实基础知识

尽管课程改革培养强调学科能力、提升学科素养，习题命制特别关注对学科能力的考查，但教师应当摆正知识、能力与素养三者的关系，知识是能力与素养的基础，卓越的能力与高素养都是建立在扎实的基础知识之上的，脱离基础知识，能力与素养都是空中楼阁，这就提示教师在日常教学中要夯实基础知识。

在习题命制中，倡导使用新材料、新情境考查旧知识，侧重考查学科能力，但新材料与新情境依然是以旧的基础知识为依托的，如果学生没有掌握扎实的旧知识，面对新材料、新情境会很难能领会题意，也就不能发挥能力水平解决问题。也就是说，要想正常发挥能力水平，还要掌握课程标准要求的应知应会的基础知识、基本史实。这就提示教师，在日常教学中要重视基础知识，通过多种手段与方法帮助学生夯实基础知识，培养学生养成良好的学习习惯与复习习惯，识记课程标准中要求的应知应会的基础知识，形成厚重的知识积淀，在考试中正常发挥自己的能力水平。

3. 建构知识体系

夯实基础知识，涉及怎样帮助学生掌握方法，其中，一个比较好的做法是寻找零散知识的内在联系、建构知识体系。这就提示教师，在日常教学中要抓住主干知识，在单元或阶段复习中要注意梳理知识脉络。可以通过时间轴、年代尺、大事年表等从时序上纵向梳理知识，并引导学生从中寻找知识的内在联系，归纳、概括阶段特征，也可以从政治、经济、文化等方面横向梳理知识，揭示知识之间的内在逻辑关系，从而使学生对零散的知识有整体认识、形成完整的知识体系。零散的知识点由于在知识体系的各种联系中被赋予了一定意义，也更容易被学生理解性掌握。

另外，从习题命制角度来看，虽然使用新材料、新情境考查旧知识，但需要学生快速地将新材料从各个角度与旧知识建立起联系，从而领会题意，顺利作答。这也提示教师，在日常教学中关注学生知识体系的建构，从时序、因果、延续等多角度、多维度，将零散的知识联系起来，有助于学生深刻理解历史、还原历史发展的真相。建构知识体系也不完全是教师的责任，可以给学生布置绘制年代尺、思维导图等动手动脑的作业，引导学生独立建构知识体系，帮助提高学生归纳、概括与整理知识的能力，以及巩固基础知识、把握阶段特征、增强学生成就感。将习题、试题融入日常课堂教学，也能增进教学有效性。

4. 培养学科能力

课程标准中的课程目标强调历史学科能力，反映在习题命制的过程中侧重考查学生的学科能力，无论选择题还是综合题，都呈现出"新材料、新情境、旧知识"的模式，试题题干设计问题的特点是将旧知识与新材料有机融合、渗透，在基础知识扎实的前提下主要看学生的能力水平状况，那么，相应的日常教学就要培养学科能力。然而，能力不是一时半刻就能形成的，需要教师在教学中坚持不懈地培养与反复的训练。

有时笔者也苦恼，为什么教授过时间年代换算、比较和推断的方法，学生在考试中还是出错呢？一个比较客观的原因就是，历史学科时间并不充足，没有反复做题训练的机会，国家政策也不允许教师布置大量的课后作业。针对这种现状，笔者认为，要充分利用课堂教学时间为学生创造训练的机会，具体来说，可以依据课时的具体内容安排不同能力的培养训练，可在某一阶段集中训练、培养一种能力。比如，在学习远古人类历史时，由于多使用考古化石文物还原历史，因此，这一时段的教学就可以集中培养考证的能力，用多种文物对学生开展探究文物适用性的训练，经过一段时间的连续培养、训练，学生考证的能力与史料实证的意识都会有一定的提升。再比如，在中国古代史的教学中，会出现多位古代帝王，如秦始皇、汉武帝、唐太宗等，这时就可以集中训练学生掌握评价历史人物的基本方法，经过多个帝王评价的反复训练，学生评价历史人物的能力就会有所提升。

对于教师来说，也应提前做好教学设计，将每个教学环节应培养的能力、训练的方法提前设计，在背景与影响中培养分析能力、在使用地图时培养识图能力、在同类历史事件或现象比较时培养比较能力，甚至可以将习题或试题引入课堂教学环节，作为教学材料，在学习新知识的同时，引导学生分析材料、解决问题，从而充分利用课堂中的一分一秒，在每个教学环节上都有相应的能力培养，坚持下来也会有所收获。

能力的培养往往和过程与方法存在紧密联系，这也提示教师在课堂教学中要重视过程与方法。如培养评价历史人物的能力，如果教师只给学生讲解人物，而不讲评价的方法，没有评价过程的引导示范，学生可能需要大量训练才能摸索出其中规律。教师一开始就应该给学生讲清评价人物的方法，如历史地评价、辩证地评价等，接着以某个历史人物为例，展示人物概况，列出功过事迹，然后依据功过事迹的作用、影响，历史地、辩证地评价历史人物，引导学生更快速、高效地掌握评价方法、学会评价过程，最后通过两三个历史人物评价的反复训练，学生的历史人物评价能力就能迅速提升。

同时，教师也可将某些历史人物评价的习题引入课堂教学，如给某位古代帝王设计名片、制作人物档案卡片等题型，在课堂上使用这种形式会比单纯讲授的形式更生动、新颖，学生参与的兴趣会更高，也是提升评价能力的方法之一。

历史教学中还经常出现历史地图，试题经常会考查学生识读地图的技能，同样可以依照上述方法，在习题中以设问的形式将识读地图的方法与过程呈现出来，如提问学生从图例中观察到的信息，结合图例分析地图呈现的战争形式，观察全图，给示意图确定名称等，起到指导学生阅读地图名称与图例和依据图例观察地图反映的有效信息。这类试题也可直接移植入课堂，随堂指导学生观察地图的方法与过程。经过引导与训练，学生识图技能也一定会有提升。

总之，通过习题将能力培养的过程与方法可视化、具体化，学生接受检测的过程同时也是再学习、再提升的过程，能力提升一通百通。这样的习题具有学习导向功能，可测、可学、可教，将考、学、教融会贯通，是课程改革倡导的习题或试题方向。

5. 注重学科特色

作为人文社会科学中的一门基础学科，历史学科有自己的特色与价值功能，对学生的全面发展和终身发展有着重要的意义，反映在习题命制上就是要关注学科特色与价值功能取向。这提示教师在日常教学中要关注这一方面。历史的学科特色包括多个方面，如时空性、史料实证、论从史出等，这些学科特色反映在习题命制中就是以历史发展的眼光命制试题。在命制经济方面的试题时，教师不必过于纠结经济类专业精深的知识，而要站在历史发展、演进的角度看经济问题，如命制罗斯福新政的试题时，不必用专业的经济知识解释危机的成因，只要从造成危机的主要原因——"生产相对过剩与消费能力不足"的角度来看即可。试题侧重考查罗斯福应对危机的措施及作用，而不必花大力气在危机成因上设问考查。在命制文化方面的试题时，不必过度纠结于文学艺术作品的艺术造诣，而要将文学艺术作品放在它所处的时代中，分析其历史价值与反映的时代特色；相应地，命制试题的落脚点应放在文学艺术作品与历史的联系上，而不局限于文学艺术作品本身的特色，如透过唐诗可以观察唐代历史繁荣开放包容的盛世特征以及由盛而衰的演变。总的来说，无论是什么试题材料，其立足点都是历史，或者说，只有将其放入历史长河的发展演进中考查，才具有历史学科特色。这也启发笔者，在日常教学中处理相关知识点时要遵循这一原则，保持课堂教学厚重的历史味道。

追求立意高远与积极价值取向也是历史学科的特点。课程标准在对课程性质的解释中提出"坚持用唯物史观阐释历史的发展与变化，使学生认同中华民族的优秀文化传统，增强爱国主义情感，坚定社会主义信念，拓展国际视野，逐步树立正确的世界观和人生观""以人类优秀的历史文化陶冶学生的心灵，帮助学生客观地认识历史，正确理解人与社会、人与自然的关系，提高人文素养，逐步形成正确的价值取向和积极向上的人生态度，适应社会发展的需要"。历史这一学科特性，体现在习题命制上就要求习题的立意高远、能够彰显人文性，让学生从历史中汲取智慧，形成积极向上的情感态度，树立正确的世界观、人生观、价值观，这也是中高考这类重大考试中的命题趋势之一。试题的命制趋势，对教学也有一定的导向作用。教学应高度关注历史学科的积极价值取向，选用真实、生动的历史细节、名人事迹触动学生的灵魂，在潜移默化中形成历史责任感、民族自信心和健全的价值观。

怎样在潜移默化中培养学生积极的价值取向？没有速成的捷径，需要教师在课堂教学中依据教材学习内容适时调整、时时启发引导。如讲杰出历史人物时，就要从他们的言行引导学生认同他们爱国爱民、德才兼备、意志坚强、勇于探索、积极创新、勇敢自信等优秀品质与榜样精神；讲中国近代史的各个时段时，就要突出对学生进行救亡图存的民族精神、实现中华民族伟大复兴的英勇奋斗和艰苦探索精神的弘扬；讲中国社会主义建设的各个内容时，就要引导学生认识中国共产党在中国革命、建设和改革事业中的决定作用，形成对国家、民族的认同感与历史责任感；讲科学技术发展成就时，就要引导学生认识科学技术对人类历史的推动作用，树立崇尚科学的意识与求真求实的科学态度。总之，就是以学习内容为依托，适时、时时、生动地进行情感、态度、价值观教育，形成正确的价值观和积极进取的人生态度以及健全、健康的个性品质。

历史是逝去的事情，但历史与现实之间存在着紧密的联系，历史的价值在于以古鉴今、古为今用，因此，习题命制时还要注意体现时代性与时代特色。在高考及各地中考试题中，往往会将现实生活与时事热点作为切入点或材料情境入题，在设问中也会建立旧知识与现实的联系来解决问题，如通过知识与现实的联系设置问题等，会从多角度反映社会现实与时代主题。中高考命题的这一时代性趋势传达的理念是历史知识与现实生活的互通互融，要注意引导学生发现生活中的历史，给课堂教学的启示是遵循历史教学的时代性和现实性的重要理念，抓住社会民生、时事热点，建立历史教学与现实社会的密切联系。

教学中应如何做呢？首先，教师要关注现实生活与时事热点，抓住那些能够与历史知识建立联系的时事热点或鲜活的社会生活现象，将其引入课堂教学。然后，将历史教学与时事热点、时代主题、社会生活结合起来，引导学生以历史的经验、智慧，观察现实问题，或以现实的眼光反观、审视历史知识，从而加深对历史的理解或洞悉现实问题。教师可将一些具有时代性的习题引入课堂教学，如第三次科技革命成果产生的作用、影响，就可以将习题中常见的日常生活中使用的科技产品出示给学生，引导学生从生活感受来推断作用、分析影响，试题为学生营造亲切熟悉的答题环境，并运用在教学中，用贴近生活的信息引导学生理性探索历史知识，这样，学到的历史知识与理解的历史内涵是真实而生动的，由于是来源于生活体验与社会现实，会给学生留下非常深刻的印象。

6. 转变学习方式

课程标准在课程设计思路中强调教学方式与学习方式的多样性，提出了"课程内容是学生必须掌握的历史基础知识及必须经历的历史思维训练过程；教学活动建议旨在倡导多样的教学方式，促进学生更积极、主动地对历史进行感知、理解和探究，教师可在具体实施中酌情处理，因材施教"的建议。

传统的历史教学比较注重教师传授历史知识，学生接受历史知识、自主学习的能力与主动探究的意识相对偏弱。课程标准与教学改革都强调要突出学生是学习的主体，要引导学生学会自主学习、终身学习，发挥学生学习主体的地位作用，需要教师转变单纯讲授的教学方式，将多样化的教学方式应用于课堂教学，从而激发学生兴趣、培养自主学习意识与能力。这一理念体现在高考与各地中考试题中，出现了用试题呈现学习过程、采用探究学习方式逐步设问的命题趋势，带来了试题命制的新一轮变化与创新。

历史学习是一个感知—理解—运用—创新的不断提升的过程，学生先要感受历史，在感知的基础上理解历史，进而能够运用与创新。教师在习题命制时，将学生学习历史的过程以层层递进的问题设置的形式呈现出来，学生答题的过程就是一次完整的由感知到理解的学习过程，教师通过引导学生在这一过程中自主学习、探究，学习方式由被动学习转变为主动探究。

在题干中可以清晰地看到，这类试题引导学习过程的四个环节设计：

环节一"感知历史提取信息"、环节二"收集整理积累知识"、环节三"自主探究获得认识"和环节四"联系实际升华情感"。通过逐渐加深认知程度与能力要求的四个学习环节，引导学生自主学习探究解答问题。有些试题即使题干中没有这类环节设计，也会通过由浅入深的递进式设问，引导学生自主学习探究问题，体现了学生作为学习主体的地位。

试题命制变化对教学具有反拨作用，启示教师在教学中引领学生由被动学习转变为主动学习探究的自主学习。教师可以通过设计丰富多彩的课堂学习活动，运用生动翔实的史料，遵从历史学习过程，引导学生积极主动地投入学习活动，在参与活动的过程中发现问题，并运用所学知识分析问题、解决问题，从而改变死记硬背与被动接受的学习方式。还可借助多媒体、网络等教育技术和历史遗存、博物馆等教学资源，组织丰富多彩的教学活动，引导学生在"做"中体验、探究、感悟历史，满足学生个性化学习的需要，使历史教学真正"活"起来，成为培养学生历史素养和创新精神的平台。还可引入评价量规等有助于学生自主学习的实用工具，针对课堂中应知应会内容，设计科学合理的评价量规，指导学生借助评价量规的评价标准，开展自主学习或自主复习，运用评价量规的导向作用转变学习方式。

7. 加强专业学习

南宋诗人朱熹《观书有感》有"问渠那得清如许，为有源头活水来"的名句，意思是说，这水为何如此清澈呢？那是因为源头总有活水补充，一直不停地流出来，传达出学习永不停息的精神。不断学习的精神是教师必备的职业精神。

在习题命制过程中，笔者深切感受到，命制一道漂亮的习题并非易事，习题或试题要符合教学改革理念，要搜集多样、多元的史料丰富素材，要用唯物史观等多种史学观点统领全局。越是深入研究，越感觉自己知识贫乏、理论欠缺，亟待加强历史专业学习。教师专业知识水平的高低很大程度上决定着教学质量的高低，教师要想在教学中站稳脚跟、适应中考，需要不断提升历史专业素养。从更长远的角度看，课程改革的深入推进，也有赖于广大教师从理念到行为的改变，有赖于教师专业素养和水平的提高。

面对教学改革新形势的要求，该从哪几个方面提升历史专业素养呢？首先，是历史专业知识，尤其是对课程标准及教材涉及的历史知识精准把握，并通过广博的知识为学生讲授。其次，还要掌握以唯物史观为主的多种史学观点，以此来统领全局、整合知识，让学生对革命史观、文明史观、社会史观、现代化史观有所了解，关注史观与史实的结合，学会掌握史观科学理论与方法，认识历史与现实问题。再次，要不断更新观念，熟悉教学改革新动向，关注史学研究，站在高位引领教学。至于途径，一是订阅比较权威的历史教学专业期刊杂志，第一时间了解教学改革新动向，获得一些可借鉴的优秀经验；二是积极参加市、区组织的教研活动，听、评课，参加各类教学竞赛评比活动，与专家同行交流探讨，在实践中提升自己，这些途径都可以有效地提升教师的专业素养。

综上所述，习题是连接教学与考试的桥梁。一方面，习题是课堂的延伸，检测课堂学习效果；另一方面，习题又连接着考试，精准的习题练习可以夯实知识基础、提升能力素养，为学生从容应考做好准备。因此，教师应充分注意习题的命制，从优秀习题、试题中领悟教学启示，运用习题、试题反拨作用，分析、反思教学中的得失，改进不足，以适应教学改革的步伐，培养学生历史学科素养。

历史中考考查取向侧重学科能力，教师在应对中考时应牢牢抓住学科能力这一关键，从学科能力培养的角度命制、开发习题、试题，利用习题、试题反拨教学，将试题与课堂教学融会贯通，提升学生的学科能力与素养。开发、利用试题只是培养学科能力的一个方面，教师在常规教学中更应关注学科能力，围绕学科能力展开教学，甚至可将试题恰当地融入教学过程中，通过试题将能力培养的过程与方法可视化、明确化，进而实现学科能力培养与学科素养全面发展的目标。为了学生的发展，教师应不断提升自己的历史专业素养，研究、命制科学合理的习题、试题，并在这一过程中反思教学方式方法的改进，引领学生从容自信地迎接中考。

第五章
历史微课设计与学科能力培养

第五章　历史微课设计与学科能力培养

第一节　中学历史微课的现状分析及设计流程

　　培养学生的历史学科核心素养是中学历史教学的重要任务。历史学科核心素养与历史学科能力密切相关，而学科能力体现在学习理解、实践应用与迁移创新三个层面的多种能力要素上。培养学生历史学科能力是历史微课的重要目标之一，围绕能力培养设计制作微课，使微课成为培养历史素养与能力的重要资源。微课设计制作应当突出能力培养的学科特色与价值取向，注重引导学生掌握过程与方法。

　　2014 年，教育部在《关于全面深化课程改革落实立德树人根本任务的意见》中将发展学生的核心素养作为深化课程改革的关键环节。随着"互联网＋教育"的深入发展，适用网络学习的"微型视频网络课程"（简称"微课"）成为新型学习资源。因此，以培养学科素养与能力为目标的历史微课设计制作具有研究价值。

1. 中学历史微课现状分析

　　微课一般为 5-8 分钟，具有短小精悍、交互性强和个性化学习的特点，在初中历史学习中应用广泛。目前历史微课主要用在学生在线学习、辅助课堂教学、讲解习题以及教师发展方面。微课设计制作也存在一些问题，一是微课功能未与课堂教学相区分，导致微课效仿课堂教学，追求环节齐备和体系完整，造成超载，不符合微课短小的特点；二是微课教学设计性不强，教师一讲到底，所教内容枯燥，缺少学习过程与方法指导，不能满足学生核心素养与学科能力发展需求；三是微课表现技术比较单一，图文、动画、影音与学习内容配合缺失，无法为交互学习与自主学习提供便利。在核心素养背景下，如何设计制作才能发挥微课特点、实现培养素养与能力的目标呢?

2. 微课设计制作的思考与建议

(1) 微课制作基本流程

微课制作具有一定流程(见图 32),主要包括三个阶段。三个阶段任务不同,其中,微课目标、微课设计与微课评价是微课设计制作的关键环节,历史微课设计制作同样遵循上述流程与准则。因此,历史微课如何确定目标、如何依据目标设计微课、如何进行目标达成效果的分析? 这些问题都关系着微课的成败。

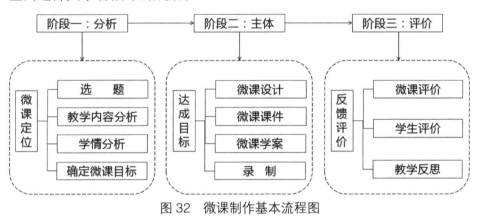

图 32　微课制作基本流程图

(2) 确定微课教学目标

依据课程改革与课程标准要求,核心素养背景下的历史微课应当关注学科能力,将学科能力培养作为微课教学目标。郑林教授在《提高历史素养　深化课程改革》一文中指出:"历史学科能力的养成与历史知识的学习密不可分。学习、理解历史知识,探究历史问题的过程,就是培养历史学科能力的过程。"因此,以学科能力为目标,可以将知识、能力与素养的教学要求有效融合。实际操作中,可以依据历史学科能力表现指标体系(参见表1)确定微课目标。以部编版七年级上册第一单元为例,微课目标的确定首先要以单元教学重点为主题,准确把握基于历史学科核心素养的能力表现,然后,依据能力表现确定微课目标(参见表19),关注能力目标的层次性与多元化。

表 19　微课教学目标确定示例

能力要素	能力表现	微课教学目标
A2 说明	A2-1 将历史概念和它指代的具体史事对应 A2-2 用证据说明历史观点、结论 A2-3 用文字或图示说明历史概念之间的关系	将考古发现与北京人的生活概况对应起来 将"禅让"制与其表现对应起来 依据材料说明黄帝对中华文明的贡献

（3）依据目标设计微课

确定微课目标后，就要依据目标设计微课。概括、比较、解释与评价相对于识记、说明能力要求高、难度大，学生表现水平低，但这种能力实际应用更广。

（4）目标达成效果分析

课程评价是微课设计制作的第三阶段，目前普遍重视不够。微课录制使用后，还应关注目标达成效果，对目标达成效果的评价与分析，有助于发现问题、提升微课设计制作水平。评价微课应从学习效果与微课设计效果两个角度进行，通过学习任务单、问题检测、评价量规等手段可以评价学习效果；从目标达成、教学策略、资源设计等角度可以评价微课设计效果。综合上述两个角度的评价状况，撰写教学反思，最终形成微课目标达成效果的全面分析报告（参见图 33）。

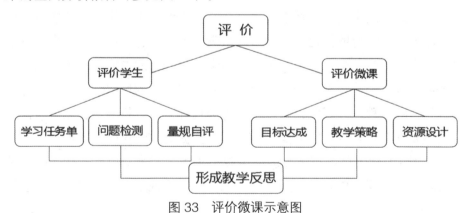

图 33　评价微课示意图

在学生学习效果评价中，学习任务单、问题检测等手段都是教师单向评价学生学习效果，而量规自评可以使评价多元化；同样，在微课设计制作效果评价中，也可以采用评价量规进行（参见表 20）。

表 20　微课评价量规

项目	评价标准	分值
目标达成	目标设计符合课标要求与学情；学生达成目标效果良好	30 分
教学过程	达成目标过程与方法设计合理，有操作性；学习活动设计有层次、有实效性；教学内容符合微课特点与学生认识规律……	50 分
资源设计	课件制作科学美观；配套练习、评价量规符合微课目标	10 分
视听效果	画面、声音及动画与教学内容匹配，能激发兴趣、引导学习	10 分
微课总分		

第二节　学科能力培养目标下的历史微课设计

本节，笔者将以案例分析的方式，围绕历史学科 4 种学科能力培养的目标，探讨历史微课设计制作的过程。

1. 以概括能力培养为目标的微课设计

北师大历史学科能力表现指标体系将概括能力表述为："从材料中提炼要点，概括中心思想；从具体史实中抽象出本质特征；将史事按一定标准归类。"有学者认为，概括是一种特殊形式的综合，是关于事物共同点的综合。因此，概括是寻求历史规律的必由之路，为更高思维能力奠定基础。以概括能力培养为目标的历史微课设计制作，应当营造相关历史知识背景，并遵循概括能力的思维过程，引导学生掌握概括的方法。

例 1："概括部落联盟首领更替的基本原则"微课设计制作。

微课首先出示尧舜禹的图文材料，结合图文材料讲述三者德才兼备、推举自己接班人的传说；然后，指导学生阅读材料找关键词，如推举让位品行高尚、全身心治水的禹；接下来，用表格分类、归纳信息（参见表21）；最后，指导学生运用表格分类、归纳的信息概括部落联盟首领更替的基本原则。从"作为"可概括出选人标准为德才兼备；从"继任"可概括出更替方式为民主推举。微课设计制作更关注于引导学生掌握概括的过程与方法，找关键词中的有效信息、运用表格归纳有效信息并从中提炼上位概念，从而把具体信息抽象为本质特征。

表21　概括部落联盟首领更替的基本原则

项目	尧	舜	禹
作为	鼓励开垦	品行高尚	全心治水
继任	推举让位	推举让位	

2. 以比较能力培养为目标的微课设计

北师大历史学科能力表现指标体系将比较能力表述为："比较历史人物、历史事件、历史现象的异同，比较不同的历史观点。"有学者认为，比较是确定被比事物的共同点和不同点。通过历史事件间的相互比较，可以从共性中寻求规律性，从差异性中探索矛盾的特殊性。从上述对比较能力的表述看，比较能力培养的关键环节是确定比较的角度或项目，才能避免盲目比较。因此，微课设计也应引导学生体验确定比较角度的过程。

例2："比较北京人与山顶洞人外貌的差异"微课设计。

首先，微课出示北京人与山顶洞人的头部复原图，指导学生从体貌特征的各个环节，对自己设计的表格逐一对比；然后，提问学生北京人与山顶洞人的外貌有什么差异，学生对比后认为每处都不同，找不到最根本的差异：北京人保留了猿的特征，因而更加原始；而山顶洞人与现代人基本相同，因而更加进化。为引导学生找到最根本的差异，微课表格增加一列"体貌特征"，引导学生从前额、眉骨、颧骨等概括出体貌特征，从而得出根本差异：北京人外貌更原始，山顶洞人比北京人更进化（参见表22）。本微课设计通过列表归纳，帮助学生确定比较角度，在各角度的比较中寻求规律特征，从而得出结论。

表22　比较北京人与山顶洞人外貌的差异

名称	前额	眉骨	颧骨	鼻子	嘴巴	下颌	体貌特征
北京人	低平狭窄	粗大	突出	扁平	前伸	粗壮	保留猿的某些特征
山顶洞人	饱满较宽	细而低平	低平	挺拔	平伏	细小	与现代人基本相同

3. 以解释能力培养为目标的微课设计

北师大历史学科能力表现指标体系将解释能力表述为："分析、推断历史事件、现象的因果关系，对后世的影响；判断历史人物的行为动机。"历史解释是五大学科素养之一，依据解释能力的表述，分析背景或原因、推论作用或影响、判断动机、预测发展等学习活动都属于解释能力范畴，整合了多种学科能力。因此，解释能力培养是微课设计的重点。此类微课设计，首先应将解释的事件或现象置于一定时空背景之下，然后再按照一定思路方法分析、推论与判断。

例 3："推论河姆渡居民房屋的作用"微课设计。

微课首先出示原始农业区域分布示意图，将河姆渡居民置于时空背景下，发现其生存环境面临的问题，如低洼多雨、炎热潮湿、虫兽出没；然后，出示河姆渡居民遗址考古发现的房屋遗迹及复原房屋图片，推论遗址中的材料遗迹与房屋构造能够解决哪些生存环境面临的问题，如草木尖顶可以解决低洼多雨、炎热潮湿的问题，架空木桩除可以解决上述两个问题外，还可以躲避虫兽；最后，结合推论结果得出河姆渡居民房屋的作用：防潮、通风、躲避虫兽。本微课的设计特点在于引导学生将要解释的事件或现象置于时空背景之下思考分析，从时空背景中多角度发现问题并推论事件对解决问题的作用。

4. 以评价能力培养为目标的微课设计

北师大历史学科能力表现指标体系将评价能力表述为："对历史人物、事件、制度作出价值判断；评析对同一个历史人物、事件、制度的不同看法。"吴波、尹红等学者认为，评价属于历史认识，可以称之为评价性认识，它是在事实判断、成因判断等低层次认识基础上，对历史上出现的事件、人物、制度和过程等进行是非善恶或利弊得失的评价，以资鉴于现实的认识，即价值判断。价值判断是历史认识的最高层次，历史教学重点应该从价值判断的角度进行确定。以评价能力培养为目标的历史微课，应侧重对评价方法的引导。

例 4："评价黄帝"微课设计。

微课采用设计"黄帝档案卡片"的形式引导学生评价黄帝，掌握评价历史人物的过程与方法（参见表23）。要全面客观评价历史人物，首先，要明确人物（黄帝）基本信息，列举他（黄帝）的主要事迹。然后，依据事迹逐一评价作用，如打败蚩尤，打破氏族界限，为华夏族形成奠定基础；建房制衣，改善人民生活条件；发明纺织、创造文字、编乐谱，增进了文明程度。最后，给出黄帝总体的定性评价——中华民族的"人文初祖"。微课进行到这一步，评价黄帝的目标已经达成。为引导学生进一步明确评价历史人物的方法，可以追问学生："从评价黄帝的事例来看，你认为评价历史人物的方法是什么？"在学生思考、回答的基础上，教师总结评价历史人物的方法：了解人物概况—掌握主要事迹—依据事迹进行评价。本微课的特点在于明确并强化评价历史人物的过程与方法，进而提升评价能力。

表23 黄帝档案卡片

人物名称	轩辕黄帝	
主要事迹	1. 联合炎帝部落打败蚩尤； 2. 建房制衣、造舟造车，改善了人们的衣食住行条件； 3. 他的妻子与部下发明纺织、创造文字、编乐谱。	
人物评价	打破氏族界限，为华夏族的形成奠定了基础； 改善生活条件、增进了文明程度； 被尊为华夏族的先祖、中华民族的"人文初祖"。	

第三节　历史微课案例研究的教学启示

1. 关注能力培养的过程与方法

核心素养背景下历史微课的主要目标是学科能力的培养，而能力的提升需要遵循一定的过程，掌握基本的方法。因此，微课设计都是依据能力特点与表现进行的，将达成目标的过程拆分成由浅入深不同层次的活动任务，引导学生通过完成活动任务来体验过程、掌握方法。在历史课堂教学中，学科能力培养同样是重要的教学目标之一，历史课堂教学可以效仿微课，依据能力特点与表现设计学习环节，用学习活动过程引导学生掌握一定的思维方法，通过实践总结，提升能力。目前，部分教师尝试课前制作能力培养的微课，辅助课堂教学，也取得了实际效果，不但拓展了历史微课使用的途径，而且为核心素养背景下历史教学提供了新资源。

2.历史学习情境的营造与创设

微课以能力培养为目标，为达成目标而设计的各种学习活动都为学生营造了历史学习情境，在学习情境中将多种因素联系起来思考并得出结论。如"推论河姆渡居民房屋的作用"微课设计，首先出示原始农业区域分布示意图，将河姆渡居民置于六七千年前长江下游的时空背景之下，引导学生思考河姆渡居民面临的生存环境问题，再联系考古发现复原房屋，分析房屋与生存环境问题之间的联系，进而推论出房屋的作用。历史五大核心素养包括"时空观念"，就是对事物与特定时间及空间的联系进行观察、分析的观念，这里的"时空"不仅是时间和地点，而且是特定时空之下多种事物的关联，营造历史学习情境为学生建构多种事物的联系创设了条件。在历史课堂教学中，同样可以通过营造历史学习情境，引导学生将认识的对象置于具体的时空条件下进行考察，达到提升素养与能力的目标。

3.关注高层级能力要素的培养

在历史学科能力表现指标体系中，提及了迁移创新层次的建构、考证与探究能力，虽然没有列举相关微课的设计思路，但历史教学中应高度关注这些高层级能力要素的培养，为学生的全面发展、创新发展创设条件。2019年的北京历史中考题最后一问压轴试题："大西山留下很多名人遗迹，如曹雪芹纪念馆、孙中山纪念堂、梁启超墓。从以上人物中任选一位，围绕他在历史上的贡献，确定研究主题，并对如何进行研究提出建议。"就是一道考查探究能力的试题，检验学生是否具备独立提出问题并解决问题的能力。考试是教学的延伸，也助推教学改进，中考的这类新型问题提示课堂教学应关注高层级能力的培养，促进学生能力全面、多元发展。

4. 规划初中阶段能力培养目标

"历史学科能力表现指标体系"由低到高全面覆盖各能力要素，为促进学生能力全面、多元发展，应对初中阶段能力培养目标有所规划。如学习远古人类历史时，多使用考古发现还原历史，这一时段教学可集中培养考证能力与史料实证素养；学习秦始皇、汉武帝与张骞，教材全面记述了他们的作为与事迹，为评价历史人物提供了素材，这一时段教学可集中培养评价能力。教师可提前录制相关能力培养的微课，发挥微课短小精悍、个性化学习的资源优势，辅助课堂学习活动。

第六章

实践情境类试题分析与实践活动设计

第六章　实践情境类试题分析与实践活动设计

第一节　北京中考历史学科社会实践情境类试题分析

2021 年，北京中考改革，实行初中学业水平考试，为期三年的历史中考选考结束。回顾 2018—2020 年连续三年的北京中考历史试题，第 34 题作为每年的压轴大题，一直保持着以社会实践为情境、感悟古都北京文化的命题特点，在试题情境、结构与设问上都颇具典型性，具有分析与反思的价值。"社会实践情境 + 北京地域文化 + 知识能力考查"的命题模式，凸显对学科素养与综合实践活动的考查力度，引发教师对社会实践活动与历史教学有效整合的关注与思考，说明第 34 题的试题命制非常成功。"评价最重要的意图不是为了证明，而是为了改进"，分析三年来中考历史第 34 题的特点和变化，总结规律与变化趋势，将其学科示范作用拓展、延伸到日常教学中，进而打开教学视野，提高教学与备考的实效性。

1. 试题分析

北京中考历史试题贯彻新课改理念、依据课程标准的要求命制，关注社会现实，引导学生从现实角度理解历史，并寻求对现实问题的历史解释。从三年来第 34 题（见表 23）内容来看，除保持上述命题原则外，又兼具连贯的独特性，如依托社会实践情境为学生搭建平台，关注学生学习过程，聚焦能力考查，挖掘北京地域文化资源的命题特点。

表 24　北京中考历史试题第 34 题（摘要）

年份	考题
2018 年	北京中轴线是华夏文明的精彩印记，某历史社团开展了中轴线考察活动。 【路线规划】依据图文材料填写地名。 【文献研究】依据材料说出明清北京城市布局的特点。 【实地考察】依据材料概括中华人民共和国成立后中轴线的变化。 【成果运用】说明北京中轴线符合申遗提名一项标准的理由，提出一项助力申遗的行动建议。

续　表

年份	考题
2019 年	大西山，涵盖北京大西山、永定河流域及周边地带，拥有秀丽的自然风光和丰厚的文化遗产，某历史社团开展了大西山考察活动。 【博物馆参观】填写任务单。 【实地考察】依据考察资料概括京西古道的作用。 【听抗战故事】依据故事说出大西山地区八路军的作战方式，以及传单体现的精神。 【看新闻报道】依据报道并结合所学，说明史家营乡的产业变化及原因。 【活动延伸】选一位历史人物，围绕他在历史上的贡献，确定研究主题，并对如何进行研究提出建议。
2020 年	朝阜路浓缩北京历史，延续城市文脉，某历史社团开展了朝阜路考察活动。 【搜集资料 规划路线】依据材料填写地名与朝代，写出朝阜路路线的变化。 【实地考察 主题研究】从三个主题中任选一个，并选取两个相关考察地点，仿照示例说明考察地点与主题的关系。 【整理笔记 感悟文化】依据图文笔记，概括朝阜路的历史文化特点。 【成果运用 提升认识】按要求为朝阜路的发展提出一个建议。

一是以社会实践为情境。

第 34 题连续三年都以社会实践作为设问情境：2018 年是北京中轴线考察活动，2019 年是北京大西山考察活动，2020 年是北京朝阜路考察活动。初中历史课程标准在教学建议部分明确提出："注重培养学生的创新意识和实践能力……引导学生积极参与校外的历史考察和社会调查，在实践中发现问题，并运用已学的历史知识、技能和方法去解决问题，提高实践能力。"北京市教委为实现学生"宽"向发展，提高实践能力，颁布《关于初中综合社会实践活动、开放性科学实践活动计入中考成绩有关事项的通知》，规定学生完成初中实践活动，实践活动成绩计入相关科目中考原始成绩。第 34 题仿照学生参加综合社会实践活动的情境命制试题，不仅加大对综合实践活动的考查力度，还为学生营造了熟悉又亲切的考查情境，引导学生在熟悉的情境中学以致用，为学生主动学习、积极探究提供条件，考查学生运用已学的历史知识、技能和方法去解决实际问题的能力。

二是关注学习过程引导。

第 34 题在试题结构上关注对学生学习过程的引导。2018 年试题分为四个环节：路线规划、文献研究、实地考察、成果运用。试题结构按照学生开展社会实践活动设计：行前规划路线与研究背景材料，行中实地考察，行后整理研究成果。四个环节涵盖了实践考察的基本过程与方法，体现了新课改倡导的理念——在教学过程中加强对学生学习方法的指导。2019年则在上一年度社会实践活动四个环节的基础上，新增了填写任务单、听故事或看新闻搜集材料、主题研究等活动，体现了实践活动中常用的任务单引导、查找收集历史信息、运用材料探究问题的过程与方法。2020年继续保持行前、行中与行后的活动过程，又新增整理笔记的内容，体现了实践活动过程中整理并运用考察笔记分析问题的方法。

三是聚焦学科能力考查。

第34题通过设置不同层次的问题聚集关键能力的考查。以2018年的设问来看，五个问题分别是：填写地名、说出特点、概括变化、说明标准与提出建议，五个问题由浅入深，考查了学生的识图、说明、概括、解释和建构能力。2019年，在最后一问设置上变为"确定研究主题，并对如何进行研究提出建议"，考查能力由建构上升为探究，对能力要求更高。2020年的设问基本与前两年保持一致，只是最后一问又变为"提出建议"，再次考查建构能力。总体来看，三年问题设置波动不大，虽然社会实践活动考察的地点不断变化，但强调在新情境下综合调动多种能力解决问题的特点不变，通过富有梯度的问题、分层次考查多种历史学科能力的特点不变，体现出历史学科在发展学生基本能力与素养方面的重要作用。

四是挖掘地域文化资源。

第34题在价值立意上始终突出首都特色。北京拥有源远流长的古都文化、丰富厚重的红色文化和独具特色的京味文化，试题在情境素材选取与问题设置上都体现出传承古都文化、增强文化认同的价值立意。试题挖掘深入中轴线、大西山与朝阜路的地域文化资源，浓缩展现北京历史文化特色，引导学生从历史与现实的不同角度学习北京文化，并通过提建议等问题任务，引导学生参与北京文化宣传、培养社会责任意识，增强文化自信。

2. 试题启示

"对学习评价问题对策的分析，有利于促进学生的学习和改善教师的教学。"从上述对第34题的分析可见，虽然考查的学科能力略有调整，但"社会实践情境＋北京地域文化＋知识能力考查"的命题模式保持了稳定，由此总结规律，把握方向，反思教学差距，探索改进策略，发挥试题分析的积极作用。

一是实践活动与统编教材的有效整合。

第34题一贯以社会实践考察活动为情境，考查学生综合运用所学知识和方法解决新情境中新问题的能力。历史教师需要反思的是：自己对实践考察活动重视够不够，有没有建立起实践考察与历史课程之间的联系。通常，由于九年级教学、备考时间紧、任务重，实践考察活动常被大幅削减，教师应该思考如何将实践活动与历史课程有效整合，以课程与教材内容作为实践活动的知识背景，以实践活动资源作为课堂教学与复习备考的辅助情境，建立起实践活动与历史课程、复习备考之间的内在联系。

以九年级复习备考为例，教师可以先依据课程内容确定复习专题，再结合专题内容选取相关实践考察活动地点，设计成专题化网络实践考察与研究学习活动（简称"网络研学"），这样就实现了复习内容与社会实践活动情境的有机融合，同时兼顾知识复习与能力培养，解决了九年级实践活动开展与教学时间不足之间的矛盾（网络研学课程安排见表25）。如果条件具备，也可将网络研学调整为实地考察；如果是没有复习备考任务的七八年级，可以将复习专题调整为课程单元主题，依据单元主题设计网络研学活动，或是结合课程内容要求将实践活动资源直接应用于课堂教学，但实践考察与课程内容、复习备考整合的设计思路不变。

表25　九年级网络研学课程安排（节选）

复习专题	网络研学主题	网络研学网址	网络研学内容
史前时期	史前考古	周口店遗址博物馆官网 西安半坡博物馆官网 黄帝陵官网	史前时期中国境内人类的活动知识结构梳理，网上考察周口店遗址博物馆、西安半坡博物馆、黄帝陵网，完成模拟考古任务，撰写考察微报告。
历史人物	人物评说	秦始皇帝陵博物院官网 北京市大葆台西汉墓博物馆手机公众号	中国古代重要帝王的知识梳理，网上考察秦始皇帝陵博物馆、北京大葆台西汉墓博物馆，完成秦皇汉武评说任务，撰写考察微报告。
民族关系	民族探源	洛阳博物馆官网 云冈石窟与龙门石窟官网	中国古代重要少数民族政权的知识梳理，网上考察河南洛阳博物馆、云冈石窟与龙门石窟，完成中国古代重要少数民族探源任务，撰写考察微报告。

二是在学习过程中培养能力与素养。

第34题在试题结构上关注对学生学习过程的引导，通过设置不同层次的问题，考查关键能力。历史教师需要反思的是：有时候担心学生不能应对考试，要求学生背史实、记结论，对结论得出的过程与方法重视不够，没有帮助学生建立起史实与结论之间的内在逻辑关系，增加了学生学习负担，不利于能力与素养的培养。北师大郑林教授认为："历史学科能力的养成与历史知识的学习密不可分，学习、理解历史知识，探究历史问题的过程，就是培养历史学科能力的过程。"历史教学应当"将思考性放在第一位，形象性为思考性服务，学生在学习中才能真正体会到成就感"。知识的理解是在感知表象与再造想象的基础上，借助思维过程实现的，教学设计应当突出对学习过程的引领，通过环环相扣的学习任务，引导学生掌握概括、比较、评价等历史学习的方法，实现培养学科能力与素养的目标。

以发展评价能力为例，在七年级第三单元的教学中可以设计"人物评说"的网络研学活动，对应发展评价能力的目标，教师设计"人物评说"主题网络研学学案："秦始皇小档案"制作任务单（见表26）。任务单除了能够指导学生网络研学过程，还能引导学生掌握评价人物的基本方法："了解人物概况—掌握主要事迹—依据事迹进行评价"。任务单设计依据评价人物的思维路径与过程，将培养评价能力的过程拆分成由浅入深、不同层次的活动任务，引导学生完成活动任务，掌握方法。

表26 "秦始皇小档案"制作任务单

考察地点	秦始皇帝陵博物院官网	
网上参观精彩展览	①全景兵马俑 ②"平天下"展览：迈向统一、百代秦政（千古一帝、百代皆行秦政、书同文、海内皆臣、海纳百川） ③"四海一"虚拟展示	
人物名称		
参观展览了解事迹		
依据事迹评说人物		
总结人物评价方法		

三是挖掘北京地域文化，丰富统编教材。

北京地域文化是指本地区从古至今的文化遗产。从周口店"北京人"

到燕国，从蓟城到幽州城，从金中都到元大都，从明清京师到民国时期的北平，直到新中国成立后的首都北京，造就了北京丰富的地域文化资源和深厚的历史文化积淀。

北京中考第 34 题善于运用此类资源，营造全局性、大时空的地方史背景，2018 年以中轴线串联明清至 2008 年北京奥运会的大时空背景；2019 年以串联从西周至当代改革开放的大时空背景；2020 年以朝阜路串联元代建城至当代城市建设的大时空背景，用北京地域文化资源为学生架设贯通古今的桥梁，引导学生在历史长河中进行理解和判断。我国各地地域文化资源非常丰富，教师要在后续长期的教学工作中，注重以下两个方面的培养。一方面应该加大对地域文化的学习；另一方面应该探索地域文化与统编教材的有机渗透，因地制宜地有效利用这些资源，丰富统编教材内容。并通过引导学生"触摸"身边的历史，激发他们的学习兴趣、深化他们对课程内容的理解。

首先，教师应对与课程内容关系密切的地域文化资源做到心中有数。依据课标要求与统编教材内容，梳理相关资源（具体内容见表 27），厘清资源与课程的关系，灵活运用资源。

其次，开展课标指导下的地域文化资源地方课程教学。目前，北京多个区都有自己编写的地方课程教材；或是将资源分散应用于日常课堂教学中，毕竟课堂教学是主阵地，统编教材是重要资源，利用北京地域文化资源补充教学资源，无论是可操作性还是实效性都更强。北京拥有中国史各个历史时期的丰富地域文化资源，许多知识模块的课程内容都能找到与之匹配的资源链接。本书只节选了史前至秦汉时期，辽宋夏金元、明清、近当代的资源更加丰富，涉及政治、经济、军事、建筑等多个领域，都可供课堂教学引用。

例如，在统编教材八（上）第 14 课"中国共产党诞生"全国工人运动的高潮的教学过程中，笔者引用了北京著名的红色文化资源长辛店大街，出示长辛店大街周围的火车站旧址、铁路工厂旧址、赴法勤工俭学预备班、工人补习班、娘娘宫、工人俱乐部与火神庙等建筑组成的红色文化分布图，为学生讲述长辛店地区工人运动发展历程，设计微学案，引导学生从长辛店地区工人运动了解当时整个中国社会状况与工人运动，这样就将遥远陌生的京汉铁路工人大罢工与学生生活的周边环境联系起来，学生课上学习时就会深有感触。放学路上，还沿途探访了工人运动旧址，这样，课堂就由封闭走向了开放，在历史大环境中重新体会所学历史的价值意义，在潜移默化中感悟家国情怀。

表27 课标、统编教材与北京地域文化资源（节选史前—秦汉部分）

知识模块		课标要求	统编教材	重要资源链接
中国古代史	史前时期	知道北京人的特征，了解北京人发现的意义 知道化石是研究人类起源的主要证据	七（上）第一单元第1课中国境内早期人类的代表——北京人	周口店遗址博物馆
		了解半坡居民、河姆渡居民的生活和原始农业的产生	七（上）第一单元第2课原始农耕生活	东胡林人文化遗址、上宅文化遗址、北埝头文化遗址、镇江营文化遗址、雪山文化遗址
		知道炎帝、黄帝的传说故事，了解传说与神话中的历史信息	七（上）第一单元第3课远古的传说	延庆炎帝黄帝阪泉之战遗址及传说
	夏商周时期	了解西周的分封制及其作用，了解青铜工艺的成就	七（上）第二单元第4课夏商周的更替	西周燕都遗址博物馆
		知道春秋战国时期诸侯国之间的战争，了解这一时期的社会变化	七（上）第二单元第6课动荡的春秋时期、第7课战国时期的社会变化	《史记》中关于齐桓公伐山戎救燕的记载 延庆胡家营遗址
	秦汉时期	了解"文景之治"，知道汉武帝巩固"大一统"王朝	七（上）第三单元第11课西汉建立和"文景之治"、第12课汉武帝巩固大一统王朝	大葆台西汉墓博物馆 通州汉代路县故城遗址 石景山老山汉墓

2021年，北京中考改革，初中毕业会考和中考"两考合一"，实行初中学业水平考试。历史中考三年选考虽然结束，但考试的导向、理念与命题基本原则、特点是相对稳定的，通过对三年来的压轴大题第34题的分析，把握考试方向，总结命题规律，寻找自己的教学差距，落实统编教材，从而推动课堂教学改革。

第二节 历史教学实践活动的典型案例设计

通过对三年来北京中考第34题的分析，可以看到实践活动的重要性。在历史教学中，教师可以设计多种实践活动，或者可以结合区校两级的实践活动开发历史特色活动，培养学生能力的同时激发学习兴趣。

接下来，笔者分别以"'六博'探秘与游戏创想""寻找散落在天坛的中华瑰宝——吉祥纹饰"行前课为例，探讨实践活动的设计思路与方法。

案例1："六博"探秘与游戏创想

活动目标：

通过考古发现与古籍记载，探秘失传的"六博"古棋，从中体悟"六博"的文化内涵与古人的聪明才智；"六博"行棋比赛方法早已散佚，通过考证文物古籍，创想"六博"游戏方法，并按自创游戏方法与朋友对博，从中体悟历史考证与游戏创想的无限乐趣。

知识引航：

"六博"，也称陆博，是中国古代一种掷采行棋的博戏类游戏。出现不晚于商代，春秋战国、秦汉时期盛行，是曾经广泛流传的大众娱乐活动。汉文帝、景帝与武帝都是"六博"的爱好者，西汉宫廷还设有博侍诏官，善博的人受到当时人们的尊敬。东汉以后，"六博"逐渐衰落，人们将其改造为古代象棋的雏形，唐代又进一步改造为现代象棋的雏形，又经丝绸之路传至西方，改造形成国际象棋。到了现代，"六博"的具体行棋方法、游戏规则已经不能详知。

博具，一般由十二颗棋子、六根博箸（骰子）、一块博局（棋盘）三种器具组成。这种棋由两人玩，每人六颗棋子，一般为黑白二色，每人六颗棋子中各有一枚相当于王的棋子叫"枭"，另有五枚相当于卒的棋子叫"散"。行棋是在刻有曲道的博局上进行，用投掷博箸的方法决定行棋的步数。长沙马王堆汉墓中出土了一套完整的博具。全套博具包括：博局、直食棋、算筹（用于记录对博者的输赢情况）、黑白棋子、象牙削、刮刀、骰及博具盒。

图34　长沙马王堆三号西汉墓出土的全套精制博具

行棋方法：东汉有《博经》，专门介绍六博玩法，但已散佚。从其他史料零星记载来看，西汉及以前多为"大博"玩法，此法以杀"枭"为胜，即对博的双方各在己方棋盘的曲道上排列好六枚棋子，其中一枚代表"枭"，五枚称作"散"，以"枭"为大。用"箸"六根，双方先轮流掷"箸"，再根据掷得"箸"的数量多少行棋。数越大，走的棋步越多。双方要互相逼迫，"枭"在己方"散"的配合下，杀掉对方的"枭"就可获胜。这种"大博"的形象，可见于纽约大都会博物馆汉代六博俑。东汉时，又出现"小博"玩法，此法是一方执白棋6枚，一方执黑棋6枚，此外双方还各有一枚圆形棋子，称作"鱼"，将它们分别布于棋盘12条曲道上，两头和中间名为"水"，"鱼"便置于"水"中。行棋的步数多少依据掷得的数字决定，哪一枚棋子先到规定的位置，即可竖起，称为"骄棋"。随后这枚"骄棋"便可入于"水"中，吃掉对方的"鱼"，称为"牵鱼"。每"牵鱼"一次，可获"博筹"二根，如能先牵到三次鱼，得六根博筹，就算获胜。这种"小博"的形象，可见于河南灵宝张湾东汉墓六博俑。以上只是"六博"粗略的游戏规则，更多具体玩法已经失传，如棋子如何布置、棋子如何在棋盘上行走……这些具体玩法有待破解。

图35 纽约大都会博物馆汉代六博俑　图36 河南灵宝张湾东汉墓六博俑

辨认博具：长沙马王堆汉墓出土全套博具，说出每个序号的名称与用途。

1. 名称：＿＿＿＿＿＿

　作用：＿＿＿＿＿＿

2. 名称：＿＿＿＿＿＿

　作用：＿＿＿＿＿＿

3. 名称：＿＿＿＿＿＿

　作用：＿＿＿＿＿＿

4. 名称：＿＿＿＿＿＿

　作用：＿＿＿＿＿＿

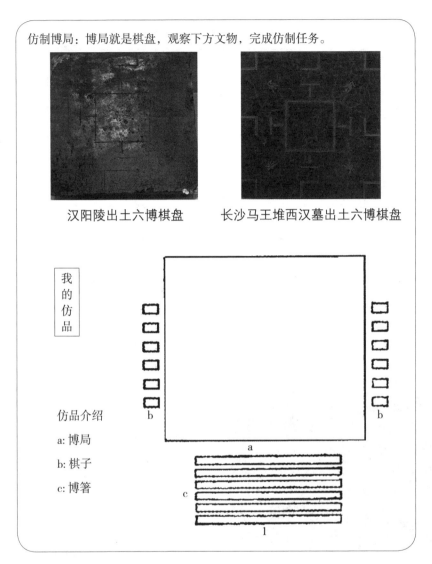

仿制博局：博局就是棋盘，观察下方文物，完成仿制任务。

汉阳陵出土六博棋盘　　　长沙马王堆西汉墓出土六博棋盘

我的仿品

仿品介绍

a: 博局

b: 棋子

c: 博箸

快乐体验：

长沙马王堆西汉墓出土全套"六博"博具，人们在感叹博具精美的同时也有深深的遗憾，现代人面对完好的棋局，却不知两千年前古人的游戏方法与规则。让我们共同考证秦汉文物、古籍记载，探秘行棋规则，创想游戏方法。

考证游戏规则：研读史料，破解游戏规则。

> 蓖蔽象棋，有六簙些。分曹并进，遒相迫些。成枭而牟，呼五白些。
>
> ——《楚辞·招魂》
>
> 博者贵枭，胜者必杀枭。
>
> ——《韩非子》
>
> 分曹六博快一掷，迎欢先意笑语喧。
>
> ——李益《杂曲歌辞》
>
> 六博在一掷，枭卢叱回旋。
>
> ——韩愈《送灵师》

获胜标准：＿＿＿＿＿＿＿＿＿＿＿＿＿

行棋步数：＿＿＿＿＿＿＿＿＿＿＿＿＿

行棋路线：＿＿＿＿＿＿＿＿＿＿＿＿＿

创想游戏方法：结合考古发现，创想游戏方法

左图是甘肃省博物馆国宝"木六博俑"。两男跪坐相向博戏，一俑右手放膝上，左手举于胸前；另一俑右臂向前下伸，握一筹。考古发现六博棋盘由六个元素组成：一是棋盘以隐形太极八卦设计，太极生两仪——黑白两条鱼；两仪生四象——四个圆点；四象生八卦——周边八方。四角为阴，四边为阳，中心为太极。二是棋盘中四角寓意东南西北，由此起步，最后归中。三是棋盘中设有三十二个行棋点。四是棋盘中四个圆点，在双方对局时，一方将对方的棋子俘虏以后，将这枚棋子打入到己方的圆点内关押。五是棋盘中间藏有内八卦，这八个点上的棋子，猜拳逢"1"时，就可直接进入到太极中心内。六是棋盘上的行棋点线，从角上以逆时针方向运行。虽有邻近点可进可退，但除中间四角的点以外，棋子只能是由角跳到角，由角滑到点，而不能从角直接跳到点。

我创想的游戏方法

_____

_____

_____

_____

拓展提升：

以"博"会友：运用自己仿制的博具，以及破解的游戏规则、创想的游戏方法与朋友对博。

再现对博现场

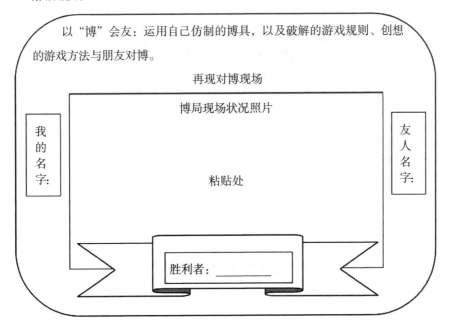

体验感悟：

在经历了"六博"探秘与游戏创想的实践活动后，我们了解了中国古代蕴含深厚文化的"六博"古棋，并为失传古棋创想了游戏规则与方法。请你结合活动过程中的所学所感，谈谈对历史考证与创想的感受与认识。七年级50字左右，八年级80字左右，九年级100字左右。

_____

_____

_____

_____

_____

评价量规：

表 28　"六博"探秘与游戏创想评价量规

班级：_____　　姓名：_____

项目	评价标准（满分100分）	分值	自评分	组评分	师评分	平均分
1. 知识引航（30分）	（1）能够认真阅读并了解知识引航的内容	10				
	（2）辨认博具名称与功能准确	10				
	（3）仿制博局符合考古发现	10				
2. 快乐体验（40分）	（1）认真研读六博史料	10				
	（2）破解游戏规则内容全面，并且有史料依据	10				
	（3）创想游戏方法具有可行性、趣味性、创新性	20				
3. 拓展提升（20分）	（1）能够完整地仿制一套博具	10				
	（2）运用自创规则方法对博	10				
4. 体验感悟（5分）	（1）符合撰写要求	3				
	（2）文笔流畅	2				
5. 活动后自我反思（5分）	（1）要有评价量规使用体会	1				
	（2）正确评价自己参与活动的收获与不足	3				
	（3）对历史考证与创想后续活动设想与展望	1				
自我反思撰写处						
活动最后等级评定与评语						

【使用说明】

仔细阅读评价量规，依据评价量规的指导完成实践活动。

依据评价量规要求，客观、合理打分，不符合评价量规要求的项目酌情减分。

结合三方评价，教师给出活动最后等级评定与评语。

第七章

中考历史复习的策略应对

第七章　中考历史复习的策略应对

第一节　运用历史教科书推进中考复习

历史教科书是历史教育资源的核心部分，反映了历史课程标准的教育思想与内容要求。运用历史教科书推进中考复习，符合中考复习特点与中考命题趋势，有助于减轻学生负担。在复习中，教科书的插图、目录与文本资源，对于唤起学生回忆旧知识、建构知识结构与培养能力素养方面都具有一定功能。运用历史教科书推进复习的策略得当，有助于降低复习难度、提高复习实效。

2021 年开始，北京市实施初中学业水平考试，历史学科也由选考变为全学全考。这一变化给复习提出了更高要求，如何在人数骤增且水平差异明显的学生中有效推进复习，对教师来说是一个巨大的挑战。

笔者认为一方面要考虑学情分层教学，另一方面则要充分利用历史教科书推进中考复习。历史教科书"比较全面和系统地反映了历史课程的目标，在一定程度上确定了历史教学内容的深度和广度""是开展历史教学活动的重要依据，是历史教育资源的核心部分"，这里就如何运用历史教科书推进复习进行初步探索。

运用历史教科书推进复习，是从历史教科书的属性、学情的变化与中考的特点三方面考虑的。历史教科书依据课程标准编写，比较全面地反映了历史学科知识和教育思想，因此也是课程评价的重要资源与媒介，学生掌握教科书的状况在一定程度上反映了其对课程标准的达成状况。由选考变为全考，学生人数骤然增加，素养与能力水平参差不齐，有效的课堂教学时间很难针对每个学生精准地分层复习，但可以依托教科书创设有层次的复习过程，引导不同层次的学生尽量达到高于各自素养与能力水平的目标。

2021 年北京历史中考试题注重考查统编教科书主干内容，例如第 15题："19 世纪中期，西欧资本主义力量增强，其他地区也出现了一系列有利于资本主义发展的变革，例如美国内战中废除黑人奴隶制、日本明治维新。同一时期类似的历史事件还有（　　）。A.法国大革命　B.俄国农奴制改革　C.俄国十月革命　D.印度非暴力不合作运动。"

题干从单元主题出发，设问考查资本主义制度扩展的相关史事，将单元核心知识全部纳入试题，体现出回归教材的特点。基于以上分析，笔者认为充分利用历史教科书推进复习是必要且可行的思路。

"教科书是学生在学校获得系统知识、进行学习的主要材料，它可以帮助学生掌握教师讲授的内容，便于学生预习、复习和做作业，是学生进一步扩大知识领域的基础。"教师选择适当的策略才能发挥教科书在中考复习中的功能。

历史学习的一般过程包括：感知、理解与认识，复习虽然是对已学习内容的再认识，但由于学习与复习间隔时间长，知识遗忘现象明显，也应遵循感知、理解与认识的一般学习过程，同时还要适应考试需求，增加强化阶段。

区别于新内容学习，复习过程的感知阶段应是简洁快速地回忆主干知识，理解阶段侧重建构知识结构、梳理内在逻辑关系与阶段特征，认识阶段强调把握历史发展基本趋势并反思汲取历史经验，强化阶段则要迁移运用复习内容，因此中考复习可以遵循"感知—理解—认识—巩固"的基本过程（见图37）。

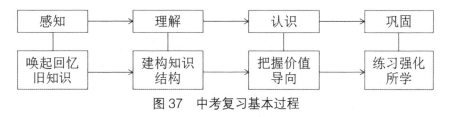

图37　中考复习基本过程

在复习的每个阶段，历史教科书都能发挥一定的功效，特别是比起名目繁多的辅导练习册，教科书不仅是使学生达到课程标准要求的内容载体，更是学生可以直接运用的资源对象。接下来，笔者将从复习的不同阶段探讨运用教科书推进复习的策略。

1. 运用教科书插图回顾史实

历史复习过程首先应回忆感知主干知识，需要用一些熟习、直观的材料唤起学生对旧知识的回忆，教科书中的插图就是学生熟习、直观的材料。初中历史教科书依据学习内容的需要，补充了一定数量的插图，这些插图与主干知识密切相关，曾经在新授课中帮助学生形象、深入地理解主干知识。在历史复习中，运用这些学生熟习的插图，能够快速唤起学生对主干知识的回忆，从而帮助学生夯实基础并顺利进入理解建构的深入复习阶段。

从中考试题来看，考查内容全部为课程标准要求掌握的主干知识，部分试题更是将教科书中的插图、文本及结论纳入试题，引导教学回归教材。

例如 2021 年学业水平考试第 5 题 "以下两组图片共同反映的主题是（　　）。

A. 政治制度完备　　　　　　B. 农业技术进步
C. 海外贸易发达　　　　　　D. 文学艺术繁荣"

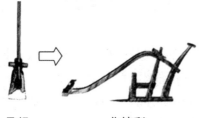

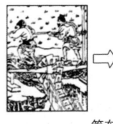

骨耜　　　　　　曲辕犁　　　　　　　　　　筒车

本题选用了统编教科书中的典型插图或变形图 "骨耜" "曲辕犁" "筒车"，考查学生对农业技术发展的理解。如果教师曾经运用教科书中这些插图推进单元复习或古代农业的专题复习，学生就会在熟悉的情境中解题，相应降低了应考难度。基于上述因素，教师应当充分重视运用教科书中的插图开展复习，这种复习策略符合认知规律与中考改革命题变化趋势。

现以 "世界近代史专题复习" 为例，探讨运用教科书插图复习史实的基本方法。

世界近代史时间跨度大、涉及史实多、与学生距离远，是中考复习中的难点，单元复习不能有效引导学生形成整体认识，有必要用一个课时开展专题复习。课程标准对世界近代史的要求有文艺复兴、近代早期西欧社会经济变化、新航路开辟、"三角贸易"、三大资产阶级革命、两次工业革命等内容。学生需要掌握世界近代史发展脉络，理解重大史实内在逻辑关系及阶段特征，形成对世界近代史发展趋势的整体认识。

专题复习首先要唤起学生对重大史实的回忆。教师出示教科书中世界近代史中的插图"中世纪印刷工场、但丁、哥伦布登上美洲大陆、18 世纪黑奴加工烟草的版画"，提问学生看到这些插图想起的史实，学生借助插图承载的信息，能够迅速唤起旧知识，将插图信息解读为西欧经济发展、文艺复兴、新航路开辟与"三角贸易"。

按照这一思路，继续出示"威廉和玛丽加冕、华盛顿肖像、攻陷巴士底狱"的教科书插图，唤起学生对英美法三大资产阶级革命的回忆，直到以教科书单元为组出示插图，完成对整个世界近代史主干知识的回忆。

接下来，就需要学生将这些零散的知识整合成结构化的体系，这时就可以运用教科书的目录引导学生设计世界近代史时间轴，建构知识结构。

2. 运用教科书目录建构知识

在回忆感知主干知识之后，复习就要进入理解建构阶段，"历史知识的结构越清晰越容易回忆，即结构化的知识易于巩固。"历史教科书的目录不但列出了主要内容的标题与页码，而且是教科书知识的主体部分，体现了主干知识的知识结构与逻辑结构。教师可以运用教科书目录引导学生建构合理的知识结构，将记忆的碎片化知识整合成体系，以便在运用知识的时候，能够从记忆中顺利地检索并提取，同时减轻学生重复性机械记忆的负担。

中考试题侧重考查统编教材知识体系，引导教师在教学中充分重视学生对历史知识结构的建构。

例如 2021 年中考第 20 题，采用"绘制示意图梳理知识结构"的学习情境，引导学生为"第二次工业革命""凡尔赛—华盛顿体系""第二次世界大战""冷战后的世界"四个核心主题选择正确的知识结构示意图，考查学生对主题之下相关知识的概括能力。如果教师曾经指导学生采用知识结构示意图推进单元主题或专题复习，学生对试题情境与相关知识都不会陌生，能够更加从容地答题。

还是以"世界近代史专题复习"为例，探讨运用教科书目录建构知识的基本方法。

学生要建构世界近代史的知识结构，就要在回忆起的主干知识的基础上形成世界近代史的基本线索、明确重要史实间的内在逻辑关系，并理解不同阶段的特征与整体的时代特征，进而实现知识的内化与建构。

教师出示九（上）目录与九（下）目录，指导学生从目录中找出世界近代史的起讫时间与重大史实，按照"点—线"结合的呈现方式设计世界近代史时间轴（见图38），形成正确的时序。

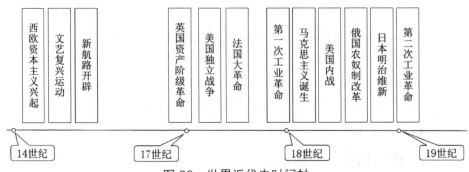

图 38　世界近代史时间轴

在正确时序的基础上，教师可以追问学生讲述重大史实的内在逻辑关系：14世纪，随着西欧资本主义兴起，经济的变化酝酿了一系列社会变革，在思想文化领域，新兴资产阶级提出人文主义，解放了思想，激发了进取精神，为新航路开辟提供了思想条件……通过讲述重大史实的关系，学生理解了世界近代史因果相继的发展进程，再参考教科书目录探讨如何划分阶段与每个阶段的特征。

能力强的学生不借助目录，从重大史实发展进程及因果关系中就可以独立划分阶段并概括出资本主义兴起、资本主义制度确立、资本主义扩展并形成世界体系的特征。能力偏弱的学生借助目录也可快速抓住阶段特征或核心主题，降低了独立建构知识的难度，同时也掌握了运用目录把握知识提要并建构知识结构能力。

教师在学生概括阶段特征的基础上，继续引导学生观察目录中九（上）第16课"早期殖民掠夺"和九（下）第1课"殖民地人民的反抗斗争"，再结合九（上）"马克思主义的诞生和国际工人运动的兴起"中第一国际、巴黎公社的内容，思考世界近代史发展的三条线索，即资本主义、社会主义及殖民地与半殖民地人民的抗争，进而引导学生在时序性纵向知识结构之下继续建构主题性知识结构。

3. 运用教科书单元提要深化认识

课程标准提出"感悟中华文明的历史价值和现实意义，养成爱国主义情感，开阔观察世界的视野，认识世界历史发展的总体趋势"的课程目标，彰显历史学科教育导向与价值导向。

中考试题同样坚持正确导向，融入"四史""五育"，体现国际意识。

例如2021年中考第14题，以马克思主义诞生的背景与作用作为题干，考查马克思主义诞生的标志，从资本主义发展的局限性与马克思主义诞生的历史必然性的角度，引导学生认识马克思主义的进步意义。

在中考复习过程中，教师应当高度重视引导学生深化认识主干知识，而教科书的单元提要概括性指出重大史实的发展、关系及影响，单元提要中的史论，有助于启发学生深化探讨历史认识。

九（上）第七单元"工业革命和工人运动的兴起"单元提要"随着工业革命的深入发展，资本主义制度的弊端也逐渐暴露。广大工人为了改善恶劣的劳动和生活条件，同资本家展开了多种形式的斗争，工人运动逐渐兴起，为科学社会主义理论的创立提供了必要的条件。"在复习的深化认识阶段，教师可指导学生阅读提要内容，引导学生运用本单元史实说明对提要观点的看法，进而帮助学生在说明解释的过程中形成对单元内容的全面认识。

4. 运用教科书补充文本巩固练习

教科书中还有大量的补充文本，包括"相关史实""人物扫描""知识拓展"三类，这些文本知识丰富、叙述生动、突出重点，在新授课中可用于增加学习兴趣，在中考复习中可用于创设巩固练习的情境材料。

2021年中考16题，就以教科书九（下）第7课"人物扫描"达尔文科学考察的内容作为情境，考查学生对达尔文提出进化论的理解。教师在中考复习中也可以采用类似方法，创造性地运用"相关史事""人物扫描""知识拓展"中的文本材料创设试题情境，帮助学生巩固练习，强化所学。

以世界近代史为例，可以选取课程标准要求的重要历史人物在教科书中的"人物扫描"内容，指导学生阅读后设计世界近代史人物谱或撰写人物评价，强化学生从人物所处的时代背景、主要成就及影响多角度归纳总结的方法及全面客观评价历史人物的方法。

总之，历史教科书是使学生达到课程标准目标要求的最重要载体，在不同的教学阶段都可以发挥促进学生发展的积极作用，教师应当合理、充分、创新性地开发教科书资源，最大限度地发挥教科书的功效。特别是中考复习阶段，教科书对于唤起学生回忆旧知识、建构知识结构与培养能力素养方面都具有一定功能。教师应当更深入地探讨运用历史教科书推进复习的策略，从而降低复习难度，减轻学习负担，提高复习实效。

第二节　运用微格教学开展历史小专题复习

微格教学起初虽然是师资培训的方法，但随着教学改革的不断深入，开始呈现新的发展趋势，被赋予一些新的理念与功能，开始在学科教学中应用。初三历史复习面临史实多、线索长等困难，而历史微格教学具有短小精悍、主题聚焦等特点，运用微格教学开展初三历史小专题复习，发挥其优势特点设计小专题微格复习课，对突破复习面临的困难、探索其在学科教学中的应用策略具有现实意义。

微格教学也被译为微型教学，"微型教学是指师范生或受训教师用 10 分钟左右的时间运用某种教学技能进行小规模的教学活动，录像后由教师和同学讨论、分析，是改进教学行为的有效方法。"随着教学改革的不断深入，微格教学被赋予一些新的理念，突破了原有的师资培训功能，开始在多学段的学科教学中应用。

笔者在执教初三历史复习课时，尝试运用微格教学开展历史小专题复习，发挥微格教学的优势特点，突破复习面临的困难。本节将分析微格教学在历史小专题复习方面的实施方法，探索微格教学在学科教学中的应用策略。

一、运用微格教学开展历史小专题复习的背景

微格教学是通过"讲课—观摩—分析—评价"的模式，"在较短的时间内对师范生或在职教师进行反复训练，使受多种因素制约的教学能力培养变成有目标、可观察、可描述、可操作的教学技能训练"。具体来说，学生用 5—10 分钟进行讲课教学练习，然后观摩录像，对讲课练习进行分析，纠正问

题改进教学，经过几次分析、改进，最后进行反思评估，并反馈评价报告。

由此可见，微格教学具有几个明显的特征：第一，课程设计注重短小精悍，在较短时间内推进课程，因此课程主题聚焦于某个较小主题上，内容简明扼要，降低了学习难度；第二，教学过程强调精细化管理，通过"实践—反思—改进"过程的多次循环，发现问题并有针对性地解决问题，强化了学习效果；第三，教学评价强调学生个人的不断反思，充分发挥学生的主观能动性，符合当前课程改革中以学生为主体的理念。

此外，微格教学还具有可操作、易调整等特点，这些特点使其不仅适用于师资培训，对学科教学也有一定的借鉴意义。

笔者认为，在学科教学中教师如果能够恰当运用微格教学，可以为学生提供一个相对简明、易于自我调控的学习环境。

笔者在执教初三历史复习课时发现，学生经过第一轮单元复习后，依然存在基本史实落实不到位、重大史实之间存在逻辑关系混乱与重要概念混淆、跨单元专题知识结构建立困难等问题。学生反应出现上述问题的主要原因有几个方面：

一是第一轮单元复习的战线太长，通史内容庞大，复习完世界史后，部分中国史内容已经开始遗忘，导致史实不清与概念混淆；二是单元复习按时序梳理知识，单元内部史实之间的关系比较清楚，但是跨单元专题知识的联系依然混乱，导致独立构建某个专题的知识结构时困难；还有就是常规复习课上基本都是听老师讲解，然后课下再去背记知识，没有时间反思复习内容的掌握状况，出现了复习漏洞也不自知，导致课堂复习效率不高。

针对这些问题，需要重新帮助学生厘清主干知识及其内在逻辑关系并加以实施，如中国古代政治制度、科技成就等跨单元的专题知识复习，帮助学生构建知识结构。但是初三历史复习课时较少，第一轮复习后还要适当增加模拟题练习，如何协调学情、课时与考试要求呢？

笔者尝试在第一轮单元复习之后开展小专题微格复习课，有针对性地解决上述复习中的问题。具体来说，小专题微格复习课就是仿照微格教学模式，一节课的前10分钟由教师引导学生进行跨单元的小专题知识复习，并指导学生在复习结束后对照本专题知识结构图分析自己的差距或漏洞，然后有针对性地查缺补漏，也能节约出课上时间进行模拟题练习，同时课后要求学生继续对照本专题知识结构图反思并评价自己的复习状况，发现问题后自主改进，强化复习效果。

小专题微格复习课的教学过程可以分为四个阶段（见图39），充分发挥微格教学模式的特点优势，在可控制环境下指导学生精细自主复习。

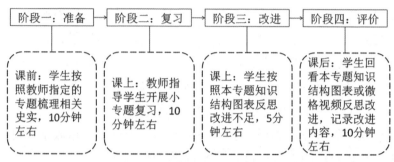

图39　小专题微格复习课的教学过程

这种小专题微格复习课的优势主要有三方面：一是能够充分发挥微格教学短小精悍的特点，开展精细化的小专题复习，将分散的历史知识用小专题重新构建组合，减轻死记硬背造成的学习负担，解决知识逻辑与结构混乱的问题；二是通过"复习—反馈—改进"的过程，管理、引导学生进行有针对性的复习，准确抓住复习错漏之处，减少重复性机械记忆，有利于夯实主干知识；三是能够充分调动学生自主复习，给学生调控复习的空间，从而更加高效地利用课上课下时间，解决课时不足的问题。

基于微格教学的特点与初三历史复习的需求，笔者尝试开展小专题微格复习课，并取得了较好的效果。

二、运用微格教学开展历史小专题复习的实践

运用微格教学开展历史小专题复习，需要教师从教学设计、实施与评价各环节精细把控。小专题微格复习课的组成（见图40），包括教学设计、课件素材、微格视频（或课堂复习阶段的录音、录像）、评价反馈。

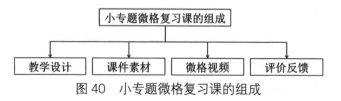

图40　小专题微格复习课的组成

教学设计包括复习专题的确定、复习内容与学情分析和重、难点的确定，应当结合微格教学短小精悍的特点精选复习专题，精准确定复习目标与达成目标的措施。实施过程中则要积极发挥教师的指导作用，把握复习节奏、预判复习问题，保障按照预设时间与过程落实教学设计。评价反馈侧重学生的自主实施操作，引导学生发现并解决各自不同的复习问题。

具体实施中，教师可以抓住决定微格教学成败的几个关键之处，这些关键之处主要包括专题与目标的确定、过程的设计与评价反馈。

1. 小专题微格复习课的专题确定

专题是复习的统领，恰当的专题能够指导学生构建跨单元的知识结构，有利于建立多元的知识联系。确定专题时，教师应充分考虑历史第一轮复习后的学情需求，依据课程标准规定的具体课程内容，结合微格教学的小微特点，专题不追求大题目，要紧扣课程标准大范围，排除与第一轮单元复习重复的专题。可以从历史知识的纵横联系、因果关系角度确定专题，或是从同类知识的归纳比较确定专题。

例如：中国古代科技文化成就、中国古代对边疆的管理、中国古代的民族交融、中国古代的政治制度、经济重心南移，这些专题都是课程标准要求的重中之重，涉及的史实知识跨单元分布。在第一轮复习中学生难以独立理顺关系并构建知识结构，以此为复习专题，能够将落实课程标准要求的重点知识，或分散的知识用小专题重新组建结构、聚散为整，有利于学生理解性记忆。

2. 小专题微格复习课的目标制定

目标就是预期的学生要达到的行为变化，小专题微格复习课的教学目标不宜繁复，应当依据课程标准中的课程目标要求，围绕小专题制定具体化、可实施、可操作与可评价的简洁目标。

《义务教育历史课程标准（2011年版）》明确提出"经过分析、综合、概括、比较等思维过程，形成历史概念，进而认识历史发展的时代特征和历史发展的基本趋势"等课程目标要求，因此小专题微格复习课的目标也应体现上述行为目标，并且紧密围绕已经确定好的专题表述出学生的具体行为及程度。

例如"中国古代科技文化成就"小专题微格复习课的教学目标可表述为：学生准确按朝代顺序列举中国古代科技文化成就，概括中国古代科技文化的发展特点，分析重大科技成就的影响；掌握利用表格归纳知识与多角度分析历史影响的方法；尊重和热爱祖国的优秀科技文化。

从示例表述中可以看到小专题的目标都严格遵循课程目标，从知识、能力与情感三个维度落实要求，且每个维度的目标都紧密围绕"中国古代科技文化"的小专题设计，同时用明确的行为动词"列举""概括""分析"来具体指导学习行为表现活动，具有可实施、可操作性，同时师生通过上述目标也可判断或自省学习效果，具有可评价性。这就为后续的小专题微格复习课的过程设计与评价反馈奠定了基础。

3. 小专题微格复习课的过程设计

过程是为实现目标而采取的教学活动，其中的具体学习活动应当与目标保持一致，特别是小专题微格复习课的规模小、时间短，每个学习环节都应精准指向目标的达成。为突出重点突破难点服务，不能有丝毫的拖沓。小专题微格复习课源于微格教学，因为微格教学"实践—反思—改进"的过程设计能够准确发现并解决问题，强化学习效果。小专题微格复习课的过程设计可以仿照微格教学的过程，按照"复习—反思—改进"的过程推进。

还是以"中国古代科技文化成就"小专题微格复习课为例，可以依据制定好的三维目标设计三个活动环节。

环节一"复习"，利用表格按朝代顺序填写中国古代科技文化成就，观察表格概括中国古代科技文化的发展特点，结合所学说出重大科技发明的影响；环节二"反思"，学生独立设计本专题知识结构示意图，可按时序、类别等不同的标准构建知识结构，然后对照前面填写的表格查漏补缺；环节三"改进"，选取典型案例展示交流，借鉴他人经验补充科技文化特点、影响等项目，二次修改完善知识结构示意图。

从这一示例可以发现，"复习—反思—改进"的过程比较适合小专题微格复习课精准复习的需求，能够引导学生根据自身问题调整复习行为，充分调动学生的主观能动性来达成预设目标。如果一个"复习—反思—改进"的过程达成目标的效果不理想，教师还可针对问题及时调整或是循环一次上述过程。

4. 小专题微格复习课的评价反馈

评价的目的不是单纯考核学生，而是全面了解学生的学习状况与激励学生自主学习，"合理有效的教学评价能够激发和维持学生的内在动力，调动学生学习的积极性和创造性"。评价"如同医生看病，经过科学的诊断查出问题及原因，然后对症下药"，小专题微格复习课的评价更是注重发现问题与改进学习，从教师的角度看是要通过评价反馈对学生复习过程和效果进行诊断、帮助学生提高复习效果，从学生的角度看是要通过评价过程发现自己的不足、自主提高复习效果，双方都是以改进复习为评价的目的，也就是用评价进一步促进教学目标的达成，保持教、学、评的统一。

基于上述理念，小专题微格复习课的评价可以依照微格教学回看录像发现问题的方式，设计为课后回看本专题知识结构示意图或回看微格复习课录像视频，对照示意图或微格视频反思自己复习的不足之处，加以改进，并将自己的改进内容记录在作业本上，第二天反馈给老师。一方面老师可以从反馈中判断复习出现的问题，另一方面也便于学生后续巩固强化。

三、运用微格教学开展历史小专题复习的策略

微格教学是一种注重教学细节、具有较强实践性的教学模式，在精准学习方面的优势明显，但是运用微格教学开展历史小专题复习时不能完全照搬原有模式，应当结合历史复习的具体情况灵活运用。

笔者在初三历史复习中运用微格教学理论与模式，开展小专题微格复习课实践，在不断尝试中形成了几点实施策略。

1. 立足学科教学，发挥微格教学的优势

微格教学原用于师资培训，在历史学科教学中应用，课程学习的主体、内容与目标都发生了变化，这里主要应用的是微格教学的理念与模式，还应立足学科教学的本质，在学科教学的基础上发挥微格教学的优势，形成更加适应学生学习需求的微格课程。因此，教师在微格设计与实践中避免出现"为了微格而微格"这种本末倒置的现象，侧重运用微格教学的理念与模式改进学科教学的方式。

具体来说，在学科类微格教学课程的总体设计上要严格遵循课程标准、充分考虑学情需求，但在教学过程与评价反馈的设计上则可以吸收微格教

学的特点，参照"学习—反思—改进—评价"的过程设计学习环节，同时每个环节的学生活动都落实以学生为主体的理念，设计以学生为中心的活动，像微格教学那样由侧重考虑"教师如何教"转变为侧重考虑"学生如何学"，为学生自主学习与个性发展服务。

2. 选题聚焦，合理地整合教学内容

微格教学的时长与规模都小于学科教学，如果在学科教学中应用，就要充分考虑这一差异，最大化利用这一差异的优势解决学科教学中面临的问题。

例如，前文中提出的小专题微格复习课就是借助其短小精悍的特点解决初三复习课时不足的问题。由于课程时长缩短、规模变小，要求课程的选题必须精准，过大的主题势必超出微格课的承载能力，不符合学生需求的主题则会浪费宝贵的教学时间，因此选题应倾向于聚焦性、局部性和专项性，如抽取教学中某个薄弱环节的夯实、某项能力的培养或某个小专题的复习为宜。选题的精准聚集，使得教学内容也要相应变化，使之与主题适应。教师要将分散的知识重新筛选、精减后整合到新主题之下，厘清知识与主题、知识与知识之间的逻辑关系，并构建起必要的知识结构，一方面便于教师在较短教学时间内高效组织教学，更重要的是为学生降低学习难度、减轻机械记忆负担创造了必要的前提条件。

3. 注重反思，调动学生自主学习

微格教学在发展过程中始终注重通过反思来改进教学，甚至开展多次反思来实现学习效果的最优化。"反思""改进"是微格教学能够推动学生自主学习与个性发展的重要因素，也是值得学科教学借鉴的优势，将微格教学中的"反思""改进"与学科教学有效结合，更能调动学生的主观能动性去独立发现自己学习中存在的问题并致力于解决问题，发挥微格教学以学生为中心组织学习的特点。

在具体操作中，如何将"反思""改进"与学科教学结合起来呢？教师应当遵循"学习—反思—改进"的模式设计教学过程，将"反思""改进"融入具体、可操作的学习活动中。

例如：结合所学绘制本课知识结构图表、交流讨论反思自己与标准的差距并完善所绘图表的学习活动。教师不一定刻意强调学生某个环节要反

思或某个环节要改进，而是将其转化为学生能理解、易执行的学习活动，如果能辅以生动的学习情境、丰富的学习方式，则更能激发学生兴趣，实现有效的教学。

4. 善用评价，利用课后巩固强化

微格教学的最后阶段一般都有评价反馈的活动，指导学生在课程结束后回顾审视自己的学习状况，评价自己的优势与不足，自主寻求改进措施，从而巩固优势，强化所学。微格教学运用评价促进学习的举措非常符合学科教学的理念，历史学科中评价也具有激励学习的目的。在实际应用中，教师可以借鉴微格教学的自主评价方式，将课后作业设计为学生自主评价形式的学习活动。

例如：回看本课知识结构图表、在作业本上记录自己的错漏之处与纠正过程。这里要强调评价过程中学生的自主参与，自我诊断的过程也是研究思考的成长过程，比单纯记住某点知识更有意义。虽然评价强调自主参与，但是教师也不能忽视反馈结果的处理，从学生反馈的评价记录中可以发现一些共性的问题，需要教师在课堂上再次巩固强化。

总体来看，这种自主评价的学习活动，实效性要优于第二天教师批改作业发现问题再纠错，可以让学生更及时地由自己查漏补缺，特别是在学生人数多、问题差别大的状况下，教师没有足够精力逐一发现并纠错，运用评价指导学生自主改进比较可行。

微格教学是培训师资的课程，但是学科教学可以借鉴它的理念与模式，将它的优势发挥出来，解决学科教学中面临的一些问题。"教无定法"是说教学中没有一成不变的模式与方法，课程标准也提倡教学方式、方法和手段的多样化，教师吸收微格教学中的优势补充学科教学的不足就是这方面的积极探索。通过改进的微格课程，突破一些教学困境，提升学生的学习效果，培养学生自主学习的能力，对学生长远发展具有积极影响。

第八章

大历史视角下教师个人课程开发

——以长辛店学校校本课程与教师个人历史课程为例

第八章　大历史视角下教师个人课程开发

——以长辛店学校校本课程与教师个人历史课程为例

第一节　教师个人历史课程的开发

当下的教育面临一系列挑战，提升教育特色化水平、实现学生全面而有个性的发展是教育的艰巨任务。国家中长期教育改革和发展规划强调，支持特色课程建设，鼓励学校结合自身实际情况，根据人才培养目标和教学工作需要，规划符合本校特色和人才培养目标的课程体系。这里的特色课程，一方面是彰显办学特色的校本课程；另一方面也应包含凸显教学特色的教师个人课程，与国家课程、地方课程有效统整，构建具有人文性、智慧性、开放性与创新性的完整课程体系。

从 20 世纪 90 年代起，各地校本特色课程开发研究成绩斐然，而教师个人特色课程的开发研究相对不足。作为初中历史教师，笔者认为有必要开发以教师和学生为本位的个人历史课程，与国家课程、地方课程、校本课程共同构成更丰富的课程体系，进而创新课程开发机制，架构多层次课程内容，满足社会与学生发展需求。

一、个人历史课程的研究背景

基础教育课程改革纲要明确提出"实行国家、地方、学校三级课程管理"。目前，我国三级课程管理体系中的国家课程、地方课程、校本课程已被熟知，而教师个人课程大多与校本课程整合，较少被独立提出。

教师个人课程是以教师与学生为本位、由教师自己确定的课程，它与国家课程、地方课程与校本课程相对应。从课程管理的角度来看，个人课程是对我国目前的三级课程管理制度的补充，四者可以共同构成更为完备的课程体系（见图41）。个人课程由教师个人自主创设，既能体现教师个人的教学特色、学生的直接需求和所在地方与学校的优势资源，又与国家课程、地方课程和校本课程有机统整、融合，具有鲜明的关联性、选择性和自主性。

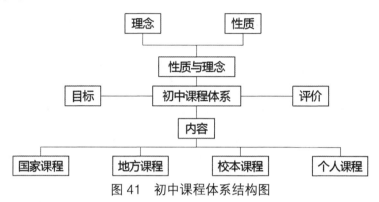

图 41　初中课程体系结构图

个人课程按照课程内容特点可分为两类：一类是教师独立开发的新课程，是教师依据学生需求，在评估筛选适合的课程资源之后，以教师为开发主体，以发展学生能力、素养与个性特长为目标的可选择性的课程；另一类是促使国家课程、地方课程与校本课程实现个性化的整合课程，教师通过筛选、改编、整合、补充或拓展等多种方式，对三级课程进行加工创造，使之更符合学生需求与教师个人教学特色。这类教师个人课程相对于前者更具现实需求与迫切性。

随着课程多样化、个性化的发展，教师合理开发设置个人课程，在改变课程开发模式、提高课程开发速度、丰富课程内容形式、满足学生主体需求与促进教师专业化发展等多个方面都具有现实意义。笔者在初中历史教学的实践过程中，对开发个人历史课程进行了尝试探索，在理论与实践层面形成了一些研究心得。

1. 教师个人课程开发的现实意义

之所以提出教师个人课程，是因为笔者在历史教学中遇到了课程设定与课程实施的矛盾。三级课程内容多由课程专家开发，虽然经过了严格的论证与审核，但三者在某些内容上有交叉重叠之处。例如，国家课程八（上）历史第14课有"全国工人运动的高涨"，地方课程"探索丰台"中有"长辛店工潮",校本课程"我们的家乡"中有"长辛店工人运动"。三者讲述的都是中国共产党成立后掀起的工人运动高潮,如果照搬教材、按部就班,相近内容的重复学习,不仅消磨学生的学习兴趣,还浪费学生宝贵的学习时间。这时,就需要教师能够创造性地统整三者内容,创新学习形式,形成能够引导学生高效学习的新教学内容,并在解决几轮教学中遇到的相同问题后,形成相对稳定、系统化的新课程。针对新课程,教师在每一轮教学中又会不断改进、完善并融入个人理解与个人教学特色,逐步形成更加优质的课程,这种固定下来的优质课程就是教师个人特色课程。由此不难看出,教师个人课程能够缓解原有课程设定与课程实施间的矛盾。

设置教师个人课程是满足学生个性化发展的重要方式之一。国家课程、地方课程都是经过较长周期、自上而下开发出来的,虽然经过征求一线教师意见的环节,但课程强调面对社会广泛群体的普适性,而不同地区、不同学校的学生在学习中会遇到各种各样的问题,会产生个性化的问题与发展需求,这就需要教师有针对性地处理问题。校本课程是以受教育者为本位,由学校教育的实施者开发的课程,校本课程能够更快速地满足且更接近学生的学习需求,在一定程度上能够弥补上述两种课程在满足学生个性化学习需求方面的不足。但校本课程的开发也要从学校发展需求、校园文化特色等多种角度考虑,并经过较长的开发、评估与审核周期。学生的学习需求产生之后,首先还是需要教师决策并制定新的课程,来迅速满足学生个性化学习的直接需求,同时丰富的课程内容(见表29),需要师生进行适用性选择。教师在长期的教学工作中是距离学生最近的人,最能深刻感受到学生发展中的直接需求,因此教师可以最快地依据学生个性化发展需求开发特色课程案例,这些成熟的课程案例进一步系统化、体系化后就形成了具有教师教学风格特色的个人课程。因此,教师个人课程是能够促进学生个性化学习与发展的重要课程。

表29　长辛店学校儒雅教育多元化课程

课程类型	课程内容					
儒雅教育基础类课程	学科课程	综合实践活动课程	地方课程	习惯养成教育课程	开放性科学实践活动	10%学科实践活动

课程类型		课程内容					
儒雅教育拓展类课程	百首古诗文赏析	剡画	楹联	绳韵	毽球	咏荷	玲珑枕
儒雅教育个性特色课程	艺术课程	民族舞蹈	戏曲鉴赏	茶艺飘香	楹联书法	民乐	朗诵
	体育课程	武术	空竹	旗语	足球	乒乓球	
	科技课程	航模	数独	电脑绘画	魔方	建筑模型	英语棋

教师个人课程开发是促进教师个人专业发展的重要途径之一。在长期的教学实践中，许多教师与笔者一样都积累了丰富的优质教学案例，其中一些案例明确属于学科教学或某类实践活动范畴，会被作为教学资源持续保存并使用；还有一些案例则是介于三级课程或某类实践活动之间，虽然发挥了重要的教学作用，但是由于没有明确的范畴归属而未被广泛认识，偶尔使用之后就被搁置。

例如，笔者在九年级历史学科实践活动中，开发了一节依托北京大葆台西汉墓博物馆进行研究性学习及实践活动的秦汉专题复习课。这节课充分利用地方历史遗址资源，结合九年级中考一贯关注的实践活动情境，引导学生对秦汉专题进行研究性学习式的复习，具有较强的综合性，教学设计的实施效果非常理想。但这节课的课型介于国家课程、地方课程与实践活动之间，本次学科实践活动结束之后不能归属于某个课程体系，也就不再使用。类似上述情况的教学或活动案例还有很多，它们都是经过精心设计并对学生学习与发展起到了积极作用，在一次教研或实践活动使用之后就被搁置下来，造成巨大的人力与资源浪费。通过建设教师个人课程，这些优质教学或活动案例经过梳理整编入课程体系，并在后续使用中逐步优化，不仅保存延续了成果，还能推动教师的专业化发展。

总体来看，教师个人课程的开发研究顺应特色课程建设与现代教育发展的潮流，有利于促进学生的个性化发展及教师的专业化成长。在课程与评价体系的完善方面，三级课程的接轨与整合也具有一定意义。

2. 教师个人课程开发的理论依据

教师个人课程的开发研究除了要有教学实践经验之外，还要建立在一定的理论基础之上。目前个人课程的开发研究主要依据的是斯腾豪斯的"过程模式"、多尔的"4R"标准和人本主义教育理论。

英国课程论专家斯腾豪斯提出"过程模式"。他认为,知识不应该被作为必须要达到的目标来束缚人,知识只是学生思考的对象。在这一理论倡导的教学观中,教师可以从具有内在价值的知识形式中,挑选出那些能够体现该知识形式的内容。这些选择出来的内容,能够代表那些最重要的过程、最关键的概念和该知识形式或领域固有的准则。内容的挑选不是根据它所要引起的学生行为,而是根据它在多大程度上反映该知识形式。依据"过程模式"理论,课程意味着向学习者传授具有价值的东西,发展学习者的知识和理解力,教师可以通过详细说明内容和程序原则的方法来合理开发课程,不必用目标预先指定所希望达到的结果来束缚教学活动。依据这一理论倡导的教学观,教师在开发个人课程时,可以依据学情需求,预设新的学习主题与目标,选择三级课程中相同主题之下的知识或其他课程资源来重组课程,引导学生在学习重组课程的过程中达成比三级课程更高层次的学习目标。

美国后现代主义课程理论专家多尔提出"4R"标准:丰富性(Richness)、回归性(Recursion)、关联性(Relations)、严密性(Rigor)。这一理论倡导的教学观,要求为学习创造促进探索的氛围,使课堂环境具有足够的丰富性、开放性,从而能够容纳丰富的问题、观点和解释。教师给课程提供足够的、有争论的内容与管理,通过动态、变化的学习过程,激发学生进行自主探究。学生不再是知识的被动接受者,而成为课程发展的积极参与者,学生的经验被纳入形成中的课程体系中。学生个体的探索和体验受到重视。这一理论倡导的教学观,对于开发个人历史课程的意义在于:在采用自主探究的学习或活动方式时,学生普遍表现出比被动听讲时更浓的参与兴趣和更高的学习效率。因此,在笔者个人历史课程的开发中,注重每节课设计2—3个具有梯度的探究问题或活动任务,如博物馆解谜的问题或探秘的活动,为学生营造促进探索的情境,激发学生积极参与、探究的兴趣,在发现问题、解决问题的过程中提升能力素养、获得学习乐趣并形成积极的学习体验。

以美国马斯洛、罗杰斯为代表的人本主义教育理论教学观,强调学生的个性化发展,注重挖掘学生的潜能,学习不仅仅是为了让学生获得知识,还要能够使学生发现自己的独特品质,发现自己作为"个人"的特征,促进学生自我价值的实现。国家课程与地方课程更多的是考虑基础性与普适性，校本课程也并不完全从学生个性化发展的角度开设，教师个人课程开发建设能够弥补三级课程的不足。教师由于和学生直接接触，能准确掌握学生的学习状况、发展需求与情感体验，在开发建设课程时容易将学生放在首位思考，因而也能更大程度地挖掘学生的潜能，实现学生的个性化发展。

3. 目标定位

一是促进学生的个性化发展。

在中学阶段的学习中，教师应有意识地考虑学生的个性差异，从多种途径培养学生自主学习、自强自立和适应社会的能力，而教师个人课程可以从最贴近学生的角度，促进学生的个性发展。教育是为了培育合格的公民，满足时代与社会发展的需求，也是为了满足青少年自身成长和全面发展的需要。国家中长期教育改革和发展规划明确提出："注重因材施教，关注学生不同特点和个性差异，发展每一个学生的优势潜能。"

随着互联网和人工智能时代的发展，社会需要的是素质全面而有个性的创新型人才。培养这样的人才，从教师层面来看，一方面，需要在教学中尊重学生个性，突出学生在学习过程中的主体地位，培养学生自主学习的能力；另一方面，需要充分考虑学生年龄、兴趣、意愿、个性特点等差异，因材施教，发展学生潜能。初中阶段是学生的行为方式正在稳定形成的阶段，人格正日趋完善；高中阶段是学生个性形成、自主发展的关键时期，初高中阶段的教师更易发现学生的个性化发展需求，通过开发个人课程为学生个性化发展创造条件。

二是优化三级课程教学实践。

中学历史三级课程体系存在内容重复、交叉或不能满足学生的学习需求等问题。教师个人课程可以融通三级课程，优化教学安排。《义务教育历史课程标准（2011版）》明确指出："课程内容是学生必须掌握的历史基础知识及必须经历的历史思维训练过程；教学活动建议旨在倡导多样的教学方式，促进学生更积极、主动地对历史进行感知、理解和探究，教师可在具体实施中酌情处理，因材施教。"在保障课程内容的前提下，教师在具体教学活动中拥有一定的自主权。因此，教师在面临三级课程体系中的实际教学问题时，应当积极寻求融通与优化的策略。优化三级课程的举措是多方面的，如打破三级课程界限，同学科融通、跨学科整合，大概念、大单元、任务群形式的整合，基于主干和核心课程的创新等。优化三级课程教学的实践成果应进行系统化、规范化整理，纳入教师个人课程体系，形成可长期应用、循环优化的成熟课程，进而发挥其促进学生个性化学习需求以及便于教师合理把握三级课程教学进度的作用。

三是创新历史教学评价方式。

我国的教育评价改革一直在克服重智育轻德育、重分数轻素质的弊端，努力探索促进学生身心健康、全面发展的评价体系。教师应当发挥自己创新教学评价的主体作用，在个人课程设计中全面考虑教学评价的每个操作环节："第一步是制订评价目标；第二步是选择评价的方法和工具；第三步是用所选用的方法和工具收集评价所需信息，并对所获信息进行分析处理，对学习成效做出判断，提出改进教学的建议。"特别关注用评价指导学生学习过程与方法、激励学习兴趣与信心、自我诊断与改进等方面的创新，真实发挥评价的导向、反馈、激励、诊断和鉴定五个方面的功能。教师个人课程可以在相对宽松的环境下为学生制定多元化的评价办法，不仅突出对学生知识与能力的评价，还兼顾学生的学习过程、综合素养、个性特征，运用评价帮助学生落实重点、突破难点，促进个性化发展，让评价成为因材施教的手段之一。

四是发展教师个人专业素养。

教师个人专业素养的高低决定着教育质量的高低。"教育心理学的名著中一般用专家与新手来界定教师。研究有效教学的鲍里奇认为，教师应该成为有效教师……即需要教师真正富有学养和修养，方能应对既要分数又要素质的独特要求。"成为专家型教师或有效教师不仅要具备专业学养，还要具备职业修养。国家层面应创造教育大环境条件，推动教师终身学习，而教师个人课程则能调动教师自主发展的主观能动性，从个人层面实现专业自主发展，而且个人层面的努力在教师专业成长中更具优势。

教师个人课程的研发，可以将教师个人的教学主张与大教育环境结合起来，在教育发展与课程改革的潮流中，形成符合教师特色的个人课程，塑造教师职业追求与职业精神。教师在个人课程的实践探索中，需要了解教育改革政策，需要学习教育教学理论，需要改进创新教学实践活动，课程研发的过程就是教师自主提升专业能力水平的过程。一方面，个人课程的研发是个艰巨的任务，能驱动教师产生源源不断的内生动力，推动教师鞭策自己自主发展、自我超越，涵养教师的职业精神；另一方面，个人课程的研发是个创造性任务，需要教师有过硬的专业领域知识与综合决策能力，研发任务促使教师夯实专业基础，整合并创新课程内容，形成比较稳定的教学特色风格，朝向骨干型、专家型教师迈进。

二、个人历史课程的研究探索

笔者长期从事初中历史教学，从初中历史教学的角度提出建立个人历史课程的设想。

1. 个人历史课程的关系定位

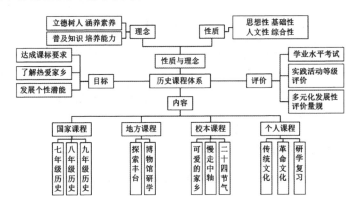

图 42　个人历史课程的关系定位图

2. 个人历史课程的基本构成

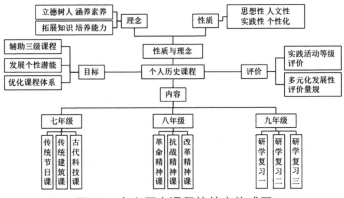

图 43　个人历史课程的基本构成图

3. 个人历史课程的性质与理念

个人历史课程在性质与理念上与三级课程总体保持一致，但更加侧重对知识的拓展，具有实践性与个性化的特点，在课程目标、内容与教学实施、评价方面都表现出一定差异。个人历史课程设计开发的初衷是优化三级课程、发展学生个性。因此，在三级课程原有知识的基础上，个人历史课程会拓展知识的宽度与广度，使之更适应优化课程与个性发展的需求。教师应在教学中设计丰富、可供选择的实践活动，引导学生在做中学，进而培养多元的能力与素养。

4. 个人历史课程的目标

个人历史课程的目标是以发展学生个性潜能、优化课程体系、辅助三级课程目标的达成为主，课程的方向与预期结果都要指向这三个目标，并为课程内容、课程实施与评价提供标准。在确定目标时，要综合考虑历史三级课程的目标要求，依据不同阶段学生不同的学习发展需求，符合课程标准的基本要求与历史学科的特点，也具有知识内在逻辑性与体系性。总体来看，它兼具科学性与适用性。

5. 个人历史课程的内容

个人历史课程的内容以课程目标总要求为出发点。国家历史课程重在夯实知识基础，地方课程与校本课程重在知识拓展。个人历史课程重在用实践探究活动与研究性学习的方式满足学生个性发展需求，在知识上注重历史三级课程的统整与创新，在形式上侧重学生做中学。

以长辛店学校个人历史课程为例来看，七年级课程设置以传统文化为主。

七年级历史国家课程是中国古代史，其中包括优秀传统文化中的科学技术、重大工程建筑与传统节日等教学内容；地方课程"探索丰台"中有历史文化遗迹卢沟桥与宛平古城的内容；长辛店学校校本课程有"二十四节气"、传统建筑的内容。三级课程如果分散学习，则会出现重复、耗时等问题，可以将三级课程整合与创新，设计成传统节日、传统建筑、古代科技三节历史特色课。在国家课程打下历史知识的基础上，融入地方课程与校本课程的重点内容，并以符合学生年龄特点的实践活动形式开展，采用"知识基础＋实践活动＋认识升华"的统一模式设计教学过程。

　　八年级课程设置以中国近代革命与社会主义现代建设为主。八年级历史国家课程是中国近现代史，全面展示了近现代中国人民在中国共产党领导下争取民族独立、人民解放与社会主义现代化建设的历史；地方课程"探索丰台"从历史角度介绍丰台地区近现代历史；校本课程则侧重介绍长辛店地区近代史上的革命斗争，三级课程内容从国家、丰台地区与长辛店地区三个不同角度讲述中国近现代史。为了便于学生生动、亲切地感受历史，具体实施时充分利用长辛店地区丰富的近现代史遗址、遗迹及博物馆资源，以学生身边历史展示中国近现代的宏大历史，设计了革命精神课（侧重长辛店地区工人运动）、抗战精神课（侧重卢沟桥和抗日战争纪念馆背后蕴含的抗战历史）、改革精神课（侧重从二七厂的变迁看十一届三中全会后的对内改革），同样是采用"知识基础＋实践活动＋认识升华"的统一模式设计教学。

　　九年级课程设置以研学复习为主。九年级历史国家课程内容是世界史，学生面临的主要问题是学业水平考试的复习任务，要全面复习回顾初中历史学习的内容，同时学生的能力水平与学科素养较七年级有很大提升。历史特色课程要充分考虑学生年龄特点与实际需求，因此设置了研学复习课程，又因学生外出实地考察不便，更多采用网络研学复习，以"线上＋线下"的混合教学模式，研学考查活动在线上完成，研究性复习在线下课堂上教师引导完成。

6. 个人历史课程的评价

　　历史课程标准倡导促进对学生进行发展性评价、多元化评价和过程性评价。针对促进学生个性发展的目标与内容，教师个人历史课程在课程评价方面也应保持教、学、评一体化。完整的历史课程评价包括：对历史教学工作的综合评价，对历史教师的综合评价，对历史课堂教学的评价，对学生学习历史课程的综合评价以及对考试、考查的评价等多方面内容。

　　鉴于教师个人开发的历史特色课程是在历史三级课程基础上的延伸，对其评价侧重对特色课程的评价、教师课堂教学的评价与学生学习的评价。对教师课堂教学的评价借鉴常规课堂教学评价的基本思路，不同之处是突出历史特色课程在发展学生个性潜能、三级课程的整合、教师个人特色与地方特色历史文化资源的运用等方面，并开发相应的评价标准（见表30）。

对学生学习的评价以实践活动等级评价与评价量规为主，纸笔测试为辅，突出对学生参与实践活动或研究性学习过程的评价，并通过评价量规或评价标准来指导学生掌握并运用学习的过程与方法，具体评价标准因课而异，具体案例参见后面九年级课例展示。

表30　长辛店学校个人历史课程评价标准

评价项目	评价标准	等级			
基本素养	1. 教态：亲切自然，端正大方 2. 语言：清晰流畅，表述准确 3. 板书：文字规范，逻辑严谨 4. 课件：美观简洁，图文并茂，结构合理	A	B	C	D
教学目标	5. 教学目标：符合学生个性潜能发展与学科素养培养需求，目标明确、具体，可操作与可检测 6. 重点难点：重难点确定准确，教学过程中充分体现突出重点，突破难点	A	B	C	D
教学实施	7. 教学方法：方法恰当，具有学法指导 8. 教学内容：充分体现重点难点的落实，整合三级课程内容，知识广度与宽度恰当，具有教师个人特色的设计性 9. 教学环节：环节完整，条理清晰，过渡自然，符合学生认知规律	A	B	C	D
教学效果	10. 学生活动：符合学生个性潜能发展需求，具有探究性，体现能力与素养的培养 11. 教学特色：教师原创，体现三级课程整合创新 12. 教学资源：运用资源准确、恰当，特别是地方特色历史文化资源的使用	A	B	C	D
等级总评	A□　　　　B□　　　　C□　　　　D□				

第二节　教师个人历史课程的典型案例设计

案例1　传统节日课——清明节的课程设计

七年级历史教学主要有中国古代史新课教学的国家课程、"探索丰台"的地方课程及校本课程。由于学生年龄偏低，正处于形象思维向抽象思维过渡阶段，喜欢动手操作，刚从小学进入初中，还需要适应……因此，教师个人课程在完成上述三级课程要求的同时，课程设计还应当充分考虑学生的个性需求。

一、传统节日课程设计的背景

传统节日孕育产生于中国悠久的历史中，与人类自身、经济发展需求、宗教等多种因素有关，承载着中国的历史与文化。

历史课程标准提出"学生为主体"的教学观念，倡导充分利用各种教学资源。因此，七年级教师个人历史课程设计，本着"在做中学、活动育人"的理念，采用"传统节日（建设或科技）+ 传统技艺 + 弘扬传承"的学习模式，通过"博物馆（或实地）学习 + 专业教师授课"整合多种教学资源与三级课程教学内容，为学生自主学习创造条件、营造氛围，引导学生实现中华优秀传统文化的传承创新，培养文化自信。

就授课内容看，"中国传统节日的起源"是初中历史国家课程七年级下册最后一课，也是唯一的一节活动课，介绍几大重要传统节日的起源；同时，校本"儒雅"课程中有"二十四节气"的个性化课程内容。党的十九大报告指出，深入挖掘中华优秀传统文化蕴含的思想观念、人文精神、道德规范，结合时代要求继承创新，让中华文化展现出永久魅力和时代风采。为弘扬中华优秀传统文化，涵养社会主义核心价值观，有效实现国家与校本两级课程的整合。清明节既是节日又是节气，教师以此设计个人课程，有助于学生理解唯物史观下文化繁荣的多方面原因，有助于弘扬传承优秀传统文化，有助于立德树人和社会主义核心价值观的培育。

就学生情况看，七年级学生虽然认知水平参差不齐，但普遍对传统节日感兴趣。从知识准备看，他们已经系统学习过中国古代史，具备了传统节日形成的历史背景知识，但学生多角度分析清明节承载的历史价值与精神内涵比较困难，借助学生形象思维活跃的优势，以故事化讲述起源、举例说明节俗、分类归纳节俗等学习活动，帮助学生理解清明节的价值、形成正确节日文化认知。

从清明节的文化价值看，清明节融节日与节气于一体，悲怆与欢乐交织缭绕。清明作为节日，古称三月节，已有两千多年历史，"万物生长此时，皆清洁而明净，故谓之清明"，清明一到，气温升高，雨量增多，正是春耕春种的大好时节；清明作为节日，与纯粹的节气又有所不同，它包含着丰富的风俗活动内容，主要活动有祭祖、扫墓，这是人们慎终追远、敦亲睦族及行孝的具体表现。除了扫墓，还有踏青、放风筝、荡秋千等娱乐游戏活动，江南还有蚕花会和祭祀蚕神等活动。因此，清明时节既有祭扫坟墓的悲酸之泪，又有踏青游玩的欢笑之声，是极富特色的节日。中华人民共和国成立后，各地群众多在清明节前后前往革命烈士陵园扫墓，表达对先烈的缅怀之情。2006 年，清明等六个传统节日列入国家级非物质文化遗产名录。2007 年，国务院把清明节作为法定节假日。2008 年 4 月 4 日是第一个清明节法定假日。2016 年，包括清明在内的"二十四节气——中国人通过观察太阳周年运动而形成的时间知识体系及其实践"列入联合国教科文组织人类非物质文化遗产代表作名录。

二、课程设计思路

该课教学内容依托部编教材《历史》七（下）第 22 课"活动课：中国传统节日的起源"与校本课程"二十四节气"，选取传统节日中的清明节，采用大葆台西汉墓博物馆文化体验活动的形式，引导学生探寻传统节日的渊源，感受传统文化的魅力，弘扬与传承优秀传统文化。

该课特点有三：一是"传统节日 + 传统技艺 + 弘扬传承"的学习模式创新；二是突出"在做中学、活动育人"的教学理念；三是"博物馆学习 + 专业教师授课"的资源整合。"学习金字塔"实验证明"做中学""实际演练"的学习有效性可以达到 75%。

三、课程的实施

1. 课程目标

通过本课学习，了解清明节的起源，体验制作传统风筝的节俗。通过节俗的分类，归纳与分析节俗的价值内涵，初步掌握分类归纳的方法，提升分类归纳能力和动手制作能力；通过体验制作、放飞风筝的节日习俗，掌握风筝制作方法；通过"写"梦想、"画"梦想、"放飞"梦想的三个活动环节，认识清明节的节日内涵和价值，感受传统文化的魅力，弘扬与传承优秀传统文化。

2. 课程内容设计

【导入新课】

出示图片：2006 年，我国公布的第一批国家级非物质文化遗产中的 6 个传统节日，分别是春节、清明节、端午节、七夕节、中秋节、重阳节。

提问学生：在这 6 个传统节日中，有一个非常特别的节日，它既是中国农历 24 节气之一，又是中国重要的传统节日之一，你知道它是哪个节日吗？

导入新课：每年春分后第 15 天，约在公历的 4 月 5 日前后，就是清明节。接下来在"溯源怀古·放飞梦想"的文化体验活动中了解清明节。

设计意图：通过非物质文化遗产名录导入，寻找特殊的传统节日，激发学习兴趣。

【新课学习】

教学环节一：清明节的起源

出示图片："清明节演进时间示意图"。

教师讲述：清明节作为时令节气，起源于上古春祭活动。传统清明节始于周代，是万物生长的春耕时节。这个时候气温升高，雨量增多，天清景明，称之清明。因此，清明也是万物生长的春耕时节，中国谚语中就有"清明前后，种瓜点豆""植树造林，莫过清明"的说法。唐宋时期，清明由指导农时节气发展为重要节日。

出示史料：唐代《通典》中记载"寒食上坟，《礼经》无文；近代相传，浸以成俗。士庶有不合庙享，何以用展孝思？"

教师讲述：清明节扫墓已经成为展现孝道的习俗。寒食节与清明节合二为一，唐玄宗诏令天下"寒食上墓"，两节相连更是要放七天大假，清明扫墓习俗盛行。

出示古诗：唐诗、宋诗节选。"寒食花开千树雪，清明火出万家烟""春城无处不飞花，寒食东风御柳斜""风吹旷野纸钱飞，古墓累累春草绿""无花无酒过清明，兴味萧然似野僧""桃杏满村春似锦，踏歌椎鼓过清明""况是清明好天气，不妨游衍莫忘归"。

提问学生：比较唐诗与宋诗，诗中描述的清明，从唐朝至宋朝发生了哪些变化？

问题回应：赏花、酒宴、踏歌、春游。这是由于宋代商品经济发展，城市兴起，市民阶层人数增多，他们更注重享受生活，清明节游乐的节日气氛更加浓厚。

出示材料：2006 年，清明节入选国家级非物质文化遗产。

教师小结：近现代清明节的传承与发展。

设计意图：阅读、比较，了解清明节俗变化，提升比较能力，理解文化与时代的关系。

教学环节二：清明节俗。

出示图片：古代清明节俗。

教师讲述：清明节俗有寒食冷餐、扫墓祭祖、蹴鞠、踏青、放风筝、植树等，既有庄重的仪式，又充满娱乐情趣。你家清明节怎么过？晒晒你家清明节习俗。

学生讲述：清明节扫墓祭奠、种植或踏青、吃应节食物，北方清明节有吃枣糕、馓子的习俗，南方有吃艾草、青团的习俗。

设计意图：感受清明节俗的丰富，讲述自身感受，为传承创新节俗与分析节日内涵价值铺垫。

教师小结：冯骥才主编的《清明文化的多样与保护》一书，将不同地区清明习俗归纳为：祭奠、缅怀、感恩、追思，踏青、折柳、沐浴、吟咏。接下来，我们效仿古人清明吟咏习俗。

学生吟咏：杜牧、黄庭坚的《清明》诗。"清明时节雨纷纷，路上行人欲断魂。借问酒家何处有，牧童遥指杏花村""佳节清明桃李笑，野田荒冢只生愁。雷惊天地龙蛇蛰，雨足郊原草木柔"。从两首诗中感受到我们同一千四百多年前的古人一样，既有扫墓祭奠的愁绪，又有沐浴春光的快乐。

提问学生：历经 2500 多年，清明节为什么依然受到上至国家、下至百姓的普遍重视？从清明节俗入手，探讨清明节的内涵价值。

设计意图：通过节俗体验，激发兴趣，再次感受传统文化的魅力。

出示节俗：哪些习俗同属一类？第一类节俗反映了怎样的价值理念？

问题回应：食——宴饮聚餐类节俗；祭——扫墓祭奠类节俗；时——顺应时令类节俗。清明是个特别的节日，自然与人文相融、悲情与欢乐统一，体现了中国传统思想中孝亲与和谐的理念。

设计意图：分类归纳节俗，分析清明节的内涵价值，提升分析能力，理解传统文化的深厚内涵，增进积极情感价值观。达成教学目标一"了解清明节的起源与节俗，通过分类归纳节俗的内涵价值，提升分类归纳能力"。

教学环节三：书写梦想。

教师讲述：时代变迁，今人不同于古人，传承清明文化可以创新清明节俗活动，接下来在梦想卡上书写梦想，然后再用不同的色彩或图案把梦想描绘在风筝上，最后一起放飞梦想。

写梦想卡：学生在梦想卡上写出对自己加油鼓劲的词语，抒发心中美好期望，夯实奋斗信心，或者书写对社会、对祖国未来发展的美好梦想。

展示梦想：学生上台展示梦想卡，解说自己的美好梦想是什么，为实现梦想要作哪些努力。学生梦想具有家国情怀，既有个人未来发展的理想，又有祝愿祖国繁荣昌盛的宏大梦想，将个人成长与祖国发展紧密地联系在一起。

设计意图：书写美好梦想，立德树人，践行社会主义核心价值观，达成教学目标二"体会节日风俗的内涵价值"。

教学环节四：学扎传统风筝。

出示图片：传统风筝起源与制作工艺流程。

教师讲述：传统风筝中的曹氏风筝题材广泛，种类繁多，融汇了深厚的传统文化内涵和民族精神，是大俗大雅制作之结晶。曹氏风筝具有观赏性、科学性、娱乐性、健身性，更是一件值得收藏的艺术品，它历史悠久、工艺精湛，"扎、糊、画、放""四艺"对风筝制作工艺进行了高度概括。

指导制作：分解风筝制作工艺流程，指导学生扎风筝、糊风筝，成品初步成型。

扎的工艺：选择粗细合适的竹篾，在所有竹筋预定扎接处，用尺子准确测量做出记号，捆绑竹架应自中央主干部分着手，扎架完毕后，检查各处是否对称，如有需要，用线绷紧，以防骨架变形。

糊的工艺：糊纸时除将纸边涂抹糨糊外，竹架部分也应该稍擦糨糊，然后互相粘接，在风筝中心施力点上绑拴提线。

动手制作：学生按照教师讲解的工艺流程扎风筝架、糊风筝纸，教师巡视指导，帮助解决困难问题。

设计意图：动手制作，提升动手能力，在实践过程中感受传统风筝的精细工艺与观赏价值。

教学环节五：绘画梦想。

指导绘画：在文字书写梦想的基础上，再用色彩与图案进行展现。为使放飞后的风筝在天空上显得更为明艳，可选用暖色，使用色彩对比，较少留白，这样远距离观赏效果更佳。水彩用水减量，避免过湿的纸面出现破损，影响风筝外观。

学生绘制：将文字书写的梦想转换为色彩明艳的图案，少量用水稀释水彩，每次少量沾取水彩，避免风筝画面点染较多水分，以保持风筝图案的完整。

设计意图：在实践过程中体验传统工艺的精细，静心思考创意，将梦想与图案融合，涵养价值观素养。

教学环节六：放飞心中梦想。

学生解说：携带风筝上台展示，解释梦想转换为图案与色彩反映的设计理念，阐述自己的设计亮点。

设计点评：教师和其他学生对设计进行点评，鼓励更多学生参与展示活动。

设计意图：在展示与解释设计理念的实践过程中，分享美好梦想，将个人梦想与国家发展联系起来，提升家国情怀。

老师讲述：放飞的流程与注意事项，选择正确风向，一人持线轴、一人放飞。

学生活动：在博物馆广场放飞梦想风筝，两人配合，正确选择放飞方向。放飞成功后，感受创造梦想的美好时刻，实现清明节俗的传承与创新。

设计意图：完成传统文化的传承与创新，实现传统节日与现代生活的融合，实现教学目标三"弘扬与传承优秀传统文化"。

3. 课程评价反馈

表 31　课程评价反馈表

项目	评价标准（满分 100 分）	分值	自评分	组评分	师评分	平均分
1. 专注学习 （55 分）	（1）能够认真听讲	20				
	（2）能够积极参与活动	30				
	（3）完成梦想卡书写	5				
2. 扎制风筝 （30 分）	（1）掌握扎制流程与方法	10				
	（2）完成风筝骨架扎制	10				
	（3）完成风筝图案绘制	10				
3. 放飞梦想 （10 分）	（1）掌握放飞方法	5				
	（2）放飞成功	5				
4. 活动反思 （5 分）	（1）写出活动的收获体会	2				
	（2）写出活动后目标的延伸	2				
	（3）文笔流畅	1				
等级评定与 活动评语						

案例 2　革命精神课——长辛店工潮的课程设计

八年级历史教学有中国近现代史新课教学的国家课程、"探索丰台"地方课程及校本课程。随着学生年龄渐长，抽象思维有所提升，思维能力与动手操作能力都有所发展，能够进行更具思维深度与广度的学习活动，教师应当关注他们长期的学习兴趣、高级学科能力的提升与独立自主学习的发展需求，因此，教师个人课程在完成上述三级课程要求的同时，还应当针对他们独立自主学习发展的需求进行设计。

一、革命精神课程设计的背景

新课程理念强调学习的"过程与方法"，主张充分开发、利用丰富的地方历史文化资源，引导学生主动参与学习过程。郑林教授在《中学生历史学科能力表现及测评初探》一文中，提出历史建构能力，表述为"准确选择资料，通过合理想象构建一个历史事实的完整叙述；建立多个历史事实、概念间的关系，再现某个历史过程的全貌"。因此，八年级教师个人历史课程设计选择了以建构历史的思想理念为依据，为学生深层次的自主学习进行方法引导。同时，结合八年级国家课程中国近现代史、地方课程与校本课程中接近的内容整合创新，形成革命精神、抗战精神与改革精神三个不同时代主题课程，对学生进行爱国主义教育与家国情怀的涵养，促进学生树立正确的人生观与价值观。

就授课内容看，"长辛店工潮"是国家课程八年级上册第14课"中国共产党诞生"中的一个子目，是地方课程"探索丰台"第二单元中的一个子目，是校本课程"可爱的家乡"中的一课，重点介绍了1922—1923年长辛店两次工人罢工斗争。在中国近现代史中，"长辛店工潮"依然占有重要地位，是1922年以来中国人民反帝反封建斗争的一部分，推动了中国工人运动走向高潮，是早期中国共产党革命理论的重要实践。学习这一内容，对学生全面认识国家课程"1922—1923年中国第一次工人运动高潮"、了解家乡地方历史、增强历史责任感等方面都有积极意义。

从学生情况看，八年级学生生活在长辛店地区，对长辛店工人罢工有所了解，对生活环境中的革命遗迹有一定程度的初步接触，教学资源非常丰富；能力方面，初步具备概括、分析的学科能力，可以组织学习探究活动；价值认识方面，全面认识评价长辛店工潮比较困难，有待教师通过恰当的过程方法引导。

二、革命精神课程设计的思路

1. 引导学生体验建构历史的过程

历史学科有自己独特的思考问题的方式，历史课程标准也特别关注学习的"过程与方法"，因此，历史教学不是史实的灌输，应强调依据史料建构历史。本课效仿历史研究"还原史实—分析原因—推论作用与影响"的过程，引导学生主动建构历史。

本课设计了"工潮澎湃""工潮探源""工潮意义"三个教学环节，引导学生从长辛店革命遗迹中了解工潮史实，分析工潮爆发原因，推论工潮历史意义，从而全面建构长辛店工潮历史（过程见图44）。

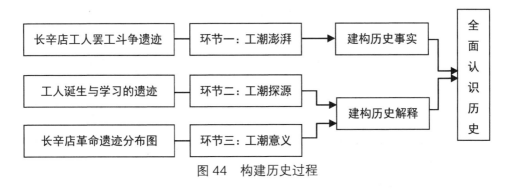

图 44 构建历史过程

2.地方课程与国家课程融会贯通

地方课程与校本课程都只介绍本地区乡土历史，在一定程度上局限了学生探究历史的视角，而国家课程体系结构完整，将地方课程与国家课程融会贯通，能够帮助学生跳出乡土历史的狭小时空，将乡土历史放在通史的大背景中考察。

在本课"工潮探源"教学环节中，通过1912—1928年中国历史时间轴的使用，引导学生在中国近代史的大背景中探究长辛店工潮爆发的原因。学生通过观察时间轴上重大历史事件，概括当时中国社会状况，发现社会问题与进步因素，建立社会状况与工潮特点的联系，从而多角度全面分析工潮爆发原因。

3.实践活动与课堂教学互补渗透

历史学习的现实意义在于引导学生运用历史的眼光去审视事物，而实践活动正好能够为学生搭建运用所学解决实际问题的平台。在本课"工潮意义"教学环节中，设计了"设计革命遗迹参观路线，说明设计依据""任选一处遗迹，撰写楹联，解说内涵"的实践活动，学生需要结合长辛店工潮历史进程设计参观路线，需要综合长辛店工潮的史实、特点与意义撰写并解说楹联，并在活动过程中建构历史解释。总体来看，课堂教学中加入的实践活动，密切了学生与现实的联系，学生获得了参与学习的积极体验，提升了历史、社会与个人之间内在联系的认识，培养了历史素养。

三、课程的实施

1.课程目标

通过长辛店革命遗迹等史料，了解长辛店工潮史实。通过概括长辛店工潮特点、分析工潮成因与探讨工潮意义，提升概括、分析与评价能力；通过完成"设计革命遗迹参观路线、撰写革命遗迹楹联"的实践活动，提升学生综合调动、运用知识的能力；通过长辛店革命遗迹相关史料营造历史学习情境，建构长辛店工潮历史事实；将长辛店工潮放在中国近代史的大背景中考察，分析工潮成因、探讨工潮意义，建构历史解释，提升学生学科能力与历史素养。通过本课学习，引导学生知家乡、爱家乡，在潜移默化中增强历史责任感。

2. 课程内容设计

【导入新课】

出示材料：楹联"翻耀史篇章，百商竞叫，九省来朝，千载繁华披古镇；忆燃情岁月，铁轨铿锵，工潮澎湃，一声号角醒神州"。

提问学生：大家知道楹联中的千载古镇是哪里吗？上联介绍古代长辛店交通要道的繁华盛况；下联中铁轨铿锵、工潮澎湃又指什么？

设计意图：结合我校楹联基地校优势，采用楹联导入，激发学习兴趣。

【新课学习】

教学环节一：工潮澎湃。

一是时空定位。

出示地图：北京市地图、长辛店地图。

提问学生：长辛店在北京市的位置？观察到哪些身边熟悉的建筑？

设计意图：时空定位明确、接近历史、现实及生活的距离、激发学习兴趣。

二是八月罢工。

出示材料：长辛店地图、长辛店大街 174 号工人俱乐部旧址；李大钊、邓中夏、史文彬照片；全体工人宣言。

教师讲述：著名的 1922 年 8 月大罢工，是在中国共产党党员李大钊、邓中夏指导下，由长辛店党支部书记史文彬直接领导，长辛店工人俱乐部组织。京汉铁路长辛店俱乐部位于长辛店大街 174 号，当时在这里，工人俱乐部起草了全体工人宣言，向北洋政府掌控的京汉铁路局提出：增加工资、短牌工改长牌工、八小时工作制、每星期休息一天等要求。京汉铁路是军阀吴佩孚的重要经济来源，当然不接受工人的要求，罢工出现僵持。

出示材料：长辛店地图、娘娘宫旧址、工人罢工口号。

教师讲述：斗争关键时刻，党组织派邓中夏来到长辛店，在娘娘宫召开俱乐部工人骨干会议，决定 24 日组织工人罢工请愿。24 日，3000 多名工人聚集在娘娘宫，挥舞"不得食不如死"的标语，表达自己的诉求。1000 多名工人登上列车，浩浩荡荡开往北京市与京汉铁路局谈判。经过两天斗争，当局批准了工人的全部要求，八月罢工圆满胜利。

设计意图：运用长辛店丰富的革命遗迹讲述罢工斗争，拉近历史与学生的距离，引领学生感受身边的历史。

三是响应京汉铁路大罢工。

出示材料：京汉铁路沿线工人罢工示意图、郑州京汉铁路总工会旧址。

教师讲述：八月罢工胜利鼓舞了其他地区工人斗争，京奉路山海关工厂工人、唐山制造厂工人、京绥路车务工人以及正太路石家庄总机厂工人先后罢工。从地图上可以观察到，工人运动风潮席卷中国北方。长辛店工人俱乐部对各地工人斗争伸出援手，在粤汉铁路、开滦五矿和香港海员大罢工中，筹集资金，组织后援会。长辛店工人俱乐部在全国工人中享有极高威望，各地纷纷效仿兴办工会，有组织地和军阀资本家斗争。1923 年 2 月 1 日，京汉铁路总工会成立大会在郑州召开，史文彬当选总工会副委员长。出示郑州二七纪念馆中总工会成立图，全线 16 个分工会代表冲破北洋军警的重重封锁到达会场。军阀吴佩孚命令军警武力破坏会场，砸毁工会。为抗议军阀暴行，总工会决定组织铁路沿线各站工人 2 月 4 日起总罢工。

出示材料：长辛店地图、火车站与铁路工厂旧址、火神庙旧址、工人口号、二七纪念馆罢工油画。

教师讲述：2 月 4 日，火车站与机厂工人集合到娘娘宫，就连北京周边小站的工人也赶到这里，3000 多人把娘娘宫围得水泄不通。京汉铁路长辛店分工会通电全国：要争取自由和人格。2 月 7 日，吴佩孚派大批军警对京汉铁路沿线各处罢工血腥镇压，长辛店的共产党员吴汝铭、工会委员长史文彬、工人调查团团长吴祯等 12 人被逮捕，关押在火神庙。火神庙位于现在的长辛店大街派出所。党组织立即派人到达长辛店，与工人纠察队队长葛树贵率领 3000 多名工人到火神庙营救被捕人员。这幅二七纪念馆罢工油画绘制了当时的场面，工人们高喊着"还我工友""还我自由"的口号，军警对工人开枪，工人毫无惧色用斧头、锤子这些劳动工具和军警斗争，葛树贵等 8 名工人在斗争中壮烈牺牲，吴祯在狱中牺牲，还有 30 多人受了重伤。京汉铁路各处罢工也都被血腥镇压，这就是震惊中外的"二七惨案"。

设计意图：运用长辛店丰富的革命遗迹讲述罢工斗争，拉近历史与学生的距离，引领学生感受身边的历史。出示油画，引导学生感受罢工斗争形成澎湃工潮的史实。

活动一：学习探究——概括长辛店工潮特点，说明结论来源。

出示材料：两次工人罢工概况简表。

指导学生：通过两次工人罢工概况，概括长辛店工潮特点，并追问学生结论的来源。

问题回应：工潮特点是有组织、党领导、规模大、觉悟高。结论来源于罢工概况中的史实，工人俱乐部及后来的工会发挥了组织作用；中国共产党发挥了领导作用，李大钊、邓中夏、史文彬都是共产党员；规模大、工人数量在不断增加；觉悟提高，斗争口号宣言由争取经济利益到争取政治权力。

过渡语言：为什么 1922—1923 年长辛店能够形成具有上述特点的工潮，接下来工潮探源。

设计意图：掌握概括的方法，提升概括能力，培养论从史出的史料实证素养。同时，引导学生对工潮及特点成因产生探究兴趣。

教学环节二：工潮探源。

出示图片：1912 年以来近十年时间轴。

提问学生：依据时间轴上时间节点，说明重大历史事件。

提问学生：从 1912 年以来的重大历史事件中概括当时中国社会状况。

问题回应：社会问题依然为半殖民地半封建社会、封建军阀割据混战；进步因素有民族工业发展、马克思主义传播、共产党诞生、第一次工潮出现。

出示表格：中国社会状况与工潮特点。

活动二：学习探究——寻找中国社会状况与工潮特点的联系。

提问学生：观察表格中社会状况与工潮特点，寻找中国社会状况与工潮特点的联系。首先把存在联系的点进行连线，然后说明它们之间存在怎样的联系？

问题回应：工人数量不断增加，促使工人运动规模扩大；马克思主义传播，在共产党努力下将工人运动与马克思主义相结合，提高了工人觉悟，所以工人斗争目标由经济利益发展为要求政治权力；共产党成立以组织领导工人运动为中心任务的工会，工人运动规模扩大。

教师小结：同学们发现社会状况与工潮特点之间不是简单的一对一连线，而是呈现出复杂的多种连线。这是因为历史是复杂的，某个历史事件的成因是多方面的，应多角度思考。

过渡语言：工人罢工斗争失败了，并且过去了90多年，为什么依然纪念它？

设计意图：掌握从事件背景中多角度分析事件成因的方法，提升分析能力，培养历史解释素养；同时，为学生创设新的问题情境，激发探讨工潮意义的兴趣。

教学环节三：工潮意义。

活动三：学习探究——探讨长辛店工潮的意义。

出示图片：长辛店工潮与中国近代史时间轴、长辛店工潮概况表格。

提问学生：将长辛店工潮放在中国近现代史大背景中考察，思考长辛店工潮对解决当时中国社会状况发挥的作用和影响，然后阐述工潮意义。

问题回应：是1922年以来中国人民反帝反封建斗争的一部分；推动中国工人运动走向高潮；是早期中国共产党革命理论的重要实践。

教师小结：毛泽东在1956年指出："中国工人运动还是从长辛店铁路工厂开始。"因此，值得敬仰与怀念。探讨工潮意义，要注意与工潮产生的历史背景、工潮特点结合思考，看它能够解决当时哪些社会问题、促进哪些进步因素的发展，从而得出工潮意义。

设计意图：掌握评价历史事件的方法，提升评价能力，培养历史解释素养。

活动四：实践运用——设计革命遗迹参观路线，说明设计依据。

出示展板：长辛店革命遗迹分布图。

提出问题：设计革命遗迹参观路线，说明设计依据。两位同学通过展板展示、说明参观路线，其他同学在学案地图各处遗址上标出序号。

问题回应：学生在展板上展示参观路线，路线设计遵循工人运动发展进程，按照工人阶级产生、与马克思主义结合、工潮形成的逻辑顺序设计。

设计意图：引导学生调动运用史实完成参观路线的设计，提升调动运用知识的能力，激发兴趣。

活动五：实践运用——任选一处遗迹，撰写楹联，解说内涵。

提出问题：按照楹联撰写规则，任选一处遗迹，撰写楹联，解说内涵。

问题回应：学生展示作品，解说内涵。

设计意图：引导学生调动运用史实、评价与认识多方面能力，完成楹联，提升调动运用、建构等多种能力，提升价值认识。

教师小结：同学们创作了楹联缅怀先烈，再回头看这幅获奖楹联一定又有不同的感受，回顾90多年前长辛店铁路工人罢工斗争的燃情岁月，工潮澎湃犹如一声号角唤醒神州，推动了第一次工人运动高潮的出现，工人不屈不挠、奋力抗争的精神至今依然激励着我们不断前行。

设计意图：提升价值认识，进一步落实情感、态度、价值观目标。

3. 课程评价反馈

过程性评价与表现性评价相结合。通过评价量规指导学生完成本课学案，依据学案完成情况与课堂学习过程表现，由师生进行多元评价。

表32　"长辛店工潮"学习评价量规

评价项目	评价标准	分值	自评分	组评分	师评分	平均总分
1. 学案完成（50分）	完成全部学习活动	30				
	自主完成学习活动	10				
	回答内容准确	8				
	字迹工整	2				
2. 课堂学习（40分）	积极参与学习活动	15				
	专注倾听别人发言	10				
	正确表达自己意见	10				
	自主发现并解决问题	5				
3. 学后反思（10分）	评价量规使用体会	2				
	学习的收获与不足	4				
	今后改进措施	4				
学后反思撰写处						
等级评定教师评语						

使用说明：

（1）仔细阅读评价量规，依据评价量规完成学习过程。

（2）依据评价量规要求，客观、合理打分，不符合评价量规要求的项目酌情减分。

（3）结合三方评价，教师给出活动最后等级评定与评语。

案例3　研学复习课——课程化网络研学

九年级历史教学面临新课教学、社会实践活动的开展与中考复习等多重任务，时间紧张，加上新冠疫情，给外出社会实践活动开展带来种种不便，但学生发展学科素养与社会实践活动能力的培养不能停，加大实践情境类试题的中考试题改革也要面对。针对这些问题，笔者在个人历史课程的建构中，提出课程化网络研学促进九年级历史复习的思路，以新课程理念管理并实施的专题化网上博物馆特色研学活动，兼顾社会实践活动与九年级专题复习，解决了外出实践不便的难题，同时，探索新冠疫情后"线上＋线下"混合学习与个性化学习的方法策略。

纵观北京近三年来的历史中考试卷，试题有效贯彻新课改理念，关注学生学习过程和历史学科素养，引导学生从现实角度理解历史，同时寻求现实问题的历史解释，特别是在最后一道压轴题的命制上，连续三年都保持以社会实践为情境，感悟古都北京文化的命题思路，充分体现对学生初中三年来社会实践活动中积累的能力和方法的重视与考查。然而，九年级历史教学既有新课学习还有六册书的复习，任务重、时间紧，外出考查不便，相应削弱了社会实践活动的时间，不利于发展学生学科素养与社会实践活动能力。

那么，如何兼顾知识复习与社会实践呢？笔者提出以课程化网络研学促进九年级历史中考复习这一解决路径。课程化网络研学是将社会实践活动纳入历史课程范畴，依据课程标准规定的内容，设计多个实践活动专题，以网上研学的方式进行各专题实践考察与知识复习，用新课程理念管理与实施，从而达成专题复习与实践能力提升的双项目标。

一、课程化网络研学复习课设计的背景

初中历史课程标准在"课程资源开发与利用建议"部分明确提出："多

方面开发和利用校外历史课程资源……积极发挥网络资源的作用。"2016年9月13日,《中国学生发展核心素养》正式发布并强调:突破知识本位与应试教育的藩篱窠臼,引领学生培育适应社会发展与终身发展需求的必备品格和关键能力。北京市教育委员会《关于初中综合社会实践活动、开放性科学实践活动计入中考成绩有关事项的通知》,规定学生完成初中实践活动,实践活动成绩计入相关科目中考原始成绩。美国教育家杜威提出"从做中学"教学理论,倡导加强课程内容与实际生活的联系,主动建构自己的知识,思索解决问题的方法,并在实践中检验,思维在解决问题的过程中得到发展。课程化网络研学能够实现发展学生核心素养的目标,符合"从做中学"的教学理论。

1. 课程化网络研学复习课程的界定

课程化网络研学是以培养学生历史核心素养为目的,以网络为载体,以课程主题下的研究性学习与网上旅行考察相结合的方式,用新课程理念管理与实施的特色研学活动。初中历史国家课程作为初中课程化网络研学建设的理论基础,并为之提供知识背景与操作示范。笔者认为,从九年级课程化网络研学的案例中,可以探索九年级社会实践活动课程化管理的设计架构与实施策略,推动九年级历史复习与社会实践活动的有机整合,进一步发展学生历史核心素养,相应提升中考复习效果。

2. 课程化网络研学复习课程设计的目的

2020年,新冠肺炎疫情后,网络学习成为新常态,"线上+线下"混合教学模式受到越来越多的关注,"互联网+教育"成为大势所趋。疫情期间形成的"线上+线下"混合学习与个性化学习的成功经验应当继续,而课程化网络研学是对疫情期间线上实践活动成果的延伸与发展,会借鉴"云游博物馆""云端心远行"等疫情期间网上实践活动的经验,打破传统社会实践活动的时空限制,为学生提供更广阔与开放的活动平台,也避免了疫情期间大规模集体外出的风险问题;同时,还可探索线上教学中一些普遍问题的解决策略,如线上教学互动不充分(见图45)、有效互动方式不足等问题,在开展网络实践活动过程中,探索充分互动与有效互动的方式方法。

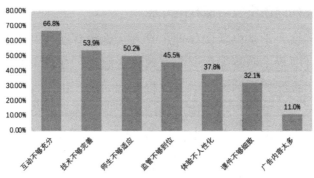

图 45　老师对在线教育存在问题的看法

　　北京中考的社会实践情境类试题已经相对固定，命题趋势是追求学生向"宽"发展的目标，注重实践应用能力的考查。针对这一命题趋势，教师应当加强社会实践情境下的九年级历史专题复习。九年级虽然由于多种原因不便大规模外出社会实践，但课程专题下的网络研学依然可以满足社会实践为情境的专题复习需求。网络平台可以给学生的复习提供更广泛的文化资源素材，新课程理念管理下的每个专题化研学课程都独立形成一个复习专题（见图46），课程内容都以社会实践活动为情境，兼顾知识复习与能力培养，解决了九年级实践活动开展与教学时间不足之间的矛盾。

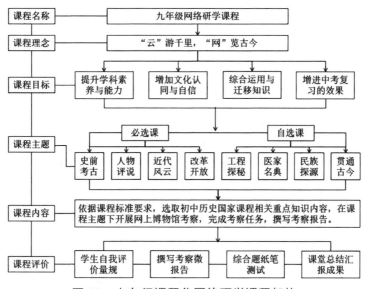

图 46　九年级课程化网络研学课程架构

3. 课程化网络研学复习课程的开展

课程化网络研学是以新课程理念管理实施的专题化网上博物馆特色研学活动，通过课程主题将课程资源有效整合起来，在预设的课程架构之下实践。以九年级课程化网络研学的课程架构为例，仿照初中历史国家课程体系构思设计，多个课程主题构成半结构化课程体系。依据九年级学生的学习进度与复习要求，形成线上博物馆考察与线下课堂总结汇报相结合的互补课堂。课程目标具有明确的指向，并通过后续合理的课程内容实践活动设计来达成多个目标。课程主题设置上有"必选课"与"自选课"两类，学生甚至可以依据自己的兴趣，自创组合课程主题，体现选择性。课程标准内容依据教材但突破教材，具有开放性，而实践活动设计又具有探究性。课程评价多元化，利于学生展示自信和个性特点。

二、九年级课程化网络研学复习课程设计思路

九年级课程化网络研学依据课程目标，初始设计 8 个社会实践活动课程主题，共计 8 课时（见表 33），学生要完成 4 个必选、2 个自选课程主题社会实践活动，共计 6 课时。教师可根据学生需求继续调整课程主题，新增课程主题根据知识覆盖面或重要性划入必选或自选，无论哪种类型新增课程都要在课程架构下与初始课程保持基本一致，使课程资源得以不断丰富。教师鼓励学生积极参与课程主题八"贯通古今"的自创任务社会实践活动，学生可以任选自己感兴趣的网上博物馆或历史遗址、遗迹，依据选择的考察地点独立设计考察主题，并完成某项自己感兴趣的考察任务和撰写考察微报告。这样，不仅能够培养学生提出问题并独立解决问题的历史探究能力，还能形成更多学生感兴趣的课程资源。

表 33　九年级课程化网络研学复习课程课时安排表

课程主题	课程分析	课程内容	课程类型	课时
史前考古	史前时期中国境内孕育了早期人类，专家学者通过考古发现了解他们的生产生活状况，模拟专家学者的考古研究学习史前历史。	史前时期中国境内人类的活动知识结构梳理，网上考察周口店遗址博物馆、西安半坡博物馆、黄帝陵网，完成模拟考古任务，撰写考察微报告。	必选课	1

续　表

课程主题	课程分析	课程内容	课程类型	课时
人物评说	古今中外历史上有许多对社会发展产生重大影响的人物，全面客观评价历史人物是历史学习必备能力，能够从中借鉴经验与智慧。	中国古代重要帝王的知识梳理，网上考察秦始皇帝陵博物馆、北京大葆台西汉墓博物馆，完成秦皇汉武评说任务，撰写考察微报告。	必选课	1
工程探秘	古今中外历史上有许多宏伟重大的工程产生，这些工程是人类文明成果、智慧结晶，值得探索奥秘、传承智慧。	中国古代重大工程的知识梳理，网上考察隋唐大运河博物馆、故宫博物院，完成两处工程探秘任务，撰写考察微报告。	自选课	1
医家名典	中医药学是中华传统文化的重要组成与瑰宝，在当今社会依然发挥重要作用，传承发展中医药学是我们的责任。	中国古代中医药学发展脉络梳理，网上考察北京中医药大学博物馆、浏览古诗文网《本草纲目》，完成中医药学名医名典推荐任务，撰写考察微报告。	自选课	1
民族探源	中华民族发展历程中曾经出现许多名噪一时的少数民族，虽然消失在历史长河之中，但依然可以探寻他们的来源与去向。	中国古代重要少数民族政权的知识梳理，网上考察河南洛阳博物馆、云冈石窟与龙门石窟，完成中国古代重要少数民族探源任务，撰写考察微报告。	自选课	1
近代风云	中国近代史是列强侵略与中国人民反抗侵略、争取民族独立的历史，寻找风云变幻中的关键性转折性历史事件。	中国近代大事年表设计制作，网上考察新文化运动纪念馆、抗日战争纪念馆，完成中国近代历史风云评说任务，撰写考察微报告。	必选课	1
改革开放	中国现代史是中国社会主义道路探索与建设的历史，改革开启了社会主义现代化建设的新时期，领略改革开放取得的成果，感受社会主义制度的优越性。	中国社会主义道路探索与建设成就知识梳理，网上考察，完成中国现代史改革开放调查采访任务，撰写考察微报告。	必选课	1
贯通古今	古今中外历史内容虽然磅礴，但却有着严谨的知识体系，能够分类概括归纳知识、能够提出问题并解决问题是独立自主学习的必备能力。	任选自己感兴趣的网上博物馆或历史遗址、遗迹，依据选择的考察地点独立设计考察主题，并完成某项自己感兴趣的考察任务，设计撰写一份考察微报告。	自选课	1

三、课程化网络研学复习课程的实施

九年级课程化网络研学的实施按流程分为三个阶段（见图47），其中课程主题选定、课程内容设计与课程评价是关系实施效果的重点环节，应当提前预设、重点关注，充分联系学生在网上社会实践活动过程中面临的实际情况，创设学习情境，以富有层次的活动任务体现学法指导。

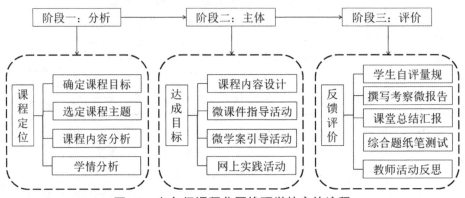

图47　九年级课程化网络研学的实施流程

1. 课程化网络研学课程的主题选定

课程化网络研学是以新课程理念进行管理，课程主题选定是课程化社会实践活动能够顺利实施的前提。课程主题选定应遵从整体性、专题性、探究性与延伸性的基本原则。

整体性是指从九年级网上社会实践活动的整体规划考虑，初始8个课程主题大体覆盖中国史，每个主题涉及政治、文化、民族关系等不同的知识角度，又分别担负着发展史料实证、价值判断、历史解释等不同的学科素养功能。各主题知识、能力与素养分布相对独立，但又统一在中国史知识体系的大框架下，形成促进学生全面发展的合力。

专题性是指从九年级历史复习的角度出发，中考第一轮复习按时序进行，第二轮复习则按专题进行。在第二轮专题复习中安排网络研学活动，每个网络的课程主题就是一个复习专题，如"人物评说"主题，既可复习古今中外重要历史人物，又可通过活动中的任务提升学生全面、客观评价历史人物的能力；而借助网上博物馆考查这些人物生平的过程也可提升学生在社会实践活动情境中进行探究的实践能力，从而更好地应对中考这类

试题。

探究性是基于网络研学的活动过程，通过由浅入深设置不同层次活动任务，引导学生在网上博物馆的陌生环境中，自主探索并寻求问题的答案，这种独立解决问题的过程就是探究。

延伸性是基于课程主题八"贯通古今"，由学生自主选择博物馆、设计课程主题与内容，由此可以派生出许多新主题，教师规范整理后成为新课程主题，再纳入课程整体架构之中。

2. 课程内容设计

课程内容设计是决定网络研学成败的关键环节，设计应当在课程标准指导下，突出对实践过程的引领，体现对关键能力的培养，以及对复习、实践与中考要求的融汇整合。

突出对实践过程的引领是指在设计中应明确网络研学的每个活动环节，以活动任务驱动活动环节与学法指导。如"史前考古"课程内容设计。环节一：活动前，对史前时期中国境内人类的活动知识结构梳理。环节二：活动中，依据微学案指导，网上考察周口店遗址博物馆、西安半坡博物馆、黄帝陵网，完成模拟考古任务。环节三：活动后撰写考察微报告，学生在微学案引导下按部就班完成网络研学。整个过程体现了对实践活动基本方法的掌握和应用：行前预习知识背景，行中独立解决问题，行后总结报告。

体现对关键能力的培养是指在初始课程设计时，为每个主题都制定了关键能力培养目标，如"人物评说"主题对应的关键能力培养目标是评价能力。对应这一能力目标，指导活动的微学案是以历史人物小档案制作任务呈现，任务单除了能够指导学生网络研学过程，还能引导学生掌握依据事迹进行评价的基本方法。

课程内容设计还应考虑九年级教学面临的特殊情况，将复习、实践与中考的要求有机融合，用总结的方法指导对其他历史人物评价，适应中考所要求的不同情境下知识迁移运用。

3. 课程评价反馈

目前普遍对课程评价反馈重视不够，但准确评价反馈又是发现问题、改进完善的关键环节。课程评价反馈可以从学习效果与课程设计效果两个角度进行。学习效果评价可通过学生自评量规（见表34）、撰写考察微报告、课堂汇报总结、综合纸笔测试等手段进行；课程设计效果评价可从目标达成效果、活动过程指导、活动资源设计等角度进行。笔者利用新冠肺炎疫情期间线上教学大量使用的"问卷星"小程序，发布学生自评量规，可以迅速统计分析数据。考虑到课程主题与内容较多，为不增加学生的学习负担，采用撰写考察微报告的形式。课堂汇报总结则可以与九年级第二轮专题复习相结合，用活动前的知识梳理，营造复习知识背景，以综合纸笔测试，评价网络研学与课堂专题复习效果，发挥"线上＋线下"混合教学模式优势，提高网络研学与九年级复习的有效性。

表34　学生自评量规

项目	评价标准	分值
参与过程	全程积极参与网络研学各环节活动，按照微学案指导独立完成，遇到疑难问题积极解决，并与教师和同学及时网上沟通。	30分
完成任务	按要求独立完成微学案与课程主题要求的各项活动任务，认真撰写考察微报告，积极参加课堂总结汇报，客观填写自评量规。	30分
掌握方法	能够掌握网上研学的过程与方法，能够掌握所参与课程主题提出的某一学习方法，如说明考古发现适用性的方法、评价历史人物的方法等。	20分
掌握知识	能够掌握所参与课程主题涉及梳理的知识结构或大事年表，以及重要历史人物、事件或成果等。	10分
拓展提升	模仿所参与课程主题，独立设计新主题并进行网络研学，或是提出与活动相关的新问题并独立解决；活动结束后简要反思过程中的表现与得失。	10分
自评总分		

以课程化网络研学促进九年级历史复习，是在2020年新冠肺炎疫情后"线上＋线下"混合教学模式日趋发展的大背景下，对九年级历史复习与网络研学的有效整合。这对解决九年级大规模外出社会实践活动难、复习与社会实践活动整合难等问题具有一定效果，为探讨如何以新课程理念管理九年级社会实践活动与提高复习实效提供了范例与经验。同时，在九年级将课程化网络研学与复习结合开展，课程主题与内容设计有较强的开放性和选择性，为学生探究等核心能力与素养发展提供了新平台。

参考文献

［1］中华人民共和国教育部.义务教育历史课程标准（2022年版）［M］.北京：
北京师范大学出版社，2022.

［2］中华人民共和国教育部.义务教育历史课程标准（2011年版）［M］.北京：
北京师范大学出版社，2012.

［3］吴伟.历史学科能力与历史素养［J］.历史教学：中学版，2012（11）：3–8.

［4］郑林.提高历史素养 深化课程改革［J］.历史教学问题，2015（2）：120–
124.

［5］吴波，尹红.基于学科能力测评的初中历史教学改进策略［J］.中国考试，2019
（8）：32–37.

［6］王新华.基于学科能力的中考历史试题命制与教学启示［J］.中国考试，
2019（8）：21–25.

［7］郑林.中学生历史学科能力表现及测评初探[J].历史教学，2015(9)：11–18.

［8］郑林.中学历史教材分析［M］.北京：光明日报出版社，2013.

［9］郑林.中学历史教学论［M］.北京：高等教育出版社，2020.

［10］肖川.教育的方向与方法［M］.北京：新华出版社，2016.

［11］张汉林.初中历史有效学习评价［M］.北京：北京师范大学出版社，2015.

［12］吴磊.中学历史发展性评价的研究［M］.广州：广东教育出版社，2012.

［13］王雄.中学历史教育心理学［M］.长春：长春出版社，2012.

［14］陈志刚.历史课程论［M］.长春：长春出版社，2012.

［15］黄牧航.高中历史科学业评价体系研究［M］.长春：长春出版社，2012.

［16］北京教育科学研究院基础教育教学研究中心.新编初中总复习（历史）［M］.
北京：北京出版社，2019.

［17］白寿彝.史学概论［M］.北京：中国友谊出版公司，2012.

［18］克努兹·伊列雷斯.我们如何学习：全视角学习理论［M］.孙玫璐，译.北
京：教育科学出版社，2019.

［19］尤小平.学历案与深度学习［M］.上海：华东师范大学出版社，2017.

［20］谭念君.名师工作室引领下的教师专业成长［M］.北京：中国轻工业出版社，
　　　2017.

［21］R·M·加涅，等.教学设计原理（第五版）［M］.上海：华东师范大学出版社，
　　　2014.